인스타그램 마케팅으로 돈 벌기

Instagram Brand Marketing

BM (주)도서출판 성안당

Preface

**돈 되는
인스타그램 마케팅 전략**

　인스타그램은 단순한 사진과 영상 공유 플랫폼을 넘어, 오늘날 사회의 중요한 소통의 장이자 강력한 브랜드 마케팅 툴로 자리 잡았습니다. 수억 명이 매일 이 공간에서 감정을 나누고, 창의적인 아이디어를 공유하며, 새로운 트렌드를 만들어가고 있습니다. 다양한 SNS 매체가 있지만, 인스타그램은 국내 사용자 수 1위이자 가장 대중적이고 효과적인 마케팅 플랫폼입니다.

　오늘날 대부분의 사람이 인스타그램에 대해 알고 있고, 개인적인 용도로 사용해 본 경험이 있을 것입니다. 하지만 취향에 따라 인스타그램을 즐기는 사람과 그렇지 않은 사람으로 나뉩니다. 일반(개인) 계정은 선택의 문제지만, 비즈니스를 하는 브랜드에게 인스타그램을 활용하지 않는 것은 마치 맨손으로 물고기를 잡으러 바다에 뛰어드는 것과 같은 무모한 선택이라 생각합니다. 이 책은 개인적인 용도뿐 아니라 비즈니스와 브랜드를 위한 인스타그램 활용 방법을 구체적으로 안내합니다.

　첫째, 누구나 쉽게 인스타그램을 시작하고 사용할 수 있게 기본적인 사용법을 익힐 수 있도록 도와드립니다. 계정 설정부터 피드 관리, 다양한 콘텐츠 게시 방법까지 실용적인 정보를 제공합니다. 휴대폰 하나만 있으면 책을 따라가며 누구나 일반 계정을 운영할 수 있습니다.

　둘째, 브랜드 마케팅을 위한 고급 전략을 제시합니다. 브랜드가 인스타그램에서 팔로워와 소통하며 콘텐츠를 통해 브랜드 가치를 전달하고, 효과적으로 마케팅을 진행하는 방법을 다룹니다. 특히, 이제 막 시작하는 브랜드라면 팔로워와 소통하면서 브랜드가 성장하는 과정을 경험할 수 있습니다. 팔로워 수를 늘리는 것에 그치지 않고, 진정성 있는 콘텐츠를 통해 관계를 구축하고 브랜드 가치를 전달하는 방법을 알려드립니다.

　개인 계정을 성장시키고, 기업의 브랜드 가치를 극대화하는 데 필요한 전략들을 제시하며, 독자들이 실천할 수 있는 구체적인 방법을 정리했습니다. 꾸준한 콘텐츠 업로드를 통해 인스타그램을 전략적으로 활용하고, 자신만의 브랜드를 성공적으로 성장시키기를 바랍니다.

최영인

이 책의 구성

빠르고 손쉽게 인스타그램을 이용하여 일상부터 브랜딩 마케팅까지 활용할 수 있도록 체계적인 구성을 제공합니다.

❶ 이론 구성

인스타그램을 이용하여 마케팅하기 위한 기본적인 이론부터 브랜드 콘셉트까지 설명합니다.

❷ 핵심 기능

꼭 알아야 할 인스타그램 사용 방법과 효율적인 계정 관리 방법까지 자세하게 설명합니다.

❸ 비즈니스 관리

비즈니스 계정을 효과적으로 사용하고, 목표에 맞는 성과를 올리기 위한 노하우를 학습합니다.

❹ AI 기능

AI 기능으로 쉽고 간편하게 콘텐츠를 만들어 인스타그램 콘텐츠를 만드는 방법을 소개합니다.

예제 파일 다운로드

1 성안당 홈페이지(http://www.cyber.co.kr)에 접속하여 회원가입한 뒤 로그인하세요.
2 메인 화면 중간의 [자료실]을 클릭한 다음 오른쪽 파란색 돋보기를 클릭하면 나오는 검색 창에 '인스타그램' '마케팅' 등 도서명 일부를 입력하고 검색하세요.
3 검색된 목록을 클릭하고 들어가 다운로드 창 안의 예제 파일을 클릭하여 다운로드한 다음 찾기 쉬운 위치에 저장하고 압축을 풀어 사용하세요.

목차

Preface ... 3
이 책의 구성 ... 4

PART 01 SNS 마케팅, 인스타그램부터 시작하기

01 인스타그램 계정에는 어떤 종류가 있을까? ... 16
취미와 소통을 위한 일반 계정 ... 16
상품 서비스, 홍보를 위한 비즈니스 계정 ... 17
인플루언서를 위한 크리에이터 계정 ... 18

02 개인 계정과 비즈니스 계정의 차이는 뭘까? ... 19
프로필 및 연락처 정보 ... 19
분석 기능(인사이트) ... 20
광고 기능 ... 21
콘텐츠 예약 기능 ... 21
쇼핑 기능 | 광고 및 홍보 기능 강조 ... 22
계정 전환 가능성 ... 23

03 왜 비즈니스 계정이 필요할까? ... 24
매력적인 시각적 콘텐츠 전달 ... 24
타깃 마케팅 최적화 ... 25
효과 빠른 소통 플랫폼 ... 26
인플루언서를 통한 광고 효과 ... 27
양방향 소통 친화적 플랫폼 ... 28
분석과 통계 자료로서의 가치 ... 29
인스타그램 마케팅의 장단점 ... 30

04 어떤 브랜드로 인스타그램을 해야 할까? ... 32
패션 및 뷰티 브랜드 ... 32
식당이나 식음료 브랜드 ... 33
여행 및 관광, 호텔 및 리조트 브랜드 | 헬스 및 피트니스 브랜드 ... 34
라이프 스타일 및 인테리어 브랜드 | 예술 및 창작 브랜드 ... 35
기술 및 전자 제품 브랜드 | 교육 및 학습 브랜드 ... 36
퍼스널 브랜드 ... 37

05 사용자 이름(User Name)을 만들려면? 38
　정해진 브랜드 이름이 있는 경우 38
　브랜드 이름이 없는 경우 44

06 브랜드 콘셉트를 만들려면? 51

PART 02 팔로워가 쑥쑥! 꼭 알아야 하는 인스타그램

01 내 스마트폰에 인스타그램을 설치하려면? 58

02 인스타그램의 얼굴, 프로필 사진을 변경하려면? 62

03 나를 소개할게! 내 프로필을 작성하려면? 64

04 내 소개글에서 해시태그와 멘션을 사용하려면? 66
　해시태그(#)와 멘션(@) 사용법 66

05 스마트폰에 저장되어 있는 사진을 게시하려면? 69
　인스타그램에 사진을 게시하는 순서 69

06 기존 게시물의 캡션을 수정하려면? 71

07 여러 장의 사진을 올리려면? 73

08 마음에 들지 않는 게시물을 삭제하려면? 76
　`알아두기` 약관을 위반한 게시물 삭제 77

09 삭제된 게시물을 다시 복원하려면? 78

10 게시물에 댓글을 달지 못하게 하려면? 80
　`알아두기` 인스타그램의 커뮤니티 가이드라인 81

11 승인한 팔로워만 볼 수 있는 비공개 계정을 만들려면? 82

12 누구인지 보여! 게시물에 사람을 태그하려면? 84

13 상품마다 서로 다른 상점을 태그하려면? 86
　`알아두기` 구매 링크 87

14 게시물에서 사람 태그를 해제하려면? 89

15 게시물에 위치를 추가하려면? 91

16 게시물을 스마트폰 메시지로 보내려면? 94

17 DM으로 게시물을 전달하려면? 96

18 내 게시물을 블로그에 올리려면?	98
알아두기 게시물 공유	99

PART 03 인싸가 되기 위한 매력적인 콘텐츠 만들기

01 어둡게 촬영된 사진을 밝게 보정하려면?	102
02 게시물 사진을 회전하려면?	104
알아두기 비율을 고려한 회전	105
03 텍스처와 패턴이 디테일한 사진을 원한다면?	106
04 분류별로 정보를 컬렉션에 저장하려면?	108
05 스토리로 메시지를 알리려면?	112
스토리 기능을 활용하는 주요 이유	112
편집 도구 | 인터랙티브 요소	113
06 중요한 콘텐츠를 하이라이트로 사용하려면?	117
07 인스타그램의 명함, 멀티링크를 사용하려면?	119
대표적인 멀티링크 서비스	119
08 게시물을 임시 저장하려면?	125
09 공개하고 싶지 않은 게시물을 보관함에 보관하려면?	127
알아두기 효율적인 보관함 관리법	128
10 인스타그램에 동영상을 한번에 올리려면?	129
11 팔로잉과 팔로워로 친구를 만들거나 해제하려면?	131
12 인스타그램에서 친구 검색과 초대하려면?	133
13 영상 편집부터 배경 음악이 있는 릴스 영상을 만들려면?	136
알아두기 성공적인 릴스를 만들기 위한 팁	136
14 여러 개의 사진이나 영상을 한번에 릴스 영상으로 만들려면?	141
15 사진과 영상이 없어도 AI 기능으로 콘텐츠 영상을 만들려면?	145
16 인물 사진으로 AI 음성을 넣어 인물 영상으로 만들려면?	153
스페셜 페이지 01 인스타그램의 참여도를 높이는 스마트폰 사진 잘 촬영하는 방법	158
스페셜 페이지 02 스마트폰으로 릴스 영상을 잘 촬영하는 방법	168

| 알아두기 | 짐벌을 이용한 안정적인 영상 촬영 | 169 |

스페셜 페이지 03 포토샵으로 인스타그램 사진 비율 조정하기 174

PART 04 성공 비즈니스를 위한 브랜드 인스타그램 마케팅

01 브랜드를 위한 비즈니스 계정을 만들려면? 178
    인스타그램 비즈니스 계정의 중요성 | 광고 및 프로모션을 통한 브랜드 노출 증가   178
    비즈니스 계정 운영 비용과 광고 예산 계획   179

02 비즈니스 계정 설정을 위한 프로페셔널 도구를 사용하려면? 184
    알아두기 Meta Verified 구독 혜택과 신청 조건   186
    알아두기 인사이트로 계정 성과 분석하기   189
    알아두기 효과적인 광고 캠페인 설정 및 실행 전략   192

03 브랜드 컬러와 스타일을 일관되게 만들려면? 193
    브랜드 컬러 일관성 유지하기   193
    일관된 비주얼 스타일 유지하기 | 효과적인 피드 구성하기   194
    다양한 콘텐츠로 브랜드 공감 얻기 | 브랜드 스토리 전달하기   195
    해시태그 활용하기 | 피드 디자인 도구 활용하기   196

04 브랜드 콘셉트에 맞게 문구를 작성하려면? 197
    효과적인 첫 문장 작성하기   198
    간결하고 시각적인 글쓰기 | 스토리텔링과 공감 얻기   199
    해시태그 활용하기 | 참여를 유도하는 행동 유도 문구 활용하기   200
    진정성 있는 소통하기 | 게시 시간과 일관성 유지하기   201
    정확성과 신뢰 전달하기   202

05 스토리에 텍스트를 효과적으로 작성하려면? 203
    간결하고 명확한 메시지   203
    폰트 선택과 크기 조정 | 텍스트와 배경 색상 조합   204
    강조를 통한 메시지 전달 | 텍스트 배치의 균형   205
    애니메이션 활용 | 스티커로 참여 유도   206
    그래픽 요소 강조 | 브랜드 일관성 유지   207
    텍스트와 이미지의 조화 | 유행어 활용   208

06 릴스에 텍스트를 어울리게 작성하려면? 209
    주목성 있고 간결하게!   209

| 알아두기 | 릴스 영상에 텍스트 입력 시 유의점 | 209
중요한 정보 먼저! | 흐름에 맞게! | 210
콘텐츠에 맞는 폰트 사용하기 | 색상 대비로 가독성 높이기 | 211
자막으로 메시지 전달하기 | 동작에 따라 텍스트 입력하기 | 212
이모티콘 사용하기 | 행동 유도 문구 추가하기 | 213

07 인스타그램 스토리를 잘 활용하려면? — 214
스토리 목적 설정하기 | 브랜드 일관성 유지하기 | 216
핵심 메시지 전달하기 | 팔로워 참여 유도하기 | 217
실시간 공유로 생동감 전달하기 | 음악&효과로 감성 연출하기 | 218
해시태그로 노출 극대화하기 | 중요 공지 반복 노출하기 | 219

08 인스타그램 릴스를 잘 만들려면? — 220
첫 3초로 시선 끌기 | 스토리로 몰입 유도하기 | 221
트렌드로 소통 확대하기 | 음악으로 감정 극대화하기 | 222
퀄리티 높은 영상 편집하기 | 텍스트로 메시지 강조하기 | 223
자연스럽게 제품 소개하기 | 해시태그로 노출 확대하기 | 224

09 라이브로 고객과 직접 소통하려면? — 225
목표 설정으로 집중하기 | 225
사전 홍보와 알림 설정하기 | 라이브 전 연습하기 | 226
실시간 소통 강화하기 | 게스트 초대와 협업하기 | 227
다양한 라이브 형식 진행하기 | 활동 시간에 맞춰 방송하기 | 228
댓글 관리 및 필터링하기 | 조명과 장비 준비하기 | 229
보관함에 라이브 방송 저장하기 | 라이브 방송 효과 분석하기 | 230

10 프로필에 브랜드를 제대로 담으려면? — 231
정체성 있는 이미지 사용하기 | 231
다른 플랫폼도 같은 이미지 사용하기 | 일관성 있는 사용자 이름과 @핸들 정하기 | 232
직관적인 브랜드 소개 문구 정하기 | 소개글에 관련 키워드나 해시태그 걸기 | 233
행동 유도 문구 삽입으로 클릭 유도하기 | 외부 링크 연결하기 | 234
시각적인 효과를 위해 이모티콘 사용하기 | 위치나 연락처 정보 추가하기 | 235

11 브랜드 해시태그를 잘 활용하려면? — 236
해시태그에 관심 있는 주제 정하기 | 236
선호하는 해시태그 정하기 | 적절한 해시태그 개수 선택하기 | 237
브랜드 고유의 해시태그 만들기 | 댓글에 해시태그 넣기 | 238
캠페인이나 유행어 관련 해시태그 검색하기 | 지역+업종 해시태그 사용하기 | 239
스팸성 해시태그 피하기 | 자주 사용하는 해시태그 저장하기 | 240

12 해시태그 트렌드를 쉽게 찾는 방법은? — 241
- 검색 탭에서 키워드로 해시태그 검색하기 | 경쟁사 해시태그 분석하기 — 242
- 전문 해시태그 분석 앱 활용하기 | 다른 SNS 플랫폼 해시태그 참고하기 — 243
- 검색 탭에서 해시태그 트렌드 파악하기 | 시즌이나 이벤트 관련 해시태그 검색하기 — 244

13 인스타그램 하이라이트를 인덱스처럼 사용하려면? — 245
- 하이라이트 카테고리 정하기 — 245
- 일관성 있는 하이라이트 커버 디자인하기 | 시각적으로 하이라이트 구성하기 — 246
- 하이라이트에 행동 유도 문구 넣기 | 하이라이트에 정보 강조하기 — 247
- 하이라이트에 소비자 리뷰 저장하기 | 하이라이트에 브랜드 비하인드 스토리 넣기 — 248
- 하이라이트 항상 업데이트하기 | 하이라이트에 사용자 생성 콘텐츠 저장하기 — 249
- 하이라이트에 Q&A 답변 피드백하기 | 하이라이트 성과 분석하기 — 250

14 적절한 포스팅 주기와 시간 관리를 잘하려면? — 251
- 일관된 주기로 포스팅하기 — 251
- 일관된 포스팅 시간 정하기 | 콘텐츠 캘린더로 시간 관리하기 — 252
- 자동 예약 툴로 포스팅하기 | 하이라이트 내용 인사이트로 분석하기 — 253
- 다양한 형태의 콘텐츠로 꾸준히 포스팅하기 | 포스팅 후 댓글 관리하기 — 254

15 효율적으로 팔로워와 소통하려면? — 255
- 성의 있는 댓글 답변하기 — 255
- 팔로워 참여 유도하기 | 피드백 반영으로 신뢰 형성하기 — 256
- 리포스트로 소속감 강화하기 | 빠른 댓글 반응하기 — 257
- 이벤트로 소통 유도하기 | 라이브로 실시간 소통하기 — 258
- 감사의 마음 표현하기 | 감사의 이벤트 제공하기 — 259
- 팔로워와 소통 강화하기 | 퀴즈로 소통하기 — 260
- 인간미 있는 소통하기 | 서브 계정 활용하기 — 261

16 인스타그램 팔로워를 빠르게 늘리려면? — 262
- 일관성 있는 콘텐츠 제작하기 — 262
- 관련 해시태그 활용하기 | 인플루언서 협업하기 — 263
- 팔로워 참여 유도하기 | 브랜드 해시태그 챌린지하기 — 264
- 스토리로 참여 유도하기 | 릴스 이용하기 — 265
- 트렌드 반영 콘텐츠 만들기 | 타깃 광고하기 — 266
- 다양한 플랫폼 연동 홍보하기 | 링크로 계정 홍보하기 | 꾸준한 소통으로 노출 증가하기 — 267

17 협업할 인플루언서를 찾는 방법은? — 268
- 인플루언서 맞춤 선택하기 — 268
- 팔로워 분석 후 선택하기 | 참여율 분석하기 — 269
- 도구로 효율적인 분석하기 | 해시태그로 찾기 — 270

인플루언서 탐색, 인사이트 활용하기 │ 경쟁사 협업 분석하기	271
팔로워 진위 확인하기 │ 명확한 협업 제안하기	272

18 인플루언서 마케팅 성공을 위한 예산 책정 방법은? — 273
목표별 인플루언서 선정하기	273
규모별 예산 책정하기 │ 협업 방식별 비용 확인하기	274
다양한 지급 방식 살펴보기	275
알아두기 인플루언서와의 예산별 협업 전략	275
협업 계약 필수 사항 확인하기 │ 지식 재산권 관리하기	276

19 인스타그램 광고 캠페인을 효과적으로 운영하는 방법은? — 277
명확한 목표 설정하기	277
정밀 타깃 설정하기 │ 광고 유형 선택하기	278
시선을 끄는 디자인 만들기 │ 비용 설정 및 입찰하기	279
환율 변동 주의하기	280
알아두기 광고 집행 후 성과 분석 및 최적화	280

20 비즈니스 계정의 상점과 쇼핑 기능 활성화 방법은? — 281
비즈니스 계정 전환하기	281
페이스북 연동 및 카탈로그 만들기	282
알아두기 인스타그램 쇼핑 기능을 연결하려면?	282

21 인스타그램을 통한 비즈니스 확장 방법은? — 283

22 인스타그램 비즈니스 계정과 다른 소셜 미디어와의 연계 방법은? — 285
페이스북	285
X(구 트위터) │ 유튜브	286
틱톡 │ 핀터레스트	287
링크드인 │ 웹사이트	288
이메일 │ 소셜 미디어 관리 도구 활용	289

23 인스타그램 비즈니스 계정을 위한 추천 도구 및 리소스는? — 290
콘텐츠 제작 도구	290
소셜 미디어 관리 도구 │ 해시태그 도구	291
분석 도구 │ 팔로워 관리 도구	292
광고 도구 │ 교육 자료	293

24 비즈니스 계정을 위한 사진 및 동영상 편집 도구는? — 294
캔바(Canva)	294
어도비 익스프레스(Adobe Express)	295
알아두기 포토샵 익스프레스(Photoshop Express)의 고급 편집 기능	295

인샷(InShot) 296
알아두기 키네마스터(KineMaster)의 고급 모바일 동영상 편집 기능 296
지피(GIPHY) | 레이터(Later) 297

25 인스타그램 비즈니스 계정을 위한 분석 툴은? 298
Instagram Insights 298
Iconosquare | Sprout Social 299
Hootsuite | Buffer 300
Later | Crowdfire 301

26 비즈니스 계정을 위한 사진을 잘 찍고 보정하는 방법은? 302
브랜드 이미지 일관성 유지하기 302
알아두기 비즈니스 계정 vs 일반 계정의 사진 게시 후 성과 분석 302
사진 목적 명확화하기 | HDR로 디테일 살리기 303
해상도 설정하기 | 자연광을 활용해 촬영하기 304
알아두기 인스타그램에서 사용하는 대표적인 사진 비율 304
삼분할 법칙 활용하기 | 다양한 각도로 촬영하기 305
브랜드에 맞는 배경 선택하기 | 색상 대비 조절하기 306
불필요한 요소 배제하기 | 적당한 보정 조절하기 307
자연스러운 색감 유지하기 | 비주얼 스타일 일관성 갖기 308
불필요한 부분 제거하기 | 사진 보정 앱 활용하기 309
해시태그와 설명 최적화하기 310
알아두기 광고 사진을 촬영할 때 효과적인 조명 사용법 310

27 비즈니스 계정을 위한 동영상을 잘 찍고 편집하는 방법은? 311
목적 설정 및 계획하기 311
스마트폰으로 고퀄리티 영상 촬영하기 | 짧고 명확한 영상 만들기 312
선명한 조명 활용하기 | 흔들림 최소화하기 313
핵심 메시지 강조하기 | 일관된 비주얼 유지하기 314
자연스러운 전환 효과 사용하기 | 트렌드 음악 활용하기 315
편집 도구 활용하기 | 해시태그 최적화하기 316
눈에 띄는 섬네일 만들기 317
알아두기 어도비 프리미어 러쉬(Adobe Premiere Rush) 317

28 Meta business suite를 사용하려면? 318
알아두기 Meta Business Suite의 특별한 기능 319

스페셜 페이지 04 성공적인 비즈니스 계정 운영을 위한 체크 사항 321

찾아보기 324

1 Part

SNS 마케팅,
인스타그램부터 시작하기

SNS 마케팅은 현대 비즈니스에서 중요한 역할을 차지하고 있습니다. 그중에서도 인스타그램은 시각적 콘텐츠가 중심인 플랫폼으로, 브랜드 이미지를 강력하게 구축할 기회를 제공합니다. 인스타그램을 활용한 SNS 마케팅은 먼저 목표를 설정하고, 그에 맞는 콘텐츠 전략을 세우는 것이 중요합니다. 포스팅, 스토리 같은 다양한 기능을 활용해 브랜드의 개성을 드러내고, 타깃층과의 소통을 강화할 수 있습니다. 또한, 해시태그를 적절히 사용해 더 많은 사람에게 콘텐츠를 노출시킬 수 있습니다. 팔로워와의 상호 작용을 통해 신뢰를 쌓고, 참여를 유도하는 콘텐츠를 만들면 자연스럽게 브랜드 충성도를 높일 수 있습니다.

인스타그램 계정에는 어떤 종류가 있을까?

인스타그램 계정은 사용자가 플랫폼에서 사진, 동영상, 스토리 등을 공유하고 다른 사용자와 소통할 수 있도록 하는 개인 프로필입니다. 계정을 만들면 팔로워를 모으고 다른 계정을 팔로우하며 다양한 콘텐츠를 업로드하거나 탐색할 수 있습니다. 개인은 최대 3개의 계정을 만들 수 있고 계정 센터에서 이를 관리할 수 있습니다.

인스타그램은 크게 세 가지 유형의 계정, 즉 일반 계정, 비즈니스 계정, 그리고 크리에이터 계정으로 나뉩니다. 각 계정은 그 목적과 기능에 따라 다르게 구성되어 있으며, 사용자가 필요에 맞는 계정을 선택하여 더 효과적으로 소통하고, 콘텐츠를 관리할 수 있도록 돕습니다. 이들 각 계정 유형은 그 사용 목적에 따라 특화된 기능을 제공하므로, 자신이 운영하려는 계정의 목적과 목표에 맞는 계정을 선택하는 것이 매우 중요합니다.

취미와 소통을 위한 일반 계정

개인적인 소통이나 일상적인 콘텐츠 공유를 위한 계정입니다. 일반 계정은 별도의 마케팅 도구나 분석 기능이 없으며, 기본적인 게시물 업로드와 댓글, 좋아요, DM(다이렉트 메시지) 기능을 제공하는 데 초점을 맞추고 있습니다. 개인적인 관심사나 취미를 공유하거나 친구, 가족들과 소통하기 위한 용도로 사용하며, 사용자에게 광고 관련 도구나 통계 데이터를 제공하지 않습니다. 따라서 기업이나 상업적인 활동을 위한 목적으로는 적합하지 않으며, 개인적인 사용에 최적화되어 있습니다.

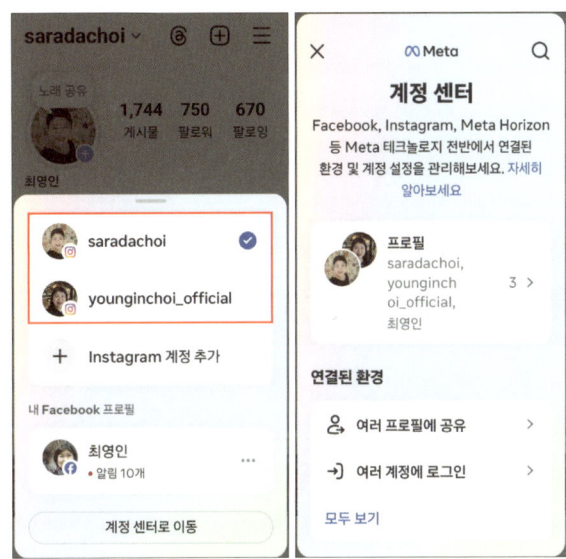

일반 계정 ▶

상품 서비스, 홍보를 위한 비즈니스 계정

　기업이나 브랜드가 자신의 상품, 서비스, 또는 브랜드를 홍보하고자 할 때 사용하는 계정 유형입니다. 비즈니스 계정은 광고 도구와 분석 기능이 통합되어 있어 인스타그램 내에서 마케팅 활동을 효율적으로 진행할 수 있습니다. 게시물에 대한 인사이트(분석)를 통해 팔로워와의 상호 작용, 도달 범위, 클릭 수 등을 실시간으로 확인할 수 있으며, 광고 캠페인 설정, 프로모션 기능을 통해서 타깃층을 정확하게 설정해 효과적인 마케팅을 진행할 수 있습니다. 또한, 쇼핑 기능을 통해 제품을 직접 판매할 수 있으며, 페이스북 페이지와 연결하여 더욱 강력한 광고 도구를 활용할 수 있습니다. 비즈니스 계정은 브랜드 인지도와 판매 촉진을 목표로 하는 기업과 상점에 적합합니다.

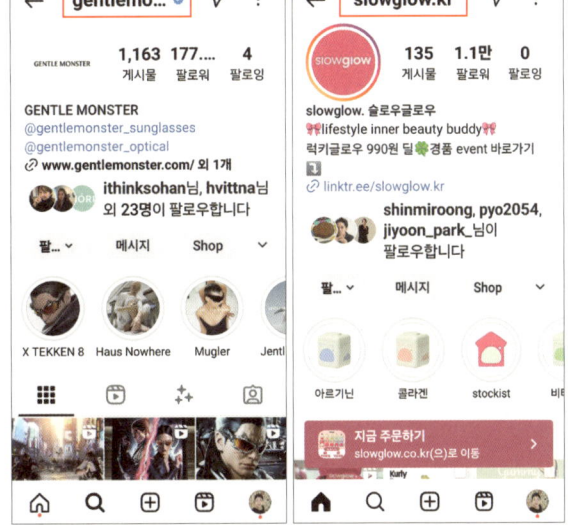

비즈니스 계정 ▶

인플루언서를 위한 크리에이터 계정

인플루언서나 콘텐츠 제작자가 자신의 콘텐츠를 공유하고, 팬들과 소통하는 데 중점을 둔 계정입니다. 크리에이터 계정은 비즈니스 계정과 비슷한 기능을 제공하지만, 콘텐츠 창작자에게 좀 더 특화된 도구들을 제공합니다. 예를 들어, 더 세부적인 팔로워 분석, 스폰서십과 협업을 위한 도구, 그리고 메시지 관리 기능 등이 제공됩니다.

크리에이터 계정은 브랜드와의 협업을 통해 수익을 창출하고자 하는 인플루언서나 유명인들에게 유용하며, 개인적인 브랜딩과 팬과의 소통을 중시하는 사용자에게 적합합니다. 크리에이터 계정은 개인의 팬층을 확대하고, 콘텐츠 창작과 관련된 여러 작업을 더 효율적으로 관리하는 데 초점을 맞추고 있습니다.

각 계정 유형은 사용 목적에 따라 제공되는 기능과 서비스가 달라지므로 자신의 필요에 맞는 계정을 선택하는 것이 매우 중요합니다. 개인적인 소통을 원한다면 일반 계정을, 사업적 목적이나 마케팅 활동을 진행하려면 비즈니스 계정을, 콘텐츠 창작과 팬과의 소통을 중시한다면 크리에이터 계정을 선택하는 것이 좋습니다.

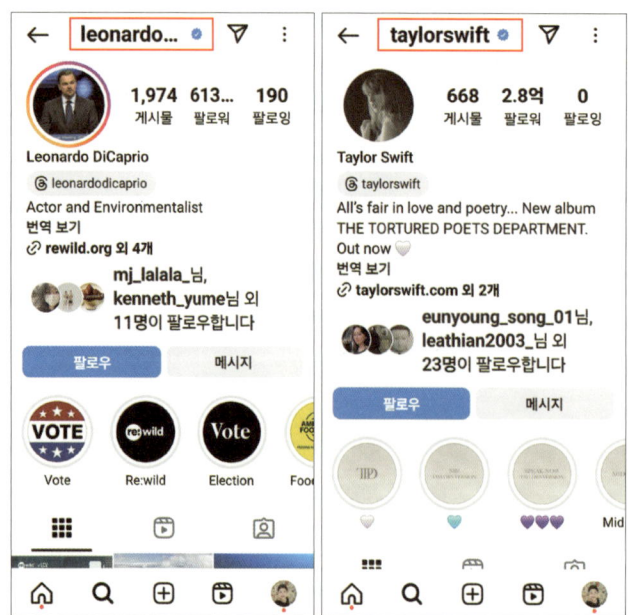

▲ 크리에이터 계정

개인 계정과 비즈니스 계정의 차이는 뭘까?

SECTION 2

인스타그램 개인 계정과 비즈니스 계정의 주요 차이는 계정의 사용 목적과 기능에 있습니다. 개인 계정은 일상을 공유하거나 친목을 도모하기 위한 목적으로 운영한다면, 비즈니스 계정은 철저히 상업적인 목적을 위해 기획된 계정입니다. 비즈니스 계정은 광고, 홍보, 매출 신장을 위한 가장 많이 사용되는 SNS 플랫폼입니다.

일반 계정과 비즈니스 계정은 외형상으로 비슷한 점이 많지만, 기능 면에서 많은 차이를 보입니다. 이 두 계정의 가장 큰 차이는 바로 계정의 목적과 기능에 있습니다. 일반 계정은 주로 개인적인 사진과 비디오 공유, 친구 및 가족과의 소통을 목적으로 사용하고, 그에 비해 비즈니스 계정은 브랜드나 기업, 크리에이터 등 상업적인 목적으로 운영되며 마케팅과 고객 소통에 필요한 다양한 기능을 제공합니다. 비즈니스 계정은 브랜드 인지도를 높이고, 고객과의 관계를 강화하며, 마케팅 효과를 극대화하는 데 필수적인 도구들을 제공하는 점에서 일반 계정과 큰 차별성을 가집니다.

프로필 및 연락처 정보

일반 계정은 이름과 간단한 약력, 웹사이트 링크 등을 프로필에 추가할 수 있지만, 기본적으로 개인적인 소통을 위한 프로필에 제한된 정보를 제공합니다. 반면, 비즈니스 계정은 기업, 브랜드, 또는 크리에이터와 관련된 추가적인 연락처 정보를 입력할 수 있습니다. 예를 들어, 전화번호, 이메일 주소, 사업장 위치 등 중요한 정보들을 프로필에 추가해 고객이 쉽게 연락할 수 있도록 합니다. 이는 고객과의 소통을 촉진시키고, 브랜드 신뢰도를 높이는 데 유용합니다.

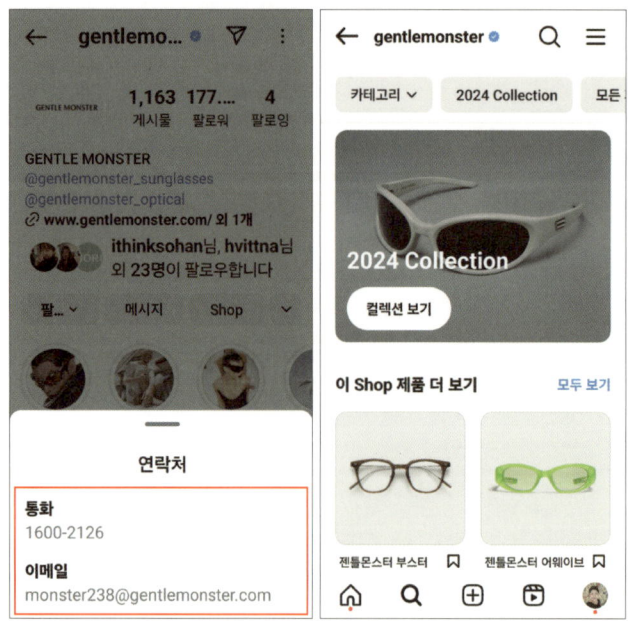

◀ 프로필 정보 화면

분석 기능(인사이트)

일반 계정은 게시물에 대한 통계나 분석 기능을 제공하지 않으며, 게시물의 도달 범위나 참여도를 확인할 수 없습니다. 하지만 비즈니스 계정은 팔로워의 성별, 연령대, 위치, 활동 시간대 등의 데이터를 제공하며, 이를 통해 브랜드는 자신의 타깃 고객층을 파악하고, 향후 마케팅 전략을 세울 수 있습니다. 또한, 비즈니스 계정은 게시물의 도달 범위, 참여율, 클릭 수 등의 세부적인 성과 분석이 가능해져 마케팅 효과를 극대화하는 데 중요한 역할을 합니다.

인사이트 화면 ▶

광고 기능

일반 계정에서는 광고 기능을 사용할 수 없으며, 모든 게시물은 팔로워에게만 노출됩니다. 하지만 비즈니스 계정은 인스타그램의 다양한 광고 도구를 활용하여 게시물을 홍보하거나, 타깃을 설정해 광고를 실행할 수 있습니다. 광고 캠페인은 브랜드 인지도를 높이고, 판매를 촉진하는 데 매우 유용하며, 다양한 타깃을 설정할 수 있어 광고 효과를 높일 수 있습니다. 비즈니스 계정에서는 인스타그램 내에서 광고를 집행하고, 이를 통해 브랜드와 제품을 더 넓은 고객층에게 노출할 수 있습니다.

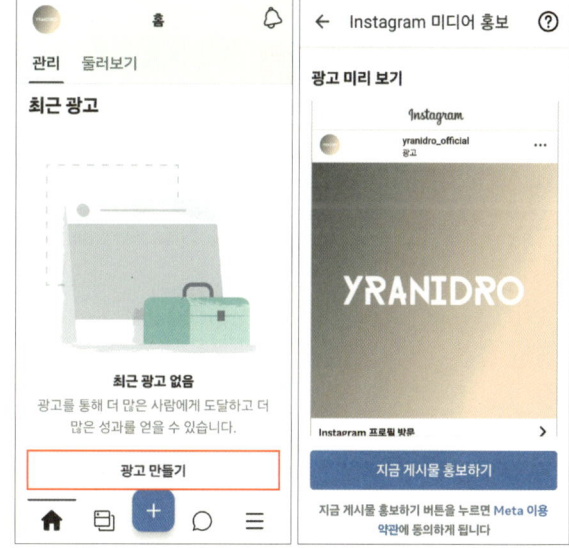

광고 기능 화면 ▶

콘텐츠 예약 기능

일반 계정은 게시물을 직접 게시해야 하며, 게시물 예약 기능이 없습니다. 이로 인해 미리 준비한 콘텐츠를 효율적으로 관리하기 어려운 경우가 많습니다. 반면, 비즈니스 계정은 Meta Business Suite나 인스타그램 자체 도구를 통해 게시물을 미리 예약할 수 있습니다. 콘텐츠 예약 기능을 활용하면, 브랜드는 일정에 맞춰 자동으로 콘텐츠가 게시되도록 할 수 있어 마케팅 일정을 관리하는 데 많은 도움이 됩니다.

예약 화면 ▶

2 • 개인 계정과 비즈니스 계정의 차이는 뭘까?

쇼핑 기능

일반 계정은 인스타그램 쇼핑 기능을 사용할 수 없지만, 비즈니스 계정에서는 인스타그램 쇼핑 기능을 통해 제품을 태그하고 바로 판매할 수 있습니다. 제품 태깅 기능을 통해 사용자는 게시물이나 스토리에서 직접 상품을 클릭하여 제품 상세 페이지로 이동하거나 구매 페이지로 연결될 수 있습니다. 이는 인스타그램을 통해 직접적인 매출을 올릴 수 있는 중요한 도구로, 온라인 쇼핑몰을 운영하는 브랜드에 매우 유리한 기능입니다.

◀ 쇼핑 화면

광고 및 홍보 기능 강조

일반 계정은 광고나 홍보 기능을 사용할 수 없으며, 프로필 페이지는 순수한 개인적인 콘텐츠로만 구성됩니다. 이에 비해 비즈니스 계정은 프로필에서 광고 및 프로모션 기능이 강조되며, 비즈니스 목적의 콘텐츠를 팔로워뿐만 아니라 더 넓은 대중에게 노출시킬 수 있는 옵션이 제공됩니다. 이 기능을 통해 브랜드는 다양한 캠페인을 실행하고, 그 결과를 실시간으로 확인할 수 있습니다.

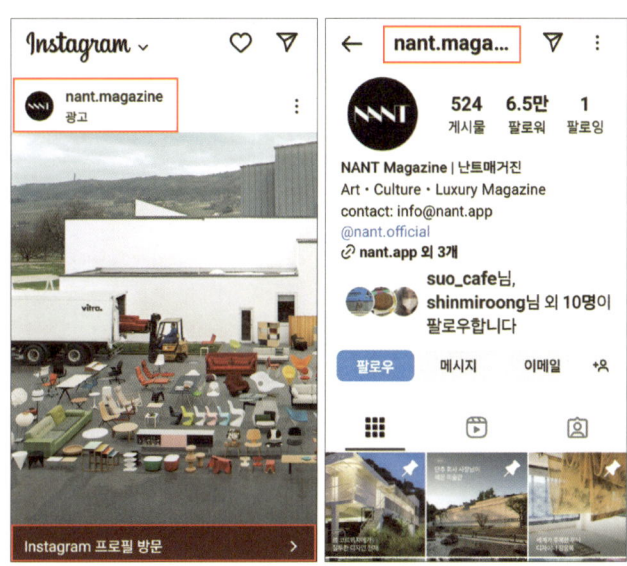

◀ 광고 홍보 화면

계정 전환 가능성

　일반 계정은 언제든지 비즈니스 계정으로 전환할 수 있으며, 이를 통해 앞서 언급한 여러 기능을 사용할 수 있습니다. 비즈니스 계정은 다시 일반 계정으로 돌아갈 수도 있고, 크리에이터 계정으로 전환할 수도 있습니다. 이는 계정의 목적이 바뀌거나 사용자가 브랜드 및 마케팅 전략에 맞춰 계정을 재구성할 수 있는 유연성을 제공합니다.

　일반 계정은 개인적인 소통과 콘텐츠 공유에 적합하며, 비즈니스 계정은 브랜드 성장과 마케팅 활동에 필요한 다양한 도구와 기능을 제공합니다.

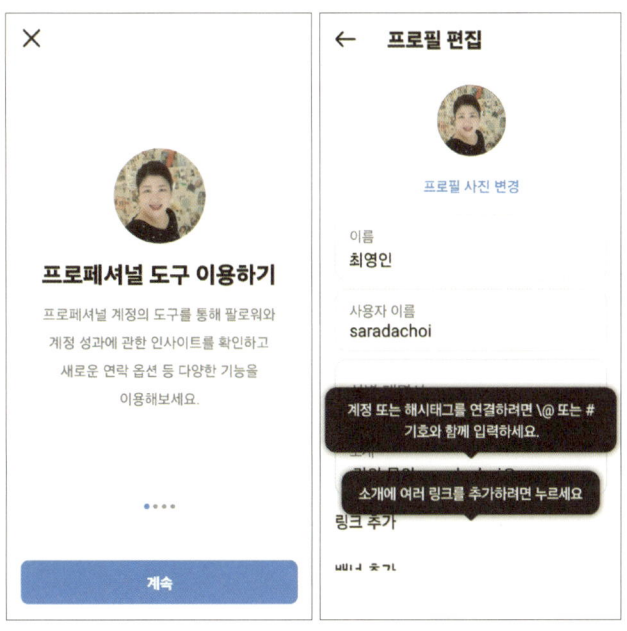

◀ 프로필 편집 화면

왜 **비즈니스 계정**이 **필요**할까?

인스타그램은 사진과 동영상을 포스팅하여 개인적인 정보를 저장하거나 타인과 콘텐츠를 공유하고 소통할 수 있는 쉽고 편리한 플랫폼입니다. 실시간으로 브랜드의 정보를 전달하고, 사용자들의 반응을 확인할 수 있으며, 큰 비용 없이 광고 기회를 만들 수 있는 효과적인 마케팅 도구입니다.

인스타그램(Instagram), 또는 인스타라고 불리는 앱을 사용해 본 적이 없는 사람은 있어도, 그 이름을 처음 들어 본 사람은 없을 것입니다. 그만큼 인스타그램은 현재 가장 대중적이고 영향력 있는 소셜 미디어 중 하나입니다. 따라서 인스타그램은 가장 유용한 브랜드 마케팅 도구로서 다음과 같은 다양한 장점을 제공합니다.

매력적인 시각적 콘텐츠 전달

인스타그램은 브랜드 아이덴티티(Brand Identity)를 시각적으로 매력적으로 전달할 수 있는 플랫폼입니다. 이미지(피드: Feed), 스토리(Story), 비디오(릴스: Reels)를 중심으로 한 콘텐츠를 통해 브랜드 아이덴티티를 효과적으로 표현할 수 있습니다. 여러 장의 이미지를 하나의 피드에 저장하거나 다양한 방법으로 메시지를 직접 또는 간접적으로 전달할 수 있습니다. 또한, 24시간 동안 1분 정도의 짧은 동영상을 게시할 수 있는 스토리(Story)를 통해 생동감 있는 영상을 공유할 수 있습니다. 1분 이상의 동영상은 릴스를 통해 좀 더 상세한 내용을 전달할 수 있습니다.

라이브 방송을 통해 사용자와 실시간으로 소통할 수 있으며, 방송 내용을 저장하여 다시 볼 수 있게 할 수 있습니다. 중요한 콘텐츠는 하이라이트로 묶어 나중에 방문한 사용자에게 축적된 콘텐츠를 보여줄 수도 있습니다. 이러한 콘텐츠 저장 기능을 통해 브랜드 아이덴티티를 강화할 수 있는 매우 유용한 플랫폼입니다.

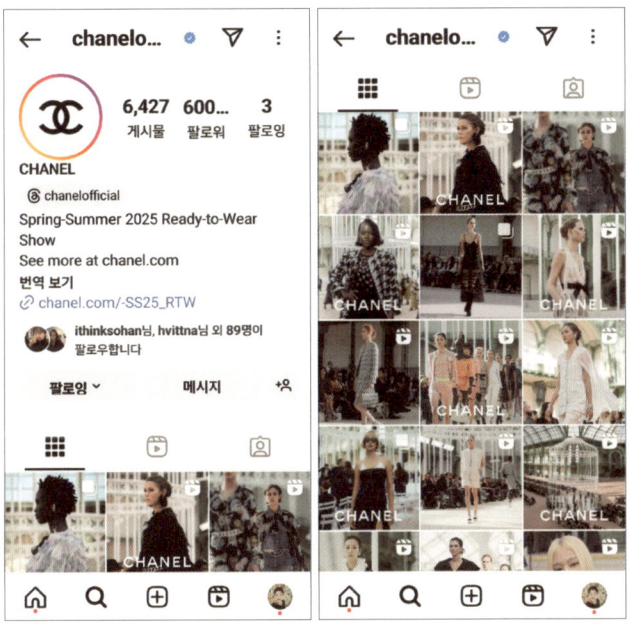

◀ 라이브 방송의 생생한 현장감을 느낄 수 있게 실시간 소통 내용을 릴스로 올릴 수도 있습니다. 인스타그램의 릴스나 스토리는 살아있는 듯한 브랜드 아이덴티티를 나타낼 수 있는 효과적인 방법입니다.

타깃 마케팅 최적화

　인스타그램 비즈니스 계정은 알고리즘(Algorithm)을 활용한 타깃 마케팅(Target Marketing)에 유리합니다. 인스타그램은 사용자의 관심사와 선호에 맞춘 정교한 타깃 마케팅을 제공합니다. 이제 불특정 다수에게 광고나 홍보를 하는 방식은 효과를 보기 어려운 시대입니다. 특정 타깃을 집중적으로 공략하고자 하는 브랜드에게는 더욱 정확하고 섬세한 타깃팅(Targeting)이 필요합니다.

　해시태그(Hashtag)나 알고리즘을 통해 타깃에 적극적으로 다가갈 수 있는 플랫폼으로 인스타그램만큼 효과적인 곳은 아직 없습니다. 특히, 인스타그램이 제공하는 광고 타깃팅 옵션을 활용하면 브랜드가 원하는 정확한 타깃층에게 광고를 노출시킬 수 있습니다. 예를 들어, 해시태그 '#이사'를 검색하면 알고리즘이 이사와 관련된 모든 정보를 연결해 보여줍니다. 이사 업체, 이사 청소, 가전, 가구, 심지어 이사 폐기물 처리까지 알고리즘이 적합한 콘텐츠를 연결하여 제시합니다.

효과 빠른 소통 플랫폼

피드 및 스토리 운용을 통하여 브랜드는 빠르고 효과적으로 정보를 전달할 수 있습니다. 인스타그램은 사용자가 쉽게 접근하고 활용할 수 있는 직관적인 플랫폼으로, 메인 피드와 스토리 기능을 활용하면 단기간에 중요한 프로모션과 이벤트 소식을 효과적으로 공유할 수 있습니다. 특히 피드는 브랜드의 정기적인 소식과 이미지, 그리고 더 깊이 있는 정보를 전달하는 데 적합한 공간입니다. 브랜드가 전하고자 하는 메시지를 꾸준히 피드에 게시함으로써 팔로워들에게 일관성 있는 인상을 남길 수 있습니다.

반면, 스토리는 24시간 동안만 노출되는 임시적인 특성을 지니고 있지만, 그만큼 더 빠르고 생동감 있게 사용자와 소통할 수 있는 강력한 도구입니다. 스토리는 일상적인 순간이나 이벤트를 즉각적으로 공유하고, 빠르게 관심을 끌 수 있는 매력적인 기능을 제공합니다. 브랜드는 이를 활용해 실시간으로 일어나는 이벤트나 한정된 시간 동안만 제공되는 혜택을 강조함으로써 사용자의 관심을 유도하고 참여를 촉진할 수 있습니다.

이 두 가지 기능을 적절히 운용하면 알고리즘을 통해 브랜드의 노출 빈도가 자연스럽게 증가합니다. 또한, 피드와 스토리를 잘 활용한 브랜드는 사용자들에게 더욱 밀접하게 다가갈 수 있으며, 관심 있는 타깃층에게 빠르게 메시지를 전달할 기회를 얻게 됩니다. 꾸준하고 전략적으로 콘텐츠를 게시하면 팔로워들의 피드백을 받을 수 있을 뿐만 아니라 더 넓은 사용자층에게도 노출될 가능성이 높아집니다.

◀ 효과 빠른 소통 플랫폼

인플루언서를 통한 광고 효과

인플루언서 마케팅은 현재 매우 효과적인 마케팅 전략 중 하나로 자리 잡았습니다. 인플루언서(Influencer) 또는 인터넷 셀럽(Internet Celebrity)은 SNS나 인터넷을 통해 많은 팔로워(구독자)를 보유하고 있는 사람들을 지칭하는 용어로, 그들의 의견이나 추천은 소비자들에게 큰 영향을 미칠 수 있습니다. 인플루언서가 전하는 메시지는 많은 이들에게 신뢰를 주며, 그들의 팔로워는 해당 인플루언서가 추천하는 제품이나 서비스를 구매하거나 시도할 가능성이 높습니다. 이처럼 인플루언서들은 브랜드와 제품에 대한 인식을 형성하는 데 중요한 역할을 합니다.

사전적으로 '영향을 주는 사람' 또는 '영향력 있는 사람'이라는 뜻을 가진 인플루언서는 단순한 유명인이 아니라, 그들의 의견이나 활동이 SNS 사용자들에게 큰 영향을 미치는 존재로 발전했습니다. 특히 SNS 플랫폼이 발전함에 따라 인플루언서들은 기존의 TV 방송 활동을 중점으로 하는 연예인들과는 다른 방식으로 대중과 소통하고 있습니다. 과거에는 방송에 출연하는 연예인들이 인플루언서와 구별되었지만, 이제는 그 경계가 점점 더 흐려지고 있습니다. 유명 연예인들도 SNS를 적극적으로 활용하면서 그들 역시 하나의 강력한 인플루언서로 자리 잡고 있으며, 인플루언서의 정의는 더 이상 전통적인 의미에만 국한되지 않습니다.

브랜드가 성공적인 마케팅을 위해서는 브랜드 이미지와 콘셉트에 맞는 인플루언서를 선정하는 것이 중요합니다. 인플루언서의 팔로워와 브랜드의 타깃 소비자가 일치할 경우 협업을 통해 더 효과적으로 브랜드 메시지를 전달할 수 있습니다. 예를 들어, 뷰티 브랜드가 뷰티 인플루언서와 협업한다면, 해당 인플루언서가 공유하는 제품 리뷰나 사용 후기 등을 통해 자연스럽게 브랜드의 신뢰를 쌓고, 팔로워들에게 제품을 직접 체험해 볼 기회를 제공할 수 있습니다. 이렇게 브랜드와 인플루언서가 잘 맞는 경우 더 넓고 다양한 사용자에게 도달할 수 있습니다.

또한, 인플루언서와의 협업은 단순히 광고 효과를 넘어서 브랜드 이미지 강화에도 중요한 역할을 합니다. 인플루언서가 공유하는 콘텐츠가 브랜드와 잘 어울릴 경우 그 콘텐츠는 브랜드의 가치를 자연스럽게 반영하고, 팔로워들로부터 더 큰 관심을 받을 수 있습니다. 이런 효과는 전통적인 광고보다 훨씬 더 큰 신뢰를 얻을 수 있기 때문에 소비자에게 긍정적인 브랜드 이미지를 심어줄 수 있습니다.

결국 인플루언서 마케팅은 브랜드가 더 넓은 시장에 접근할 수 있게 도와주며, 사용자와의 신뢰를 쌓을 수 있는 중요한 전략이 됩니다. 인플루언서의 추천이나 활동을 통해 소비자들에게 브랜드 메시지를 자연스럽게 전달하고, 동시에 인지도를 높이며, 궁극적으로 판매나 서비스 이용에 긍정적인 영향을 미칩니다.

양방향 소통 친화적 플랫폼

인스타그램은 브랜드와 소비자 간의 직접적인 소통을 실시간으로 할 수 있는 매우 편리한 플랫폼으로, 상호 작용을 촉진하는 다양한 기능을 제공합니다. 비록 현재 인스타그램 내에서 물건이나 서비스를 직접 사고팔 수 있는 쇼핑 기능이 활성화되어 있지만, 인스타그램의 가장 큰 강점은 바로 소비자와의 실시간 소통을 통해 브랜드와 고객 간의 긴밀한 관계를 형성할 수 있다는 점입니다. 이러한 상호 작용은 단순한 마케팅 활동을 넘어 소비자에게 브랜드에 대한 신뢰감을 쌓고, 더 나아가 고객의 충성도를 높이는 데 중요한 역할을 합니다.

특히 인스타그램 라이브(Live) 기능은 실시간으로 소비자와 직접 소통할 수 있는 훌륭한 도구입니다. 라이브 방송을 통해 브랜드는 제품을 소개하거나, 특별 이벤트를 진행하거나, 고객의 질문에 실시간으로 답변하는 등 양방향 소통을 촉진할 수 있습니다. 이런 즉각적인 반응은 소비자에게 큰 가치를 제공하며, 이를 통해 구매 욕구를 자극하고 즉시 구매로 이어지게 할 기회를 제공합니다. 예를 들어, 특별 할인 혜택이나 한정판 상품을 인스타그램 라이브 중에 소개하면 실시간으로 반응을 얻을 수 있어 판매를 촉진하는 데 큰 도움이 됩니다.

또한, 인스타그램은 댓글, DM(다이렉트 메시지), 해시태그 등 다양한 방법으로 소비자와의 소통을 유도할 수 있습니다. 댓글을 통해 브랜드에 대한 피드백을 받고, DM을 통해 고객의 개별적인 질문에 신속하게 대응할 수 있으며, 해시태그를 활용해 관련된 콘텐츠를 소비자들이 쉽게 찾아볼 수 있도록 합니다. 이러한 상호 작용은 브랜드가 고객의 목소리를 직접 듣고 소비자 요구에 즉각적으로 반응할 수 있게 만들어 고객 서비스를 한층 더 강화할 수 있습니다. 이로 인해 고객은 브랜드에 대한 신뢰감을 더욱 깊게 느끼며 자주 소통하는 브랜드에 대한 선호도가 높아집니다.

뿐만 아니라 이러한 소통의 방식은 전통적인 고객 서비스 운영보다 훨씬 더 효율적이고 비용 절감적인 방법을 제공합니다. 인스타그램의 댓글이나 DM을 통해 소비자의 문제를 신속히 해결할 수 있고, 대규모 고객 서비스 팀을 운영할 필요 없이 개인적인 소통을 통해 고객 만족도를 높일 수 있습니다. 이처럼 인스타그램은 브랜드와 소비자 간의 원활한 대화를 유도하고, 브랜드 이미지와 고객 충성도를 강화하는 데 매우 유용한 도구입니다.

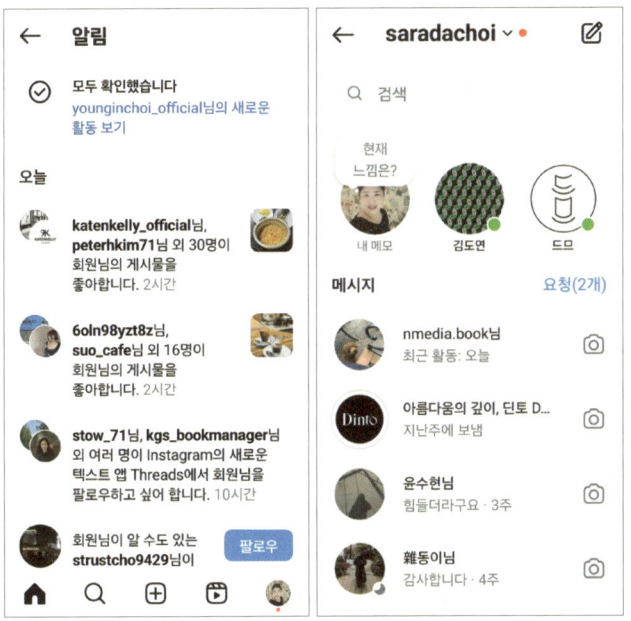

◀ 댓글과 좋아요 또는 DM을 적극적으로 활용하면 더 친밀한 브랜드 팬을 만들 수 있습니다. 특히 브랜드 유경험자 팬은 브랜드의 큰 자산입니다.

분석과 통계 자료로서의 가치

인스타그램에 비즈니스 계정으로 등록하는 것은 단순히 브랜드의 온라인 존재감을 높이는 것 이상으로, 효과적인 마케팅 전략을 수립하고 실행하는 데 큰 도움이 됩니다. 비즈니스 계정으로 전환하면 기본적으로 제공되는 프로페셔널 대시보드(Professional Dashboard)에서 다양한 분석 도구를 통해 데이터를 면밀히 추적하고 콘텐츠의 성과를 정확히 파악할 수 있습니다. 이를 통해 포스트의 도달률, 참여도, 클릭률 등 중요한 지표를 실시간으로 확인할 수 있으며, 이러한 데이터는 마케팅 전략을 더욱 정교하게 다듬고 개선할 기회를 제공합니다.

예를 들어, 어떤 유형의 콘텐츠가 팔로워들에게 더 많은 반응을 일으켰는지, 어느 시간대에 더 많은 사용자가 활동하는지, 어떤 해시태그가 효과적인지 등을 분석할 수 있습니다. 이러한 정보를 바탕으로 브랜드는 콘텐츠의 톤, 시간대, 형식 등을 조정하여 더욱 효과적인 마케팅을 진행할 수 있습니다. 또한, 특정 캠페인이나 프로모션이 실제로 얼마나 잘 수행되고 있는지에 대한 실질적인 데이터를 제공받을 수 있어 향후 캠페인에 대한 전략을 개선하고 예산을 더 효율적으로 분배할 수 있습니다.

이와 같은 분석 도구는 또한 브랜드가 타깃층의 특성을 이해하는 데 유용하며, 더욱 개인화된 마케팅을 가능하게 합니다. 팔로워들의 연령대, 성별, 위치 등 인구 통계학적인 정보와 함께 어떤 콘텐츠가 그들에게 더 효과적일지에 대한 통찰을 제공하므로 브랜드는 소비자 맞춤형 메시지를 더 정확하게 전달할 수 있습니다. 지속적으로 성과를 분석하고 전략을 수정해 나가는 과정은 궁극적으로 브랜드의 온라인 존재감을 강화하고, 마케팅 효과를 극대화하는 데 중요한 역할을 합니다.

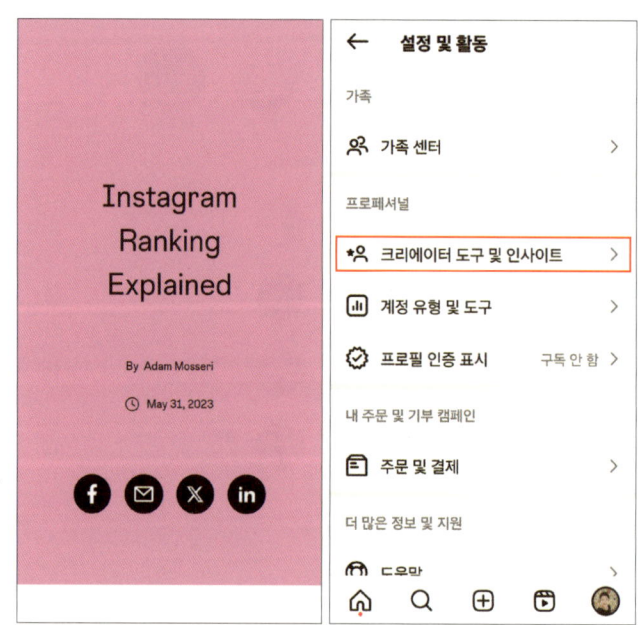

인사이트에서 인스타그램의 통계를 확인하고 내용을 분석해 전략을 세웁니다. 부정확한 짐작이 아니라 통계를 통하여 정확한 정보를 바탕으로 전략을 세우면 효과적인 마케팅을 할 수 있습니다. ▶

인스타그램 마케팅의 장단점

인스타그램은 브랜드가 시장에서 경쟁력을 높이고 고객과의 관계를 강화하는 데 중요한 역할을 할 수 있는 강력한 도구입니다. 이 플랫폼은 비주얼 중심의 콘텐츠가 강점으로, 브랜드의 개성과 이미지를 시각적으로 표현할 수 있어 소비자에게 강한 인상을 남기기 좋습니다. 이를 통해 브랜드 인지도를 빠르게 높일 수 있으며, 팔로워와의 밀접한 소통을 통해 고객 충성도를 강화하는 데 큰 도움이 됩니다. 또한, 인스타그램은 매우 직관적인 인터페이스와 다양한 기능을 제공해 브랜드가 다양한 형태로 고객과 소통할 수 있도록 합니다.

하지만 이러한 장점에도 불구하고 인스타그램 마케팅에는 분명한 단점들도 존재합니다. 먼저 인스타그램의 경쟁은 매우 치열합니다. 수많은 브랜드와 개인들이 동일한 플랫폼을 활용하고 있으므로 콘텐츠가 쉽게 묻히고 눈에 띄기 어려운 상황이 발생할 수 있습니다. 특히 상업적 광고가 많이 노출되면서 소비자들이 광고를 더 이상 신선하게 느끼지 않거나 쉽게 피로감을 느끼는 경우가 많습니다. 이로 인해 브랜드의 신선함과 개성을 유지하는 것이 어려워지고 브랜드의 노화가 빨리 진행될 수 있습니다.

또한, 인스타그램에서 성공적인 마케팅을 위해서는 신선하고 흥미로운 콘텐츠를 지속적으로 제작해야 한다는 부담이 따릅니다. 브랜드의 목표와 정체성에 맞는 창의적인 콘텐츠를 꾸준히 올려야 하므로 콘텐츠 제작에 대한 전략적 접근과 기획이 매우 중요합니다. 하지만 이를 위해서는 충분한 시간과 리소스가 필요하며, 이를 전담할 수 있는 능력 있는 인력을 확보하는 것도 큰 과제입니다. 콘텐츠 제작뿐만 아니라 댓글, DM, 게시물 관리 등 팔로워와의 지속적인 상호 작용도 필요하므로 관리의 부담이 커질 수 있습니다.

특히 작은 규모의 브랜드는 이러한 모든 업무를 혼자서 처리해야 하는 상황이 많습니다. 그러다 보면 콘텐츠 제작, 스케줄링, 고객 응대 등 모든 일을 병행하기가 어려워지며, 결국 일정한 빈도와 퀄리티를 유지하는 데 어려움을 겪을 수 있습니다. 이로 인해 브랜드가 신선한 콘텐츠를 지속적으로 업로드하는 데 한계가 생길 수 있습니다. 하지만 그럼에도 불구하고 인스타그램은 여전히 저렴하면서도 효과적인 마케팅 채널로, 특히 예산이 제한된 작은 브랜드들에게는 매우 유용한 도구입니다. 경쟁이 치열한 만큼 기회도 균등하게 주어지므로 창의적이고 전략적인 접근을 통해 충분한 성과를 낼 가능성이 높습니다.

따라서 인스타그램을 활용한 마케팅에서 성공을 거두기 위해서는 이러한 단점들을 충분히 이해하고, 이를 극복할 수 있는 전략을 마련하는 것이 중요합니다. 예를 들어, 콘텐츠의 질과 양을 조절하고, 소비자와의 소통을 자연스럽게 이어가며, 적절한 광고 전략을 수립하는 등의 방법이 필요합니다. 브랜드마다 성격이 다르므로 각 브랜드에 맞는 맞춤형 전략이 필수적입니다.

어떤 브랜드로 인스타그램을 해야 할까?

인스타그램은 시각적 콘텐츠 중심의 소셜 미디어 플랫폼이므로 다음과 같은 유형의 브랜드들이 특히 효과적으로 활용할 수 있습니다. 상품이나 서비스뿐만 아니라 퍼스널 브랜딩을 위한 중요한 SNS로 자리 잡았습니다. 요즘은 명함 대신 인스타그램 계정을 교환하는 시대라고 해도 과언이 아닙니다.

다양한 유형의 브랜드들이 인스타그램을 활용해 홍보와 마케팅을 활발히 진행하고 있습니다. 적은 비용으로도 빠르게 브랜드 인지도를 높일 기회를 제공하며, 다양한 타깃층에게 접근할 수 있습니다. 인스타그램은 시각적인 콘텐츠 중심의 플랫폼으로, 브랜드가 개성 있고 창의적인 콘텐츠를 통해 소비자들에게 강한 인상을 남길 수 있는 강력한 도구가 됩니다.

특히 브랜드와 고객 간의 감성적인 유대감을 형성하는 데 뛰어난 효과를 발휘합니다. 예를 들어, 제품이나 서비스에 대한 감성적인 이야기, 브랜드의 가치와 철학을 담은 포스트, 소비자가 공감할 수 있는 콘텐츠를 통해 팔로워들과 친밀한 관계를 구축할 수 있습니다.

이러한 소통은 팔로워들에게 브랜드가 단순한 상품을 판매하는 것이 아니라 진정성 있는 관계를 맺으려고 노력하는 모습을 보여줍니다. 또한, 소비자들이 브랜드의 활동에 참여하고, 의견을 나누며, 서로의 경험을 공유할 수 있는 공간을 제공하는 것도 중요한 부분입니다. 이러한 상호 작용을 통해 소비자는 브랜드에 대한 충성도를 느끼고, 브랜드는 고객의 피드백을 반영하여 더욱 향상된 서비스를 제공할 수 있습니다.

패션 및 뷰티 브랜드

패션 및 뷰티 브랜드는 인스타그램의 시각적 요소와 실시간 트렌드를 효과적으로 활용할 수 있습니다. 패션 브랜드는 새로운 컬렉션, 스타일링 팁, 패션 트렌드 등을 공유할 수 있고, 뷰티 브랜드는 제품 사용법, 메이크업 튜토리얼, 고객 리뷰 등을 통해 팔로워와 소통할 수 있습니다.

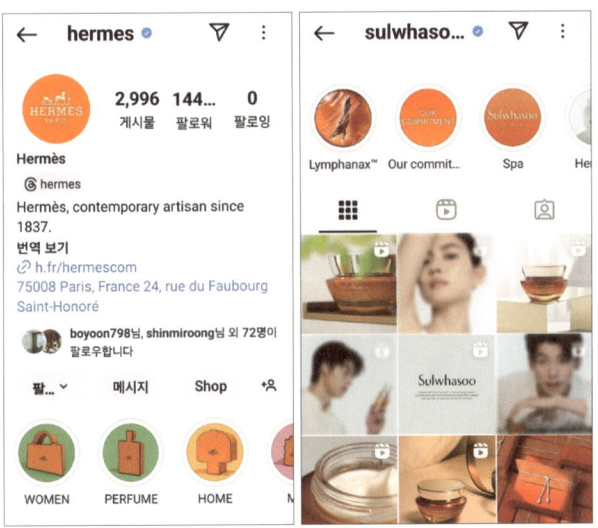

식당이나 식음료 브랜드

식당이나 식음료 브랜드는 메뉴 사진, 새로운 요리, 이벤트 정보를 공유하며 고객의 관심을 끌 수 있습니다.

여행 및 관광, 호텔 및 리조트 브랜드

여행 및 관광 브랜드는 여행지 사진, 고객 후기, 여행 팁 등을 공유해 팔로워의 여행 욕구를 자극할 수 있고, 호텔 및 리조트 브랜드는 시설 사진, 특별 행사, 고객 경험 등을 통해 잠재 고객을 유치할 수 있습니다.

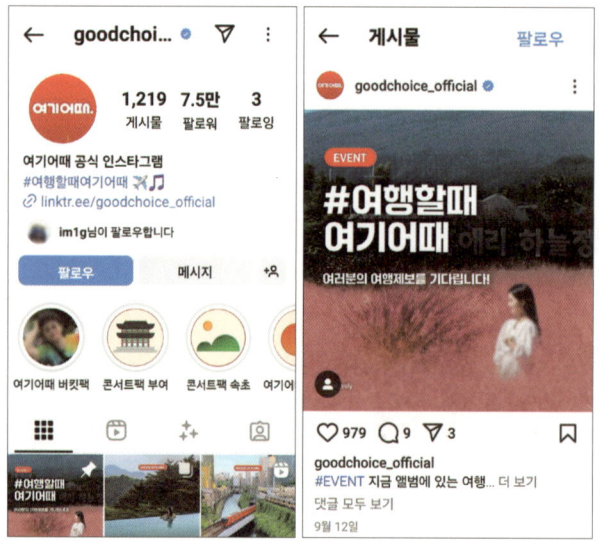

헬스 및 피트니스 브랜드

헬스 및 피트니스 브랜드는 운동 영상, 건강 팁, 성공 사례 등을 공유하여 팔로워의 참여를 유도할 수 있습니다.

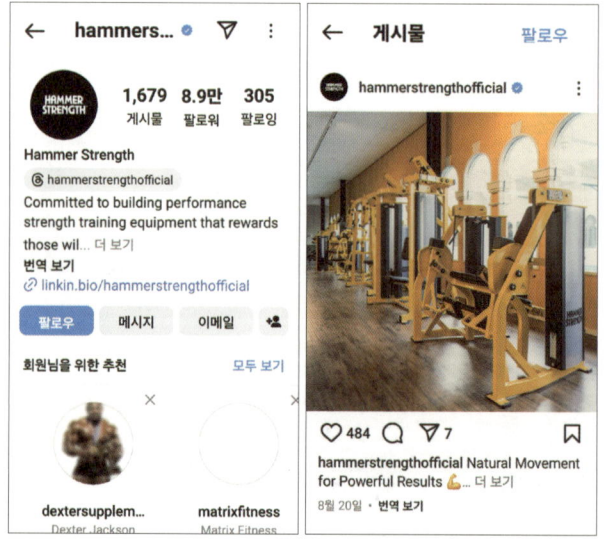

라이프 스타일 및 인테리어 브랜드

라이프 스타일 및 인테리어 브랜드는 일상생활에서 유용한 제품이나 서비스를 제공하며, 다양한 콘텐츠를 통해 팔로워와 소통할 수 있습니다. 또한, 집 꾸미기 아이디어, 제품 배치 팁, 고객 리뷰 등을 공유해 팔로워의 관심과 호응을 유도할 수 있습니다.

예술 및 창작 브랜드

예술 및 창작 브랜드는 작품 사진, 제작 과정, 전시 정보 등을 공유하여 예술에 관심 있는 팔로워를 유치할 수 있으며, 창작 과정, 완성된 작품, 고객 리뷰 등을 통해 브랜드를 알릴 수 있습니다.

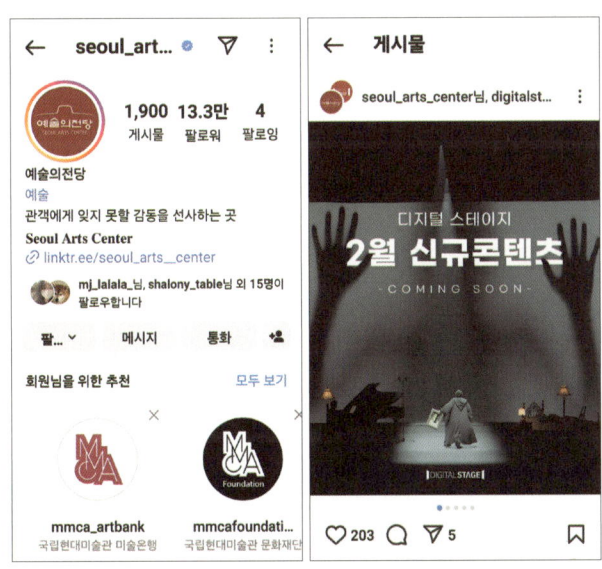

기술 및 전자 제품 브랜드

기술 및 전자 제품 브랜드는 새로운 제품 출시, 사용법, 기능 소개 등을 통해 고객의 관심을 끌 수 있습니다. 또한, 제품 리뷰, 튜토리얼, 기술 뉴스 등을 공유해 팔로워의 참여를 유도할 수 있습니다.

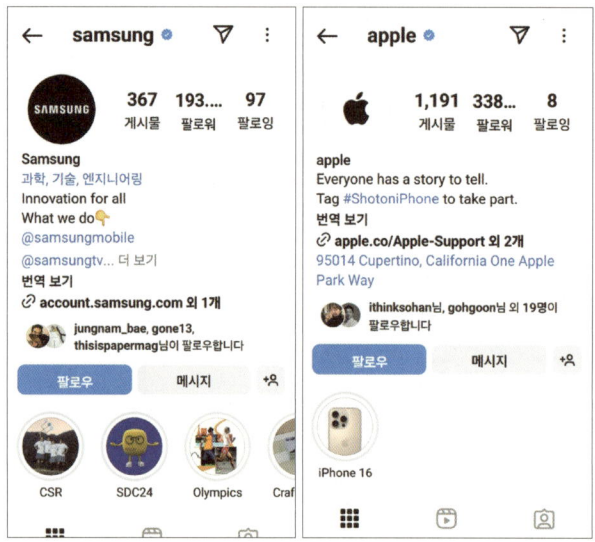

교육 및 학습 브랜드

교육 및 학습 브랜드는 강의 내용, 학습 자료, 학생 후기 등을 공유하여 브랜드 인지도를 높일 수 있습니다.

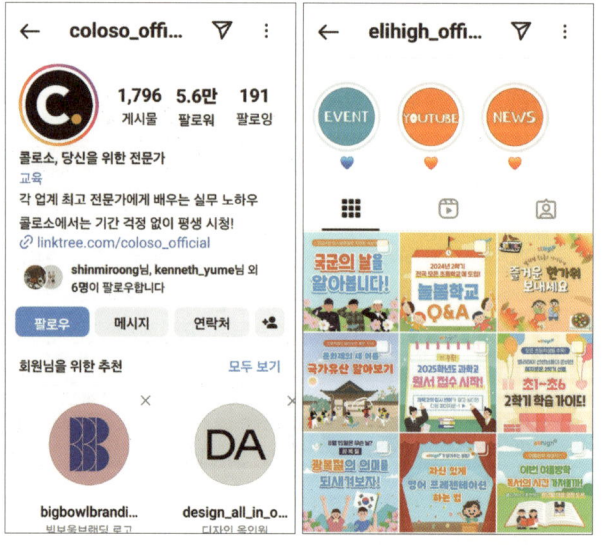

퍼스널 브랜드

퍼스널 브랜드는 단순히 개인의 이름을 알리는 것을 넘어 그 사람의 경력, 재능, 능력, 이력, 개성, 인성, 습관, 환경 등 여러 요소가 결합된 독특한 아이덴티티를 형성하는 과정입니다. 즉, 퍼스널 브랜드는 자신만의 고유한 가치를 표현하고, 이를 통해 다른 사람들과 차별화된 관계를 맺는 중요한 수단이 됩니다. 예를 들어, 한 사람의 직업적 능력이나 성취뿐만 아니라 그 사람이 가진 가치관, 인간적인 면모, 일상적인 습관, 주변 환경까지 모두 퍼스널 브랜드의 중요한 요소로 작용할 수 있습니다.

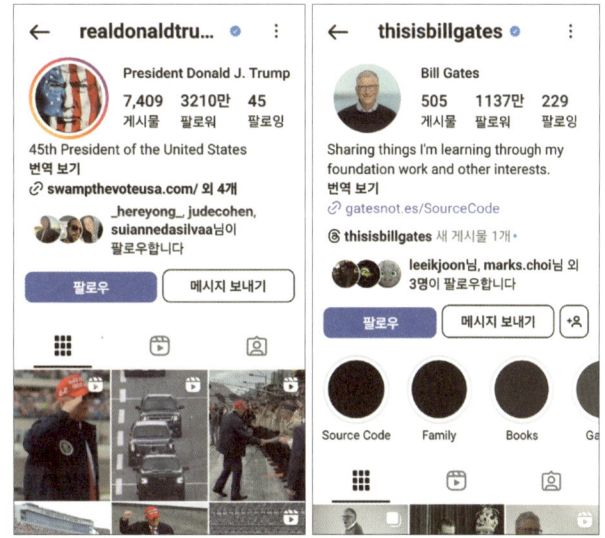

퍼스널 브랜드는 누구나 구축할 가능성을 가지고 있습니다. 이제는 나이, 직업, 학력 등의 제약을 넘어서서 각자가 가진 경험과 능력, 관심사를 바탕으로 자신만의 독특한 브랜드를 만들 수 있는 시대입니다. 또한, 인터넷과 SNS의 발전 덕분에 우리는 누구나 글로벌한 무대에서 자신의 브랜드를 알릴 기회를 가질 수 있습니다. 예를 들어, 블로그, 유튜브, 인스타그램, 트위터 등 다양한 소셜 미디어 플랫폼을 통해 자신만의 콘텐츠를 지속적으로 발신함으로써 점차 영향력을 키워나갈 수 있습니다.

누구나 인플루언서가 될 수 있다는 가능성을 가지고 있다는 점에서 퍼스널 브랜드의 잠재력은 무한합니다. 인플루언서는 단순히 유명한 사람들만을 의미하는 것이 아니라 자신만의 강력한 브랜드를 구축해 영향을 미치는 사람들을 의미합니다. 따라서 자신의 전문성을 살리거나 다른 사람들에게 긍정적인 영향을 미칠 수 있는 콘텐츠를 지속해서 제공하는 것으로, 개인의 영향력은 커질 수 있습니다. 결국 퍼스널 브랜드는 개인이 사회적, 경제적, 심리적 면에서 더 큰 가능성을 열어주는 강력한 도구로 자리 잡을 수 있습니다.

사용자 이름(User Name)을 만들려면?

일반적으로 인스타그램 사용자 이름은 기간이나 횟수 제한 없이 언제든지 변경할 수 있지만, 사용자 이름은 계정을 식별하는 고유한 ID로, 다른 사용자가 자신을 쉽게 찾을 수 있도록 하는 URL이자 로그인 아이디 역할을 하는 매우 중요한 요소입니다. 특히, 비즈니스 인스타그램 계정을 만들려면 오랫동안 변하지 않을 사용자 이름이 필요합니다.

인스타그램 사용자 이름은 최대 30자 이내에서 숫자, 영문, 밑줄, 마침표로 설정할 수 있으며, 다른 사용자와 중복되어 사용할 수 없습니다. 브랜드를 위한 사용자 이름은 프로필 URL이자 로그인 계정으로 사용되므로 신중하게 결정하는 것이 중요합니다. 만약 비즈니스 인스타그램 계정의 사용자 이름을 자주 변경하면 팔로워나 소비자에게 혼란을 줄 수 있으므로, 처음부터 최종적으로 결정된 계정 이름을 사용하는 것이 바람직합니다.

정해진 브랜드 이름이 있는 경우

이미 정해진 브랜드 이름이 있고 특허청에 등록이 완료된 상태라면 인스타그램 계정을 만드는 것은 전혀 어렵지 않습니다. 특허청으로부터 상표 사용에 대한 권리를 이미 받았으므로 앞으로 브랜드 이름이 변경될 일은 없다는 것을 의미합니다. 브랜드 이름은 누구나 만들 수 있지만, 등록하지 않고 출원받지 않으면 법의 보호를 받을 수 없습니다. 브랜드를 안전하게 보호하려면 반드시 출원 절차를 거쳐야 합니다. 상표 출원은 특허청(www.patent.go.kr)에서 직접 진행할 수 있지만, 전문가인 변리사의 도움을 받는 것을 추천합니다.

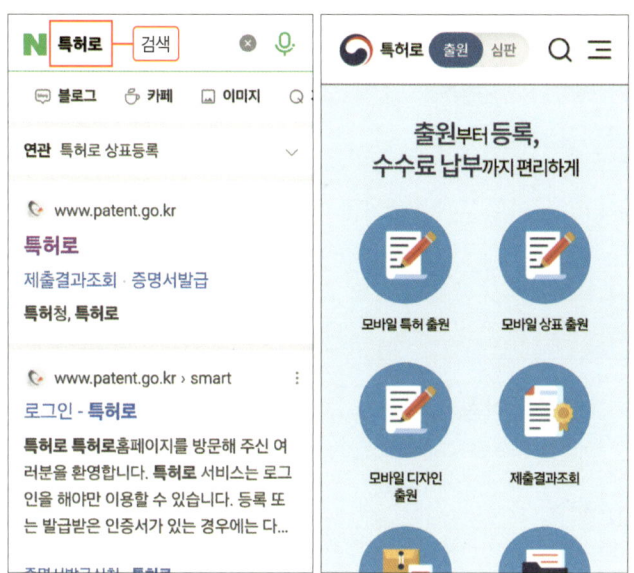

◀ 상표나 특허 등록은 특허청의 특허로 사이트를 이용하면 직접 출원부터 등록까지 할 수 있습니다. 처음이라 잘 모르겠거나 불안하다면 특허 관련 전문가의 도움을 받으시길 추천합니다.

작은 가게를 운영하던 지인은 상표 등록 없이 영업을 하다가 사업이 잘되어 대리점이 세 개로 늘어난 순간, 상표권자로부터 고소를 당했습니다. 비록 상표 등록 신청일보다 훨씬 이전에 개업했고 몇 년 동안 사용해왔지만, 우리나라는 출원주의와 선출원주의를 따르기 때문에 그분은 상표에 대한 권리가 없었고 법의 보호를 받을 수 없었습니다. 즉, 중요한 것은 누가 먼저 상표를 사용했는지가 아니라, 누가 먼저 상표 등록 출원을 했는가입니다.

상표를 먼저 출원한 사람이 모든 권리를 갖게 된다는 뜻입니다. 결국, 지인은 본인이 처음 만든 브랜드 이름이었음에도 불구하고, 상표권자로부터 터무니없이 큰 금액을 지불하고 권리를 되사거나 운영 중인 세 가게의 이름을 모두 바꿀 수밖에 없었습니다. 따라서 인스타그램 비즈니스 계정을 운영하시는 분들은 반드시 상표를 등록하고 출원해 브랜드를 스스로 보호하시기 바랍니다.

다행히 출원된 브랜드 이름이 있다면 동일한 스펠링을 사용한 계정명을 만들어 시작할 수 있습니다. 그러나 전 세계 수십억 명의 인구가 각자 3개의 사용자 이름을 만들 수 있는 인스타그램 환경에서는 원하는 이름을 사용하지 못할 가능성이 매우 큽니다. 요즘은 브랜드 이름을 만들 때 특허청 상표 등록, 홈페이지 도메인 이름, SNS별 사용자 이름 등을 미리 함께 등록하는 것이 일반적인 추세입니다.

만약 특허청에 등록된 브랜드 이름이 있더라도 아직 인스타그램에서 동일한 사용자 이름이 없다면, 브랜드 이름의 원형을 유지하면서 사용자 이름을 만들어야 합니다.

예를 들어, 가상의 패션 브랜드 'yranidro(유래니드로)'를 사용하여 사용자 이름을 만들려고 합니다. 이 이름은 'ordinary'라는 영어 단어를 거꾸로 쓴 것으로 '보통의' 또는 '일상적인'이라는 뜻을 가지고 있습니다. 하지만 사용자 이름을 등록하려고 하니 이미 사용할 수 없다고 표시됩니다.

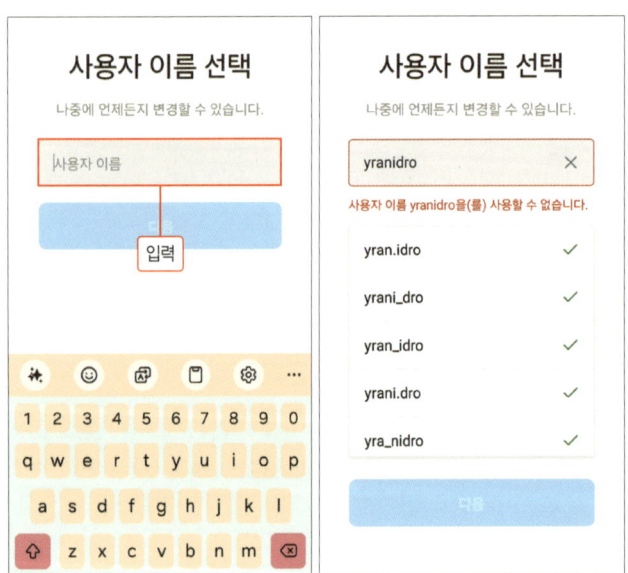

◀ 사용자 이름을 검색해 봅니다. 때에 따라서는 꼭 사용하고 싶은 이름을 사용할 수 없는 경우도 있습니다.

1 특수 문자 추가하기

브랜드 이름의 원형을 유지하면서 사용자 이름을 만들려면 기존 이름에 밑줄(_)이나 마침표(.) 등을 추가해 보세요. 이렇게 하면 사용할 수 있는 사용자 이름인지 바로 확인할 수 있습니다. 단, 마침표는 이름의 맨 앞과 맨 뒤에는 사용할 수 없습니다.

2 숫자 추가하기

이름 뒤에 숫자를 추가하거나 의미 있는 숫자를 사용해 보세요. 예를 들어, 브랜드 설립 연도나 기념일과 관련된 숫자를 붙이는 방법입니다.

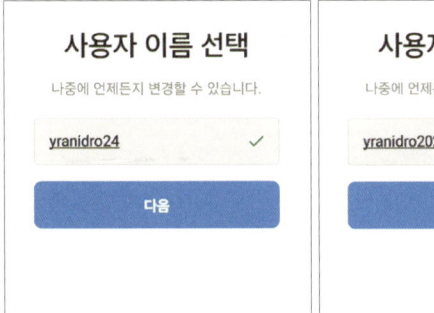

3 단어 추가하기

공식 계정임을 나타내기 위해 'Official'이나 'Original' 같은 단어를 추가하는 것도 좋은 방법입니다.

4 이름 앞뒤로 키워드 추가하기

이름 앞이나 뒤에 비즈니스와 관련된 키워드나 설명을 추가하는 방법도 있습니다. 예를 들어, 사업 분야인 'fashion'을 브랜드 이름 앞이나 뒤에 추가하는 것도 좋은 방법입니다.

5 이니셜 사용하기

이름이나 단어를 이니셜로 표현하는 것도 좋은 방법입니다. 예를 들어, 'usnm', 'usrnm'처럼 발음을 이니셜로 줄여 사용하는 방식입니다.

6 철자 변형하기

단어의 철자를 약간 변형해 스펠링은 달라지지만 발음은 동일한 사용자 이름을 만들 수 있습니다. 예를 들어, 'user'를 'uuser'나 'usr'로 바꾸는 방법이 있습니다.

7 언어 변형하기

다른 언어나 줄임말, 약어를 사용하여 변형할 수 있습니다. 예를 들어, 'love'를 'luv'로, 'Four'나 'for'를 '4'로 바꾸는 방법이 있습니다.

8 중복 글자 사용하기

특정 글자를 반복해 고유성을 부여할 수 있습니다. 하지만, 너무 긴 중복 글자는 정확한 스펠링을 기억하기 어려울 수 있으므로 적절히 추가하는 것이 중요합니다.

앞서 다양한 사용자 이름 변경 방법을 소개했지만, 비즈니스용 인스타그램 계정이라면 4번 이후의 방법은 추천하지 않습니다. 브랜드 이름을 검색한 사람들이 계정의 진위를 파악하기 어려워 혼란을 느낄 수 있기 때문입니다. 예를 들어, 유명 연예인의 이름을 검색했을 때 본인 계정인지 아닌지 판단하기 어려울 수 있습니다. 이는 팬 계정이나 사칭 계정일 가능성도 크기 때문입니다. 따라서 검색할 때 브랜드 이름과 동일한 철자의 사용자 이름을 사용하는 것이 가장 좋습니다.

인스타그램에서 공식 계정 인증을 받는 것도 좋은 방법입니다. 블루 체크(인증 배지)를 받으면 해당 계정이 고유한 계정임을 인스타그램에서 인정받았다는 증거가 됩니다. 블루 체크를 빨리 받고 싶을 수 있지만, 급하게 처리할 문제는 아닙니다. 계정을 꾸준히 운영하고 브랜드를 성장시킨 후 신청하는 것도 괜찮습니다.

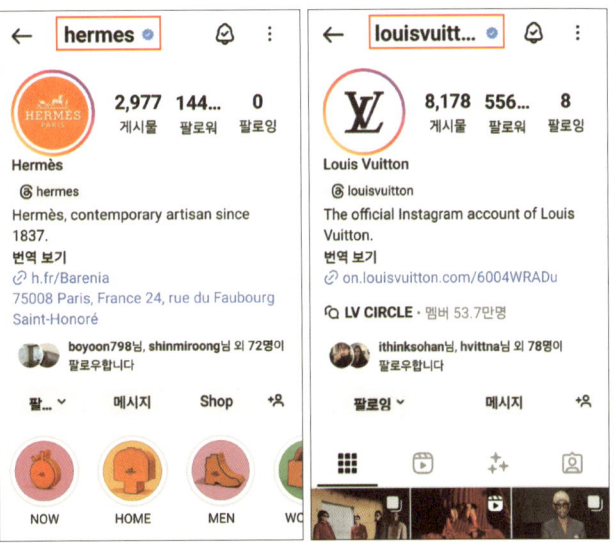

인증 배지 신청이 거절된 경우 거절 사유를 확인한 후 문제를 해결하고 30일 후에 다시 신청할 수 있습니다. 인스타그램의 인증 배지는 간단히 요청한다고 해서 무조건 받을 수 있는 것이 아니므로 계정의 신뢰성, 진정성, 그리고 유명도를 꾸준히 높여가는 것이 가장 중요합니다.

브랜드 이름이 없는 경우

브랜드 이름(Brand Name)은 시장에서 다른 브랜드와 구별되는 제품, 서비스 또는 회사에 부여되는 이름을 의미합니다. 이는 브랜드와 마케팅의 핵심 요소로, 소비자의 마음속에 고유한 정체성과 이미지를 형성하는 데 중요한 역할을 합니다. 좋은 브랜드 이름은 기억하기 쉽고 발음하기 간편하며, 브랜드의 가치나 제품, 개성을 잘 반영합니다. 브랜드 이름은 브랜드의 성패에 큰 영향을 미치므로 신중하게 선택해야 합니다.

오늘날 수많은 브랜드가 존재하는 시장에서 좋은 브랜드 이름을 만드는 것은 예전보다 훨씬 어려워졌습니다. 마음에 드는 브랜드 이름이 이미 상표로 등록된 경우가 많기 때문입니다. 따라서 브랜드 콘셉트에 맞는 독창적이고 기억하기 쉬운 브랜드 이름을 다음과 같은 순서와 방식으로 만드는 것이 좋습니다.

1 브랜드 목표와 가치 정의하기

브랜드의 핵심 가치와 목표를 정의하는 것이 가장 중요합니다. 소비자에게 어떤 제품이나 서비스를 제공할지, 어떤 문제를 해결할지, 그리고 어떤 가치를 전달할지를 명확히 하는 것이 우선입니다. 브랜드의 방향성을 확립하려면 이 첫 단계를 심사숙고해야 합니다. 브랜드가 지향하는 목표와 가치를 정했다면 그것이 바로 브랜드의 콘셉트가 됩니다.

2 타깃 고객 분석하기

브랜드의 주요 고객층이 누구인지, 어떤 감성을 중요시하는지, 무엇을 좋아하고 어디에 사는지, 여가를 어떻게 보내며, 누구와 어울리는지 등을 파악해야 합니다. 이는 단순히 타깃을 따라가는 시장 조사가 아니라, 타깃이 내 브랜드를 찾아오게 만들기 위한 고객 분석입니다. 이제는 물건이 부족해서 구매하거나 서비스를 신청하지 않는 시대입니다. 따라서 소비자가 갖고 싶고 공감할 수 있는 브랜드를 만들기 위한 고객 분석이 필요합니다. 이후 타깃 고객의 눈높이에 맞춰 매력적이고 공감할 수 있는 브랜드 이름을 만들어야 합니다.

3 브랜드 이름 만들기

❶ 짧고 기억하기 쉬운 이름

짧고 간단하며 발음하기 쉬운 브랜드 이름이 이상적이라는 점은 누구나 알고 있습니다. 하지만 그런 좋은 이름은 이미 다른 사람이 사용 중일 가능성이 큽니다. 또한, 고유명사나 일반 명사는 상표 등록이 되지 않기 때문에 신선한 아이디어를 발휘해야 합니다. 짧은 브랜드 이름을 만들기 위해 긴 단어를 이니셜로 줄여 사용하는 방법도 있습니다. 예를 들어, 루이뷔통의 모회사인 LVMH는 '모엣 헤네시·루이뷔통(LVMH Moët Hennessy·Louis Vuitton S.A.)'을 간략하게 축약한 이름입니다.

❷ 고유하고 차별화된 이름

이미 시장에 진출한 경쟁사와 차별화된 고유의 브랜드 이름을 만드는 것이 중요합니다. 독창적이면서도 브랜드의 정체성을 잘 표현할 수 있는 이름이 필요합니다. 예를 들어, 인스타그램(Instagram)은 '즉각적인'을 의미하는 Instant와 '텔레그램'에서 유래한 Telegram을 결합한 이름입니다. 이 이름은 Instant(즉각적인)이라는 의미로, 즉석에서 찍은 사진을 바로 공유할 수 있는 앱의 핵심 기능을 잘 반영하며, Telegram(전보)은 빠르고 간단하게 메시지를 전달할 수 있는 방식이라는 개념을 더했습니다. 앱의 초기 기능과 목표를 잘 나타내는 브랜드 이름입니다.

❸ 발음과 철자가 쉬운 이름

발음하기 어렵거나 철자가 복잡한 브랜드 이름은 피하는 것이 좋습니다. 사람들에게 쉽게 기억되고, 소셜 미디어나 구글 검색에서 오류 없이 검색될 수 있는 이름을 만들어야 합니다. 예를 들어, 요즘은 '별다줄'이라는 신조어가 있습니다. 이는 '별걸 다 줄인다'는 표현을 줄여 만든 단어로, 무엇이든 간편하게 축약하는 세태를 풍자합니다. 이처럼 Brother나 Sister 대신 Bro나 Sis처럼 발음과 철자가 쉬운 단어를 사용하는 추세입니다. 이런 간단한 브랜드 이름은 발음하기 쉽고, 타이핑도 빠르며 오탈자 비율이 낮아 검색에 유리합니다.

❹ 브랜드 스토리와의 연관성

브랜드의 스토리나 창립 배경과 관련된 이름을 선택하면 고객에게 더 큰 공감과 신뢰를 줄 수 있습니다. 예를 들어, 'Happy Saturday with you'라는 슬로건을 가진 패션 브랜드 'Satur'는 Saturday에서 day를 빼고 만든 이름입니다. '행복한 토요일을 함께 보내자'는 브랜드 콘셉트와 'Satur'라는 이름은 매우 잘 어울립니다. 만약 'Saturday'를 일반적으로 많이 줄여 사용하는 'Sat'으로 만들었다면 고유 명사로 인식되어 상표 등록이 어려웠을 것입니다. 브랜드 콘셉트와 잘 맞는 이름을 지은 좋은 사례입니다.

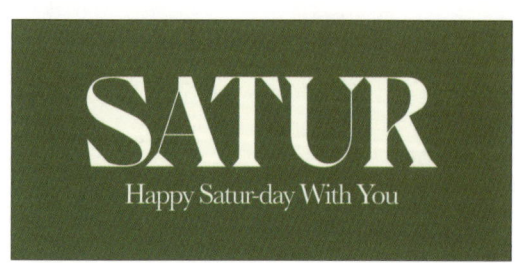

4 도메인 가능 여부 확인하기

웹사이트와 소셜 미디어에서 사용할 도메인과 계정 이름을 사용할 수 있는지 먼저 확인해야 합니다. 요즘은 브랜드 이름을 정할 때 이 부분을 가장 먼저 고려하고, 빠르게 선점하는 것이 중요합니다.

5 언어적/문화적 차이 고려하기

글로벌 시장을 염두에 두고 있다면 다양한 언어와 문화에서 부정적인 의미가 없는지 확인하는 것이 중요합니다. 좋은 의미의 단어가 다른 문화권에서는 나쁜 뜻으로 해석될 수 있기 때문입니다. 예를 들어, 우리나라에서는 행운의 숫자로 7을 떠올리지만 중국에서는 8이 좋은 숫자로 여겨지는 것처럼 브랜드 이름이 해당 문화와 잘 융합될 수 있는지 점검하는 것이 좋습니다.

6 브랜드 이름 생성 도구 활용하기

네임 제너레이터 도구나 AI 기반의 네이밍 툴을 활용하여 아이디어를 얻을 수도 있습니다. 정의한 브랜드 콘셉트와 업종을 설명하면 이에 어울리는 브랜드 이름을 제안받을 수 있어 유용합니다. 마음에 드는 이름이 나올 때까지 여러 도구를 활용해 보세요. 예를 들어, 네임릭스(namelix.com)와 같은 브랜드 이름 생성 사이트는 브랜드 이름은 물론, 로고 디자인까지 몇 초 만에 자동으로 완성해 보여줍니다. 이 외에도 챗GPT와 같은 인공지능 서비스를 활용하는 것도 좋은 방법입니다.

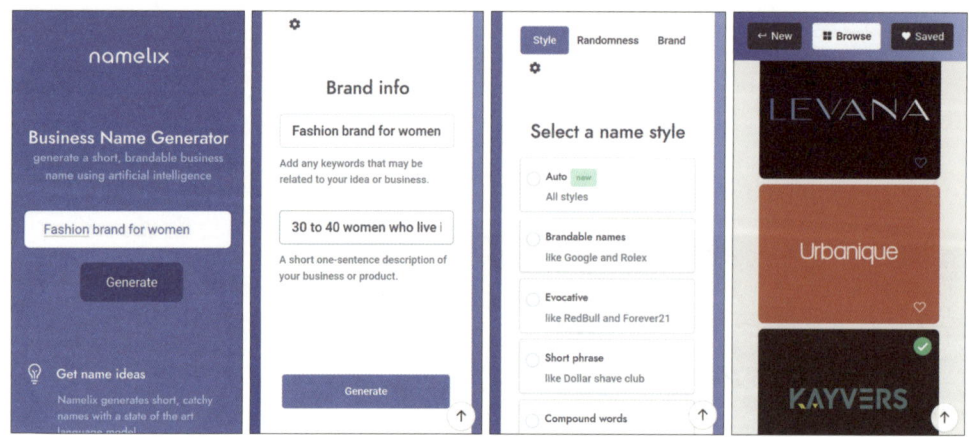

7 피드백 수집하기

최종 후보 이름을 몇 개 선정한 후 타깃 고객이나 주변 사람들에게 피드백을 받아보는 것이 좋습니다. 이를 통해 예상치 못한 인사이트를 얻을 수 있습니다. 브랜드 이름을 만든 사람은 미처 고려하지 못한 부분을 발견할 기회가 될 수 있으니 여러 사람의 의견을 모아 수정하고 최종 결정을 내리세요.

8 법적 확인 및 등록하기

상표를 사용하려는 경우 가장 중요한 단계 중 하나는 법적인 확인과 등록 여부를 철저히 검토하는 것입니다. 상표는 브랜드의 고유한 식별 요소이기 때문에 이를 법적으로 보호받지 못하면 다른 기업이나 개인이 동일하거나 유사한 상표를 사용해 혼란을 일으킬 수 있습니다. 따라서 상표 등록 가능 여부를 사전에 확인하는 것이 매우 중요합니다. 이 과정에서 키프리스(KIPRIS, www.kipris.or.kr)라는 온라인 플랫폼을 통해 상표의 등록 여부를 무료로 확인할 수 있습니다. 키프리스는 대한민국 특허청에서 제공하는 서비스로, 상표를 비롯한 다양한 지식재산권 정보를 제공하고 있으며, 이를 통해 본인이 사용할 상표가 이미 등록된 상표인지, 또는 다른 사람에 의해 사용되고 있는지를 쉽게 확인할 수 있습니다.

하지만 일반인이 상표 등록 절차나 법적 문제에 대해 정확히 이해하는 것은 어려울 수 있습니다. 상표와 관련된 법적 요건은 매우 복잡할 수 있기 때문에 이 과정에서 전문가의 도움을 받는 것이 훨씬 더 안전하고 효율적입니다. 변리사는 상표 등록에 관한 전문적인 지식과 경험을 바탕으로 등록 가능한 상표인지 여부뿐만 아니라 향후 발생할 수 있는 법적 분쟁을 예방하는 데 중요한 역할을 합니다. 변리사는 상표의 독창성 여부를 확인하고 다른 기업의 상표와 충돌하지 않는지, 유사한 상표가 이미 존재하는지 등을 면밀히 분석해 법적 문제를 미리 예방할 수 있습니다.

또한, 상표 등록 절차 자체도 전문가의 도움이 필요할 수 있습니다. 변리사는 상표 출원 서류 작성, 제출, 법적 검토 등의 복잡한 절차를 신속하고 정확하게 진행할 수 있으며, 상표 등록 후 발생할 수 있는 분쟁 해결에도 큰 도움이 됩니다. 상표를 올바르게 등록하고 보호받기 위해서는 이러한 법적 절차를 철저히 이행하는 것이 중요합니다.

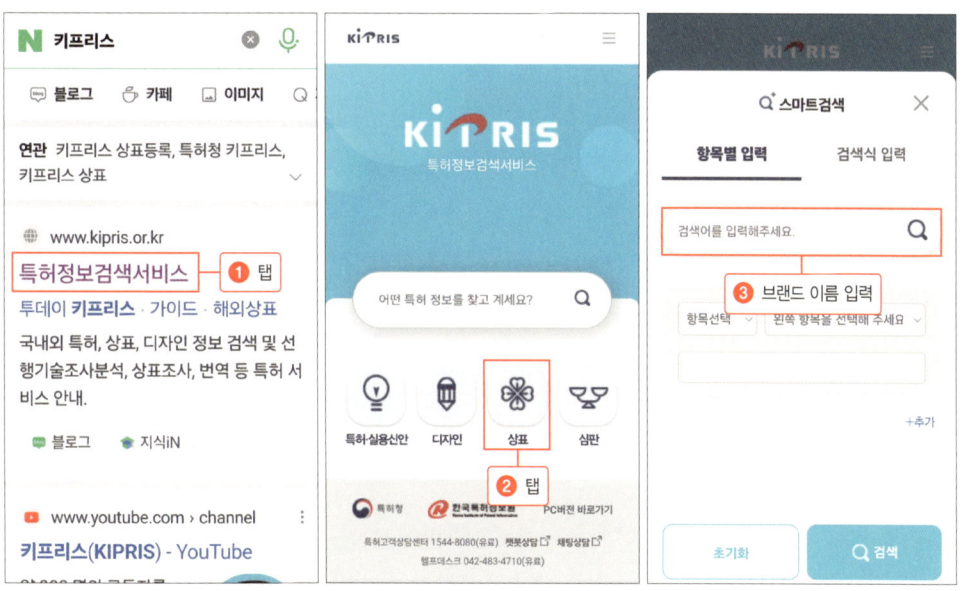

앞서 가상으로 만든 'Yranidro'라는 브랜드 이름은 키프리스에서 확인한 결과 의류 관련 상표 등록이 되어 있지 않았습니다. 하지만 더욱 정확한 정보를 파악하기 위해서는 전문가에게 의뢰하여 확실한 조언을 받는 것이 좋습니다.

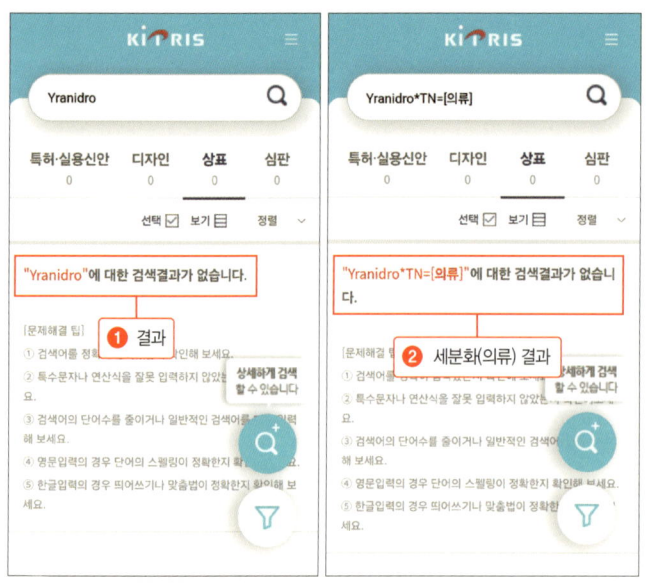

브랜드 이름을 정하고 SNS 계정 사용자 이름을 확보하는 과정은 매우 중요한 첫 단계입니다. 브랜드 이름은 브랜드의 정체성을 나타내는 핵심적인 요소이므로 신중하게 선택해야 합니다. 상표를 등록하려면 그 이름이 고유하고 독창적이어야 하며, 다른 기업이나 개인이 이미 사용하고 있는 이름과 중복되지 않아야 합니다. 이를 고려해 브랜드 이름을 결정하는 동시에 해당 이름으로 SNS 계정 사용자 이름도 확보하는 것이 좋습니다. SNS 계정 이름은 브랜드의 온라인 존재감을 강화하는 중요한 부분이므로 가능한 한 빨리 사용자 이름을 확보하는 것이 중요합니다. 브랜드 이름과 SNS 사용자 이름이 일치하면 소비자들이 브랜드를 쉽게 인식하고, 온라인에서 일관된 이미지를 유지할 수 있습니다.

상표 등록은 단순한 절차가 아닙니다. 상표 출원에서 등록까지는 보통 최소 1년에서 1년 반 정도의 시간이 소요될 수 있습니다. 이 기간에 상표가 최종적으로 등록될지 여부를 확정 지을 수 없으므로 기업은 오랫동안 결과를 기다려야 할 수 있습니다. 만약 상표 등록이 거절될 경우 브랜드 이름을 바꿔야 할 수도 있으므로 브랜드 이름을 선정할 때는 이 점을 충분히 고려해야 합니다. 또한, 상표 등록이 완료되기 전에 상표를 사용하고 있는 경우에는 추가적인 비용이 발생할 수 있습니다. 이럴 때 '우선 심사'라는 방법을 통해 상표 심사를 좀 더 빠르게 진행할 수 있지만, 이 과정 역시 몇 개월의 시간이 소요됩니다.

브랜드 콘셉트를 만들려면?

SECTION 6

인스타그램 피드(Feed)는 인스타그램 앱을 열었을 때 가장 먼저 보이는 화면(Landing Page)이나 그 안에 표시되는 사진과 영상을 의미합니다. 이곳은 브랜드의 이미지와 콘셉트가 한눈에 드러나는 중요한 부분으로, 브랜드의 얼굴이자 비주얼을 담당하는 역할을 합니다. 따라서 포스팅 내용보다는 브랜드 콘셉트를 먼저 고려하고 시작하는 것이 중요합니다.

네티즌 사이에서 큰 인기를 끌었던 인스타그램 계정으로 양산의 작은 프랜차이즈 치킨집이 있었습니다. 이곳은 매일 치킨을 튀긴 기름통을 깨끗하게 씻어서 인증하는 사진을 올린 것으로 유명해졌습니다. 처음에는 장사가 잘 되지 않자 친구들이나 지인들에게 보여줄 목적으로 깨끗하게 닦은 튀김통에 포스트잇을 붙여 인증 사진을 올리기 시작했다고 합니다. 하지만 그 행동이 매일 반복되다 보니 입소문이 나게 되었고, 결국 매출이 급증하고 방송에도 출연하게 되었습니다.

이 프랜차이즈 치킨 브랜드는 인지도가 높지 않고 개업한 지 얼마 되지 않은 상태였습니다. 따라서 브랜드 인지도를 높이기 위한 고민이 엿보였습니다. 세련되고 획기적인 콘셉트의 피드는 아니지만, 누구나 이 작은 치킨집 사장님이 깨끗한 기름과 청결한 환경에서 치킨을 만들겠다는 의지를 느낄 수 있도록 독특한 브랜드 콘셉트를 만들어냈습니다. 거창한 설명 없이 자연스럽게 진정성이 전달되는 훌륭한 피드가 탄생한 셈입니다.

브랜드를 만드는 과정에 대해 조금 더 자세히 설명하겠습니다. 다음과 같은 단계를 따라 나만의 브랜드를 만들어 보세요.

1 키워드 추출

브랜드 이름을 만들 때 브랜드와 어울리는 키워드를 최대한 많이 고르는 과정은 매우 중요한 첫 단계입니다. 이 과정에서 가능한 한 다양한 키워드를 모은 후 그중에서 브랜드의 아이덴티티와 가장 잘 어울리는 키워드를 선택하는 방식은 브랜드 전략을 구체화하는 데 큰 도움이 됩니다. 브랜드 콘셉트를 확립하고, 브랜드의 핵심 가치를 전달할 수 있는 이름을 선정하는 데 중요한 역할을 합니다. 키워드 목록을 작성할 때는 브랜드의 미션, 비전, 타깃 시장, 제품 특성 등을 반영하여 다양한 측면에서 접근해 보세요. 예를 들어, 브랜드가 혁신적인 기술을 기반으로 한 제품을 제공하는 경우 '혁신', '미래', '기술'과 같은 키워드를 생각할 수 있으며, 감성적인 요소를 강조하는 브랜드라면 '따뜻함', '편안함', '소통' 등의 키워드가 도움이 될 수 있습니다.

이때 중요한 점은 단순히 인기 있는 키워드나 트렌디한 단어를 선택하는 것이 아니라 브랜드의 성격과 맞는 단어를 고르는 것입니다. 브랜드가 어떤 이미지를 전달하고자 하는지, 소비자에게 어떤 메시지를 주고자 하는지를 고려하며 키워드를 선택해야 합니다. 그 후 여러 개의 키워드 중에서 브랜드의 핵심 가치와 가장 잘 부합하는 단어를 추려내고, 이를 기반으로 이름을 형성하는 것이 이상적입니다.

또한, 키워드 목록을 통해 얻을 수 있는 아이디어는 단순히 브랜드 이름뿐만 아니라 마케팅 캠페인, 광고 문구, 슬로건 등 다양한 브랜드 활동에도 큰 도움이 됩니다. 키워드가 제대로 설정되면 그 키워드를 활용해 더 강력한 브랜드 메시지를 전달할 수 있고, 소비자와의 소통에서 더 효과적인 결과를 얻을 수 있습니다. 이를 통해 브랜드의 핵심 가치를 분명히 하고, 타깃 고객에게 잘 전달되도록 돕는 중요한 기초 작업을 할 수 있습니다.

따라서 브랜드 이름을 만들기 전에 철저한 키워드 분석과 조사를 통해 아이디어를 많이 얻고, 그중에서 브랜드와 가장 잘 어울리는 키워드를 남겨두는 작업은 성공적인 브랜드 전략을 수립하는 데 매우 중요한 역할을 합니다.

2 브랜드 이름과 품목 결정

앞서 예를 들어 'Yranidro(유래니드로)'라는 30대 여성을 위한 패션 브랜드를 만들었습니다. 브랜드 이름은 일상적인 것을 의미하는 영어 단어 'Ordinary'를 반전시켜 만들었습니다. 'Yranidro'는 평범하고 일상적인 것에서 특별함을 찾고, 그 특별함을 일상 속에서 자연스럽게 느낄 수 있도록 도와주는 브랜드입니다. 이 브랜드가 취급하는 품목은 의류, 신발, 가방, 화장품 등 일상생활에서 자주 접하는 패션 아이템들로, 이들을 통해 고객이 일상 속에서 자신만의 특별한 스타일을 표현할 수 있도록 지원합니다.

하지만 브랜드는 반드시 유형의 상품만을 의미하는 것은 아닙니다. 물리적인 상품뿐만 아니라 지식이나 서비스와 같은 무형의 상품도 충분히 브랜드가 될 수 있습니다. 예를 들어, 콘텐츠나 경험 또는 특정한 가치나 철학을 제공하는 서비스 역시 강력한 브랜드로 성장할 수 있습니다. 따라서 자신이 진행하고자 하는 사업이나 상품에 맞는 브랜드 이름과 카테고리를 정하는 게 매우 중요합니다. 이때 카테고리는 향후 브랜드의 성장 가능성을 고려해서 신중하게 결정하는 것이 필요합니다. 예를 들어, 패션 브랜드를 시작하면서 동시에 카페나 레스토랑을 운영할 계획이 있다면 해당 분야까지 고려해 함께 상표를 등록하는 것이 유리합니다.

상표 등록을 미리 해두면 브랜드가 확장되거나 새로운 카테고리로 진출할 때 법적 보호를 받을 수 있어 더욱 안정적으로 성장할 수 있습니다. 예를 들어, 패션 브랜드가 잘 성장하여 이후에 카페를 시작하거나 패션 외의 다른 제품군을 추가하려는 경우, 그에 맞는 카테고리를 미리 상표로 등록해두면 상표권을 보호받을 수 있습니다. 이를 통해 브랜드의 범위를 확장하더라도 법적 분쟁 없이 원활하게 사업을 이어갈 수 있습니다.

따라서 브랜드 이름을 정할 때는 단기적인 성공뿐만 아니라 장기적인 확장성을 염두에 두고 관련 카테고리를 함께 고려하는 것이 중요합니다. 이렇게 철저하게 준비하는 과정이 브랜드를 지속적으로 성장시키고 미래의 가능성을 확장하는 데 중요한 역할을 할 것입니다.

3 브랜드 콘셉트 정의

브랜드 콘셉트를 간단하고 명료하게 정의해 보세요. 'Yranidro(유래니드로)'는 30대 세련된 여성의 일상을 조금 더 특별하게 만들어 주는 패션 브랜드입니다. 이 브랜드는 'Yranidro means something special(유래니드로는 뭔가 특별하다는 것을 의미합니다.)'라는 슬로건을 갖고 있습니다. 키워드에서 추출한 단어들을 포함하여 의미 있고 간결한 문장으로 브랜드의 콘셉트를 정의해 보시기 바랍니다.

YRANIDRO
'Yranidro means something special.'

4 브랜드 아이덴티티(B.I) 정의

브랜드 아이덴티티는 브랜드의 가치를 시각적으로 표현하는 중요한 요소로, 로고, 심볼, 캐릭터, 패키지, 컬러 등 다양한 시각적 요소가 조화를 이뤄 브랜드를 대표합니다. 이 요소들은 브랜드가 소비자에게 어떤 이미지를 전달할지, 어떤 메시지를 지속적으로 강화할지를 결정짓는 중요한 역할을 합니다. 브랜드 아이덴티티는 브랜드의 독창성을 보여주고, 소비자와의 신뢰를 쌓는 데 중요한 역할을 하며, 모든 시각적 요소가 브랜드의 콘셉트와 일치하는 것이 매우 중요합니다.

특히 인스타그램과 같은 소셜 미디어 플랫폼에서 브랜드 아이덴티티를 효과적으로 구축하려면 브랜드의 색상과 로고를 피드에서 일관되게 사용하는 것이 매우 중요합니다. 인스타그램은 시각적 플랫폼이기 때문에 피드의 전체적인 통일성과 조화가 브랜드 인식에 큰 영향을 미칩니다. 예를 들어, 브랜드의 대표 색상이나 로고를 피드에 꾸준히 노출하면 소비자들은 자연스럽게 그 색상이나 로고를 보고 브랜드를 인식합니다. 이는 브랜드 인지도를 높이는 데 도움이 될 뿐만 아니라 팔로워들에게 브랜드의 일관된 이미지를 각인시킬 수 있습니다.

또한, 일관된 색상과 로고 사용은 브랜드 메시지를 강화하고, 소비자들에게 안정감을 제공합니다. 색상은 감정적 반응을 일으킬 수 있기 때문에 브랜드가 전달하고자 하는 느낌이나 분위기를 색상으로 표현하는 것이 중요합니다. 예를 들어, 따뜻하고 친근한 이미지를 전달하고자 한다면 따뜻한 톤의 색상을 사용하고, 세련되고 고급스러운 이미지를 원한다면 더 차분하고 고급스러운 색상을 선택할 수 있습니다. 로고 역시 브랜드의 첫인상을 결정짓는 요소이므로 로고의 크기나 배치, 사용 방식이 일관되게 유지되는 것이 중요합니다.

또한, 패키지나 캐릭터, 심볼 등 다른 시각적 요소들도 일관되게 사용하면 소비자에게 더욱 강렬한 인상을 남깁니다. 예를 들어, 제품의 패키지가 브랜드의 색상이나 로고와 일치하면 소비자들이 제품을 구매할 때나 사용하는 동안 브랜드와의 연결을 강화할 수 있습니다. 캐릭터나 심볼도 마찬가지로 브랜드의 아이덴티티와 맞는 스타일로 지속적으로 사용하면 소비자들에게 친숙하고 기억에 남을 수 있습니다.

따라서 인스타그램과 같은 소셜 미디어에서 브랜드 아이덴티티를 강화하려면 브랜드의 색상과 로고뿐만 아니라 전체적인 시각적 요소들이 일관되게 사용되어야 합니다. 이러한 일관성은 브랜드의 이미지를 더욱 확고히 하고 소비자와의 신뢰를 쌓는 데 중요한 역할을 합니다.

2 Part

팔로워가 쑥쑥!
꼭 알아야 하는 인스타그램

이제 인스타그램을 시작해 보겠습니다. 첫걸음인 인스타그램 앱을 핸드폰에 설치하는 것부터 차근차근 따라 하신다면 바로 인스타그램 사용자가 될 수 있습니다. 본인 명의의 핸드폰만 있다면 앱 설치는 물론이거니와 프로필, 해시태그와 멘션을 작성할 수 있습니다. 또한, 나만의 게시물을 올릴 수 있고, 이를 수정하거나 삭제할 수도 있습니다. 계정을 볼 수 있는 공개 상대를 지정할 수도 있고, 이 게시물을 꼭 봐야 할 사람을 태그하여 상대방에게 내 게시물의 존재를 알릴 수도 있습니다.

SECTION 1
내 스마트폰에 인스타그램을 설치하려면?

스마트폰에 인스타그램 앱을 설치해 보겠습니다. 아이폰은 앱스토어에서, 갤럭시폰은 플레이스토어에서 '인스타그램'을 검색한 다음 인스타그램 앱을 설치 과정에 맞게 입력 또는 선택하여 설치합니다.

스마트폰 또는 태블릿 PC의 iOS 기기는 앱스토어에서, 안드로이드 기기는 플레이스토어에서 앱을 검색한 다음 앱 상세 페이지로 이동하여 인스타그램을 설치합니다. 계정을 만든 후 프로필을 설정하며, 프로필 사진과 사용자 이름을 추가하고, 원한다면 자기소개나 웹사이트 링크를 넣을 수 있습니다. 또한, 인스타그램에서 친구를 찾거나 추천된 사용자들을 팔로우할 수 있습니다.

01 인스타그램을 설치하기 위해 앱스토어에서 '인스타그램'을 검색한 다음 〈설치〉 버튼을 탭합니다.
인스타그램 앱이 설치되면 〈열기〉 버튼을 탭합니다.

02 로그인 화면이 표시되면 계정을 새로 만들기 위해 〈새 계정 만들기〉 버튼을 탭합니다. 휴대폰 번호를 입력하고 〈다음〉 버튼을 탭합니다.

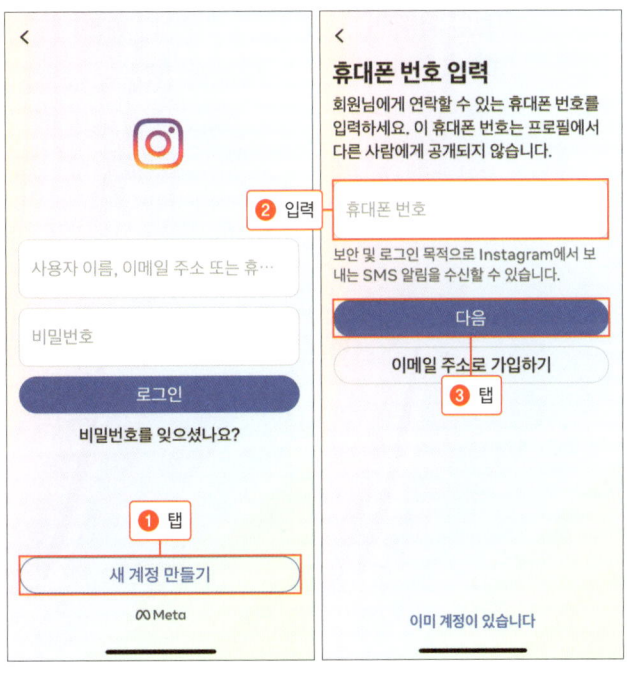

03 휴대폰으로 인증 코드를 받으면 인증 코드 입력창에 번호를 입력하고 〈다음〉 버튼을 탭합니다.
비밀번호 만들기 입력창이 표시되면 등록하려는 비밀번호를 입력한 후 〈다음〉 버튼을 탭합니다.

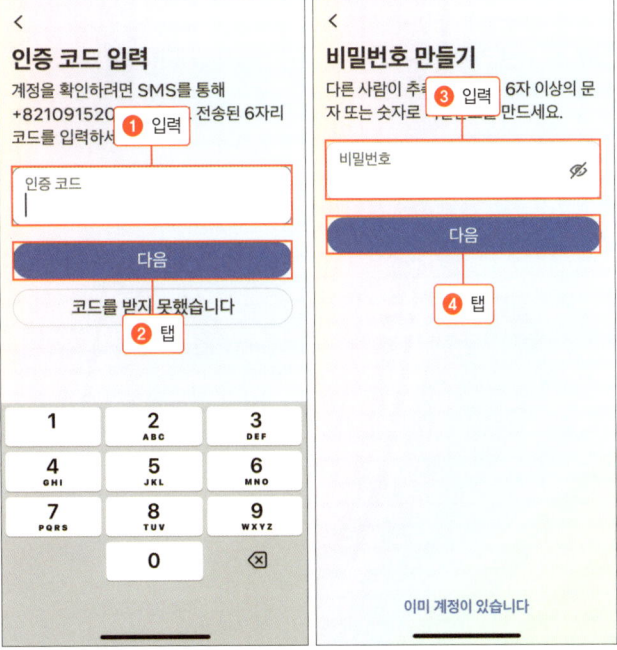

1 • 내 스마트폰에 인스타그램을 설치하려면? **59**

04 생년월일 입력창이 표시되면 생년월일을 선택한 다음 〈다음〉 버튼을 탭합니다.
사용자 이름 만들기 입력창이 표시되면 사용자 이름을 입력하고 〈다음〉 버튼을 탭합니다.

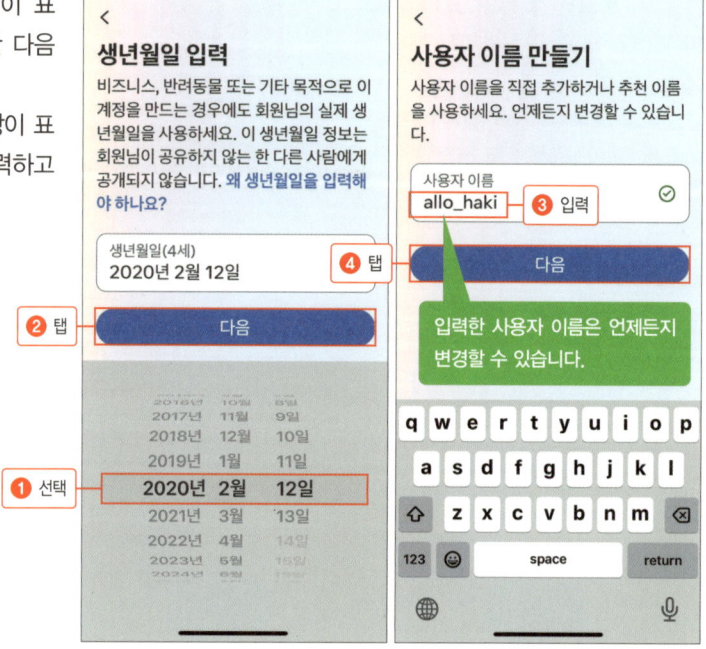

05 인스타그램 약관 및 정책에 동의의 이용 약관 체크 박스를 탭해 선택한 다음 〈동의〉 버튼을 탭합니다.
프로필 사진 추가를 위해 〈사진 추가〉 버튼을 탭해 휴대폰에 저장된 프로필 사진을 선택합니다.

06 프로필 사진이 추가되어 표시되면 확인하고 〈완료〉 버튼을 탭합니다.
인스타그램 앱을 사용하기 위해 개인정보의 수집 및 이용에 대한 항목에서 동의를 활성화하고 〈동의함〉 버튼을 탭합니다.

07 인스타그램 앱의 사용 설정이 완료되었습니다. 〈닫기〉 버튼을 탭하면 인스타그램 기본 화면이 표시됩니다.

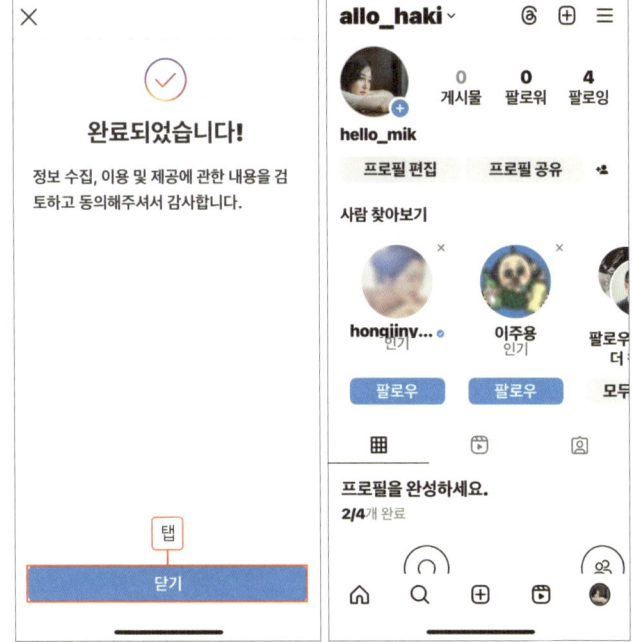

1 · 내 스마트폰에 인스타그램을 설치하려면? **61**

인스타그램의 얼굴, 프로필 사진을 변경하려면?

프로필 사진은 인스타그램에서 개인 또는 브랜드의 가시성을 높이고 사람들과의 상호 작용을 높이는 데 중요한 역할을 합니다. 따라서 신중하게 선택하고 프로필 사진을 업데이트하는 것이 좋습니다. 사용자들이 인식하고 기억하는 데 역할을 하는 인스타그램 프로필 변경 방법에 대해 알아봅니다.

프로필 화면에서 [프로필 편집]을 탭하면 프로필 사진 변경 옵션이 나타납니다. 프로필 사진 변경 옵션을 선택하면 갤러리에서 새로운 사진을 선택하거나 사진을 촬영할 수 있는 항목이 표시됩니다. 원하는 사진을 선택하거나 촬영한 후 프로필 사진으로 적용하기 전에는 필요에 따라 확대나 축소하여 편집할 수 있습니다.

01 프로필 사진을 변경하기 위해 프로필 화면에서 [프로필 편집]을 탭합니다.
기존 프로필 사진을 탭하거나 '사진 또는 아바타 수정'을 탭합니다.

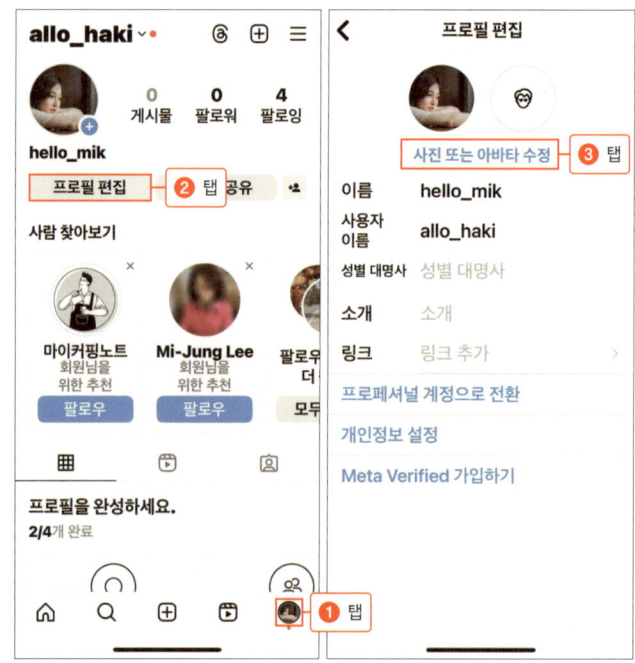

02 하단에 프로필 사진 변경 옵션이 표시되면 프로필로 사용할 사진을 불러올 방법을 선택합니다. 여기서는 스마트폰에 저장된 사진을 사용하기 위해 '라이브러리에서 선택'을 탭했습니다.

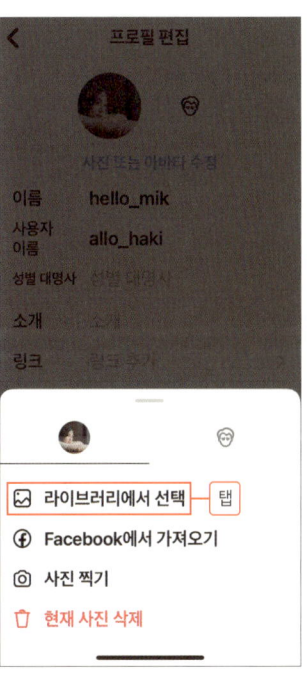

03 사진이 저장된 라이브러리가 표시되면 프로필로 사용할 사진을 선택합니다. 원형 프레임 안에 프로필 이미지를 확대 또는 축소해 프로필 사진을 설정한 다음 [완료]를 탭합니다. 프로필 사진이 변경된 것을 확인할 수 있습니다.

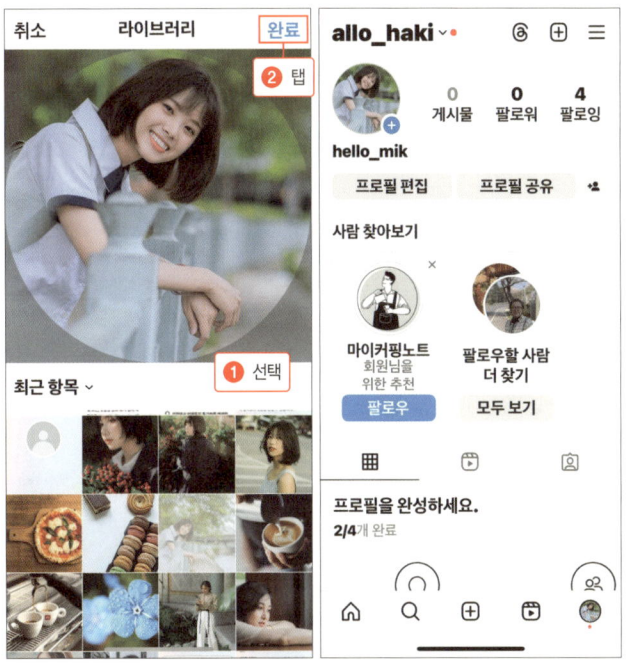

나를 소개할게!
내 프로필을 작성하려면?

인스타그램 프로필을 작성하면 팔로워들과의 소통이 원활해지고 프로필을 효과적으로 관리할 수 있습니다. 프로필 편집 화면에서 프로필 사진, 이름, 사용자 이름, 웹사이트, 소개글, 연락처 정보 등을 입력하거나 수정할 수도 있습니다. 프로필 작성 방법에 대해 알아봅니다.

인스타그램 프로필을 작성할 때 사용자 이름은 인스타그램에서 고유 식별자로 사용됩니다. 가능하면 기억하기 쉽고 검색하기 용이하며, 프로필의 주제나 내용과 관련된 단어나 용어를 포함하는 것이 좋습니다. 연락처 정보(이메일, 전화번호 등)를 프로필에 추가하면 팔로워들이 더욱 쉽게 연락할 수 있습니다. 비즈니스나 브랜드 계정의 경우 고객 문의나 협업 요청을 위한 연락처 정보를 포함하는 것이 유용합니다.

01 프로필 소개를 작성하기 위해 프로필 화면에서 〈프로필 편집〉 버튼을 탭합니다.
이름 입력창에 이름을 입력하고 [완료]를 탭합니다.

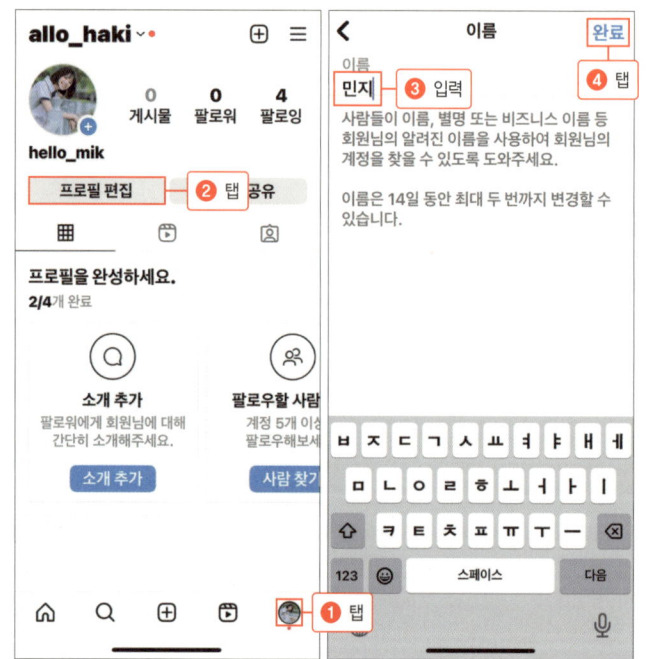

02 이름을 변경할지 묻는 대화상자가 표시되면 [이름 변경]을 탭합니다.
같은 방법으로 사용자 이름을 입력하고 [완료]를 탭합니다.

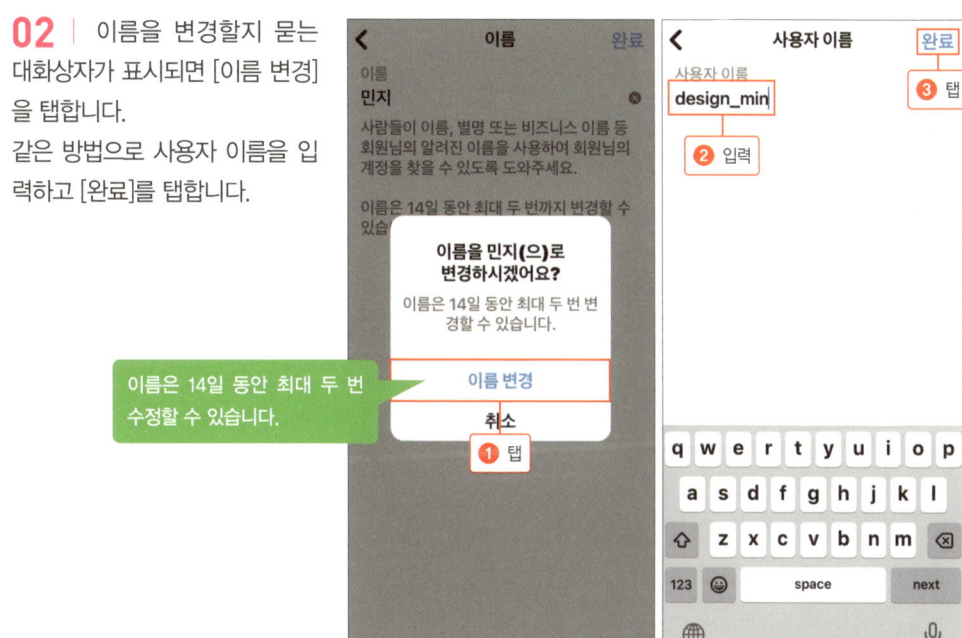

이름은 14일 동안 최대 두 번 수정할 수 있습니다.

03 같은 방법으로 프로필 편집창에서 '링크 추가'를 탭하여 링크 화면이 표시되면 '외부 링크 추가'를 탭합니다.
URL에 소개하려는 사이트를 입력하고 제목에 사이트의 제목을 입력한 다음 [완료]를 탭합니다.

04 프로필 이름과 소개, 연결하려는 사이트 주소가 그림과 같이 표시됩니다.

내 **소개글**에서 **해시태그**와 **멘션**을 사용하려면?

해시태그(#)를 사용하면 프로필의 소개글이 해당 해시태그와 관련된 검색 결과에 나타날 수 있습니다. 이는 사용자들이 특정 주제나 관심사에 관련된 콘텐츠를 찾을 때 소개글이 노출되어 더 많은 사용자가 프로필을 발견할 수 있도록 합니다. 또한, 멘션(@)을 사용하면 특정한 사용자나 브랜드를 태그해 소개글에 포함할 수 있습니다. 이는 해당 사용자나 브랜드와 관련된 팔로워들에게 프로필을 알리고 소통할 기회를 제공합니다.

해시태그(#)와 멘션(@) 사용법

해시태그(#)는 특정 주제나 키워드를 나타내는 데 사용합니다. 소개글에 해당 해시태그를 포함하여 관련된 주제에 대한 콘텐츠를 연결하고 검색 결과에 노출할 수 있습니다.

예시: 안녕하세요! 저는 여행을 사랑하는 디자이너이자 포토그래퍼입니다.
#여행 #풍경사진 #모험 #포토그래퍼

멘션(@)은 다른 사용자나 브랜드를 태그하여 직접적으로 언급하는데 사용합니다. 해당 사용자에게 알림이 전송되고, 소개글과 해당 사용자의 프로필이 연결됩니다.

예시: 이번 여행에서 @travelphotographer 님과 함께 멋진 순간을 캡처했습니다!

태그를 사용할 때는 해시태그(#)나 @태그(@) 뒤에 공백이나 특수문자가 오면 안 되며, 사용자 이름에는 @ 기호가 붙어야 합니다. 사용자 이름을 찾을 때는 @ 기호를 생략하면 안 됩니다. 위의 예시처럼 해시태그(#)와 멘션(@)을 적절히 활용하여 소개글을 작성하면 해당 주제나 사용자와 관련된 다양한 콘텐츠와 연결되어 더 많은 사용자에게 노출될 수 있습니다.

01 자기소개를 작성하기 위해 프로필 화면에서 〈프로필 편집〉 버튼을 탭합니다.
소개 입력창을 탭합니다.

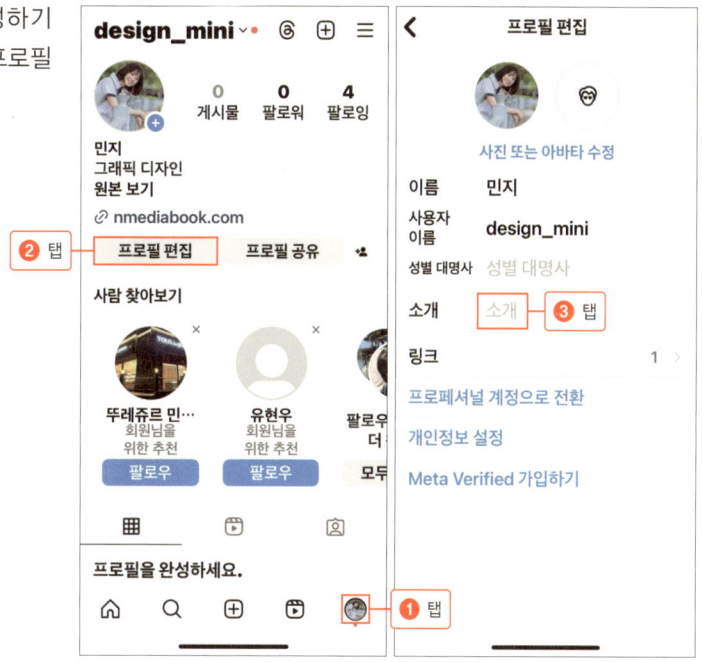

02 입력창에 자기소개 문구를 입력합니다. 관심 있는 키워드 앞에 해시태그(#)를 추가합니다. 특정 사용자를 언급하기 위해 멘션(@)을 입력한 다음 인스타그램 사용자 이름을 입력합니다.
자기소개 문구가 완성되면 [완료]를 탭합니다.

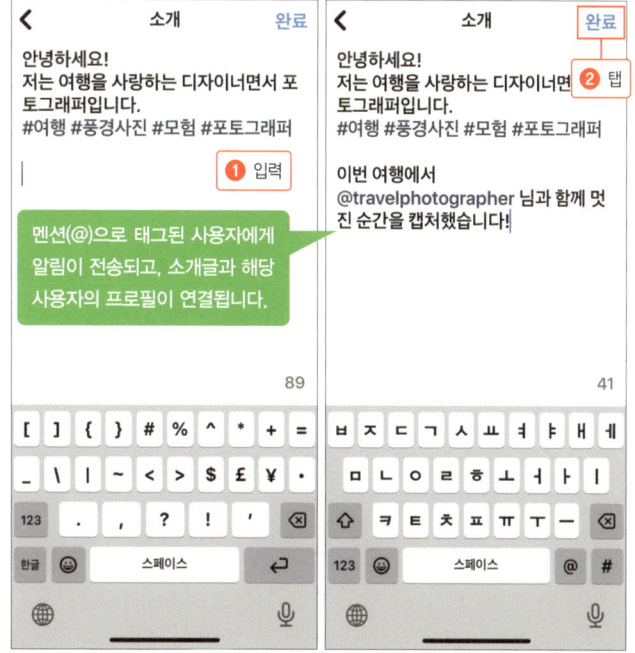

4 • 내 소개글에서 해시태그와 멘션을 사용하려면? **67**

03 인스타그램 사용자 프로필 화면을 확인하면 그림과 같이 자기소개 문구에 해시태그와 멘션이 활성화됩니다. 여기서는 해시태그가 추가된 '#풍경사진' 키워드를 선택했습니다.

04 풍경 사진에 관련된 게시물이 그림과 같이 조각 이미지 형태로 나타납니다. 원하는 이미지를 선택해 해당 게시물로 이동할 수 있습니다.

스마트폰에 저장되어 있는 사진을 게시하려면?

SECTION 5

인스타그램에 사진을 게시하기 위해서는 직접 카메라 앱을 이용하여 촬영한 사진을 바로 게시하는 방법과 스마트폰에 저장된 사진을 선택해 게시하는 방법이 있습니다. 여기서는 저장된 사진을 선택하고 필터를 적용하여 인스타그램에 게시하는 방법을 알아봅니다.

인스타그램에 사진을 게시하는 순서

❶ **사진 선택**: 게시할 사진을 선택합니다. 하단의 '갤러리' 아이콘을 탭하여 기기에 저장된 사진 중 게시하려는 사진을 선택합니다.

❷ **편집 및 필터 적용**: 선택한 사진을 편집하고 필터를 적용할 수 있습니다. 필요한 경우 인스타그램 앱에서 제공하는 편집 도구를 사용하여 사진을 편집합니다.

❸ **게시 설정**: 사진을 편집한 후에는 다음 단계로 넘어갈 준비를 합니다. 사진에 적절한 내용을 추가하고, 공개 여부 및 다른 설정을 선택합니다.

❹ **게시**: 모든 설정을 마친 후에는 〈공유〉 버튼을 탭하여 사진을 인스타그램에 게시합니다.

01 사진을 게시하기 위해 하단의 '새 게시물' 아이콘을 탭합니다.
게시하려는 이미지를 선택하고 [다음]을 탭합니다.

02 원하는 분위기를 연출하기 위해 필터를 탭하면서 알맞은 스타일을 선택합니다. 여기서는 'Amaro'를 선택하고 〈다음〉 버튼을 탭했습니다. 밝고 따뜻한 느낌의 사진으로 보정되었습니다. 문구 입력창에 사진에 관한 이야기를 입력한 다음 [확인]을 탭합니다.

03 새 게시물 화면에서 인스타그램에 게시하기 위해 〈공유〉 버튼을 탭합니다.
사진과 함께 입력한 문장이 그림과 같이 인스타그램에 게시된 것을 확인할 수 있습니다.

70 PART 2 • 팔로워가 쑥쑥! 꼭 알아야 하는 인스타그램

기존 게시물의 캡션을 수정하려면?

SECTION 6

게시물을 올린 후 오타나 문법 오류를 발견하면 더 깔끔하고 정확한 캡션으로 수정하는 것이 필요합니다. 기존 게시물의 캡션 수정 방법에 대하여 알아봅니다.

　인스타그램에서 '캡션'은 게시물에 첨부하는 텍스트 설명을 의미합니다. 캡션은 게시물의 사진이나 영상 아래에 표시되며, 다양한 용도로 사용할 수 있습니다. 가끔 캡션을 작성한 후 오타를 발견하거나 게시물에 포함된 정보를 업데이트하거나 추가할 필요가 있을 때 이를 반영하기 위해 캡션을 수정합니다.

01 ｜ 게시물의 캡션을 수정하기 위하여 '옵션(…)' 아이콘을 탭한 다음 표시되는 메뉴에서 [수정]을 탭합니다.

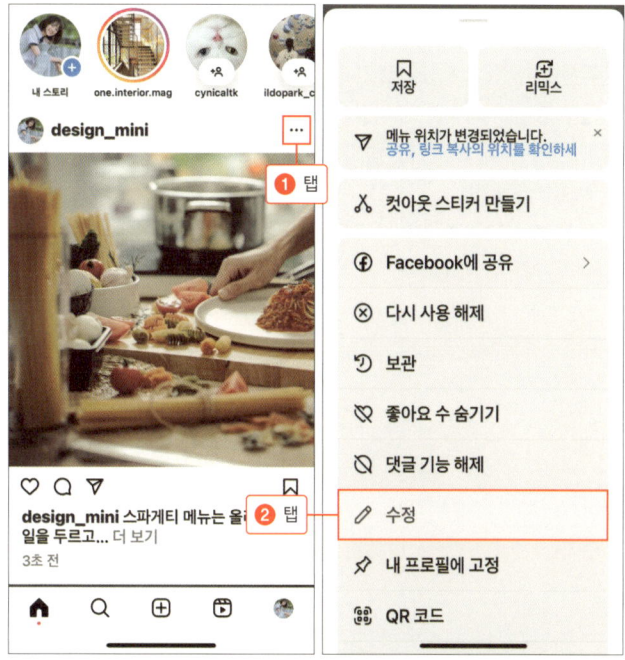

02 | 정보 수정 화면에서 캡션 입력창이 활성화되면 문장을 수정하거나 추가로 입력합니다.

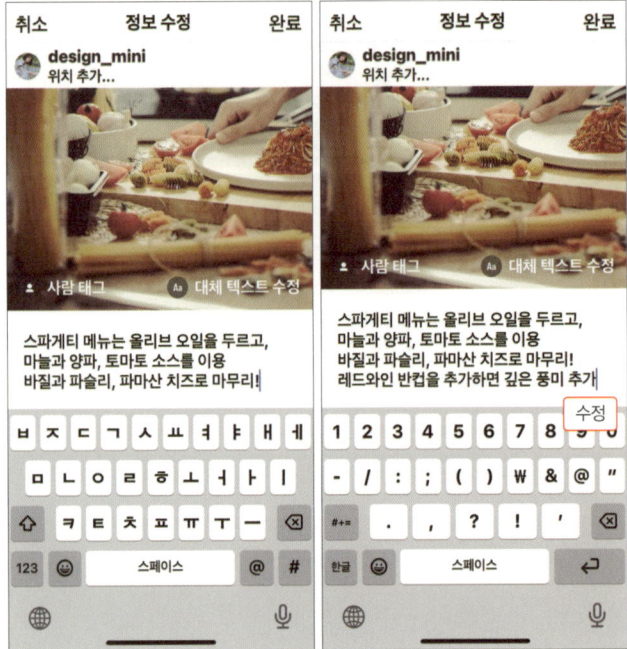

03 | 이모티콘을 추가하기 위해서는 [이모티콘]을 탭한 다음 입력창에 이모티콘 단어를 입력해 검색된 이모티콘을 탭하고 [완료]를 탭합니다.
기존 캡션이 그림과 같이 수정된 것을 확인할 수 있습니다.

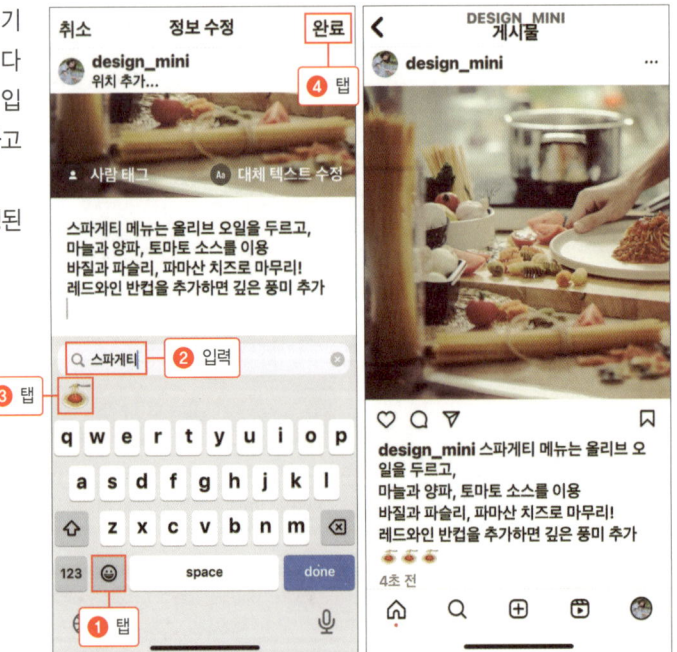

여러 장의 사진을 올리려면?

SECTION 7

여러 장의 사진을 통해 하나의 이야기를 더 풍부하게 전달할 수 있습니다. 예를 들어, 여행 중의 다양한 순간이나 이벤트의 여러 장면을 함께 공유하면 전체적인 흐름을 전달할 수 있습니다. 여러 장의 사진을 한 번에 올리는 방법에 대해 알아봅니다.

여러 개의 게시물을 따로 올리는 것보다 한 번에 여러 장의 사진을 올리는 것이 시간적으로도 효율적이며, 하나의 게시물에 다양한 사진을 포함시킴으로써 팔로워들에게 다양한 시각적 콘텐츠를 제공할 수 있습니다. 여러 장의 사진이 포함된 게시물은 사용자가 더 오래 머물러 하나하나 살펴보게 만들 수 있습니다. 인스타그램의 알고리즘은 이런 게시물의 노출 빈도를 높이고, 팔로워들의 관심을 더 오래 유지시키는 데 도움이 됩니다. 특히 특정 주제나 테마를 중심으로 여러 장의 사진을 묶어 게시함으로써 하나의 일관된 메시지를 전달할 수 있습니다. 이는 브랜드의 이미지나 메시지를 강화하는 데 유용합니다.

01 사진을 게시하기 위해 화면 하단의 '새 게시물' 아이콘을 탭합니다.
사진 여러 장을 올릴 예정이므로 '앨범' 아이콘을 탭합니다.

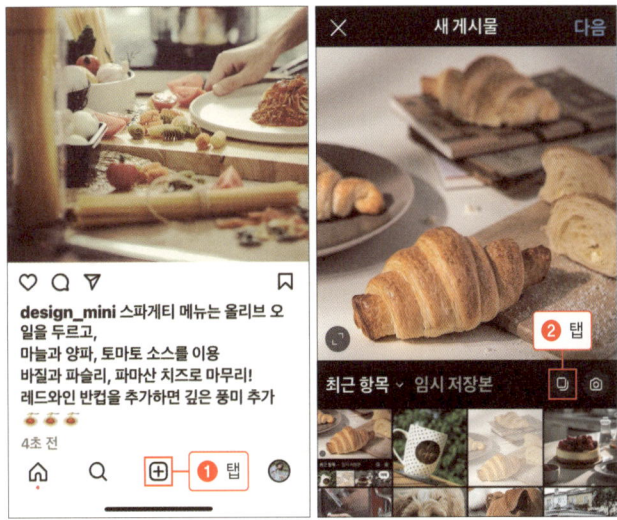

02 여기서는 3장의 사진을 한 번에 올리기 위해 이미지들을 드래그하여 탭하거나 각각 선택하고 [다음]을 탭합니다.

이미지를 탭할 때마다 번호가 표시되며, 번호는 표시되는 이미지의 순서입니다.
이미지를 탭할 때마다 이미지가 선택되거나 해제되며, 선택된 이미지를 해제하면 표시되는 순서가 자동으로 바뀝니다.

03 필터 화면이 표시되면 원하는 보정 스타일을 선택합니다. 여기서는 'Soft light'를 선택하고 〈다음〉 버튼을 탭했습니다.

여러 장의 사진을 올릴 때 필터 효과는 모든 사진에 동시에 적용됩니다. 만약 사진마다 서로 다른 필터를 적용하려면 각 사진을 탭한 후 개별적으로 필터를 선택합니다.

04 문구 입력창에 사진에 관한 내용을 입력한 다음 [확인]을 탭합니다.
새 게시물 화면에서 인스타그램에 게시하기 위해 〈공유〉 버튼을 탭합니다.

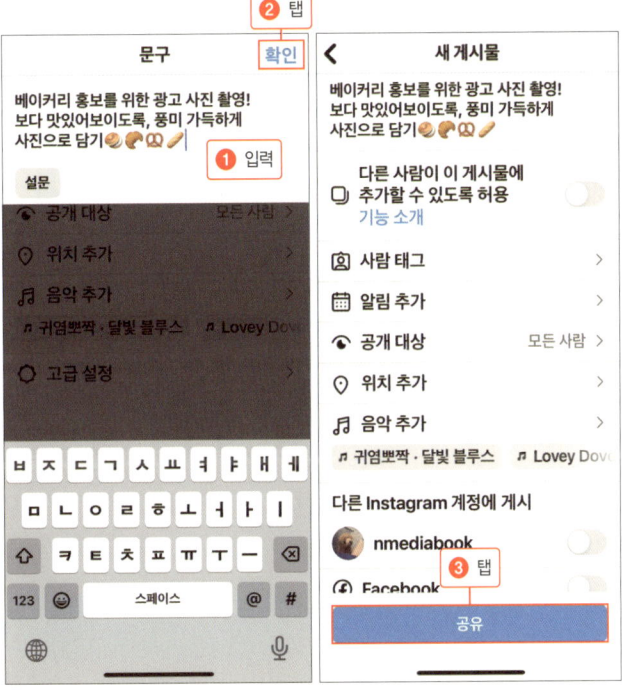

05 게시물의 사진 하단에 게시된 사진 수만큼 점 형태의 아이콘이 표시되며, 사진을 좌우로 드래그하여 여러 장의 사진을 확인할 수 있습니다.

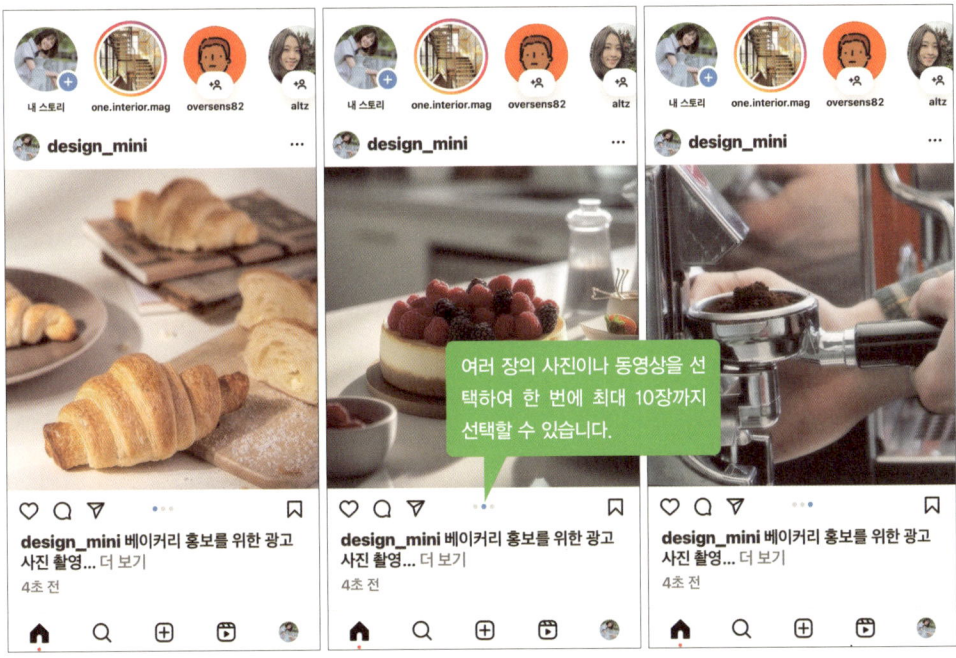

여러 장의 사진이나 동영상을 선택하여 한 번에 최대 10장까지 선택할 수 있습니다.

마음에 들지 않는 게시물을 삭제하려면?

SECTION 8

게시물에 부정적인 댓글이나 반응이 많을 경우, 또는 인플루언서나 기업이 브랜드 이미지나 마케팅 전략을 재조정하기 위해 게시물을 삭제할 수 있습니다. 게시물 삭제 방법에 대하여 알아봅니다.

업로드된 게시물이 잘못 게시되었거나 이미지나 동영상이 올바르게 업로드되지 않았을 때 사용자들이 이를 삭제하고 다시 업로드할 수 있습니다. 물론 인스타그램의 커뮤니티 가이드라인이나 이용 약관을 위반한 게시물은 인스타그램에 의해 삭제되거나 사용자가 직접 삭제할 수 있습니다.

01 | 업로드된 게시물을 삭제하기 위해 '옵션(…)' 아이콘을 탭한 다음 표시되는 메뉴에서 [삭제]를 탭합니다.

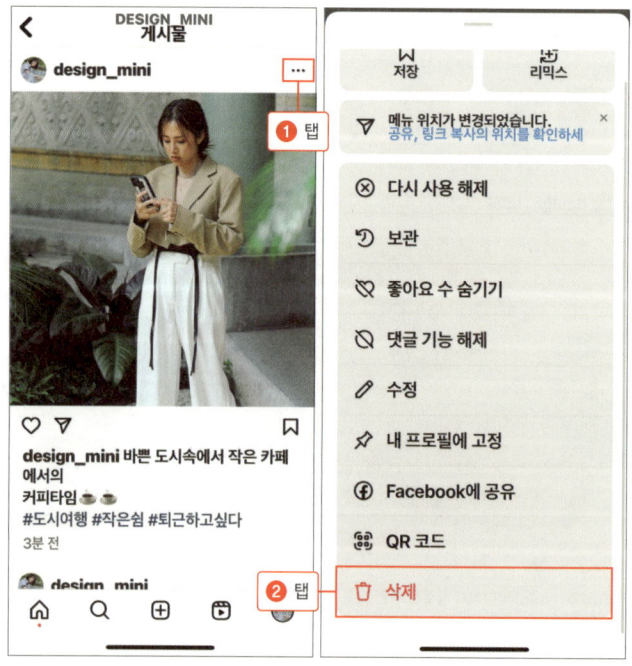

02 게시물 삭제를 확인하는 대화상자가 표시되면 게시물을 삭제하기 위해 [삭제]를 탭합니다.

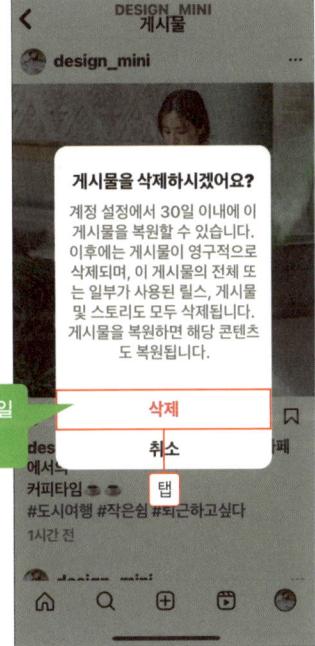

게시물을 삭제하면 30일 이내에 복원할 수 있습니다. 30일 이후에는 영구적으로 삭제되므로 주의가 필요합니다.

알아두기 | 약관을 위반한 게시물 삭제

인스타그램에서 약관을 위반한 게시물이 삭제되는 과정은 여러 단계를 거칩니다. 먼저 인스타그램은 사용자가 업로드한 게시물을 자동화된 시스템이나 다른 사용자의 신고를 통해 확인하고, 커뮤니티 가이드라인에 위반되는지 검토합니다. 인스타그램의 커뮤니티 가이드라인은 혐오 발언, 폭력적 콘텐츠, 음란물, 스팸, 괴롭힘 등을 포함하여 여러 가지 규정을 제시하고 있습니다.

❶ 사용자는 다른 사용자가 올린 게시물을 신고할 수 있으며, 신고는 게시물 오른쪽 상단의 점 세 개 메뉴에서 '신고'를 선택하고, 신고 사유를 정하는 방식으로 이루어집니다. 이 신고된 게시물은 인스타그램의 시스템에 의해 검토되고, 자동화된 알고리즘이 게시물이 규정을 위반했는지 판단합니다. 인스타그램은 이미지 인식 기술이나 텍스트 분석을 통해 위반 여부를 확인합니다.

❷ 게시물이 규정을 위반한다고 판단되면 인스타그램은 해당 게시물을 삭제하거나 제한할 수 있습니다. 게시물 삭제는 명확하게 규정을 위반한 경우 이루어지며, 경미한 위반에 대해서는 경고나 계정 기능의 제한이 있을 수 있습니다. 반복적인 위반이나 심각한 규정 위반이 발생하면 계정이 정지될 수도 있습니다.

❸ 만약 게시물이 삭제되거나 계정에 제재가 가해지면 사용자는 이의를 제기할 수 있습니다. 인스타그램은 이의제기를 받은 후 이를 다시 검토하고 결과를 통보합니다. 이의제기 절차는 인스타그램의 앱이나 웹사이트에서 안내되며, 검토 후 실수가 발견되면 게시물이 복원될 수 있습니다. 그러나 반복적인 규정 위반이 있을 경우 더 강력한 제재가 따를 수 있습니다.

이와 같은 절차를 통하여 인스타그램은 사용자들이 안전하고 건전한 환경에서 콘텐츠를 공유할 수 있도록 관리하고 있습니다.

SECTION 9
삭제된 게시물을 다시 복원하려면?

인스타그램은 사용자가 실수로 게시물을 삭제했을 때 이를 복구할 수 있는 방법을 제공합니다. 그러나 일정 기간이 지나면 게시물이 영구적으로 삭제되어 복원할 수 없으므로 유의합니다. 게시물을 다시 복원하는 방법에 대해 알아봅니다.

게시물을 보관하는 대신 실수로 삭제한 경우 게시물을 다시 복원해야 할 필요가 생길 수 있습니다. 또한 해킹이나 계정 침해로 게시물이 삭제되었을 때 계정을 복구하고 게시물을 되찾기 위해 복원할 수 있습니다. 인스타그램은 최근 삭제된 게시물을 복원할 수 있는 기능을 제공합니다. 삭제된 게시물은 30일 동안 [최근 삭제된 콘텐츠]에 보관되며, 이 기간이 지나면 완전히 삭제되어 복원할 수 없습니다.

01 인스타그램의 프로필 화면에서 상단의 '설정(≡)' 아이콘을 탭합니다.
설정 및 활동 화면에서 [내 활동]을 탭합니다.

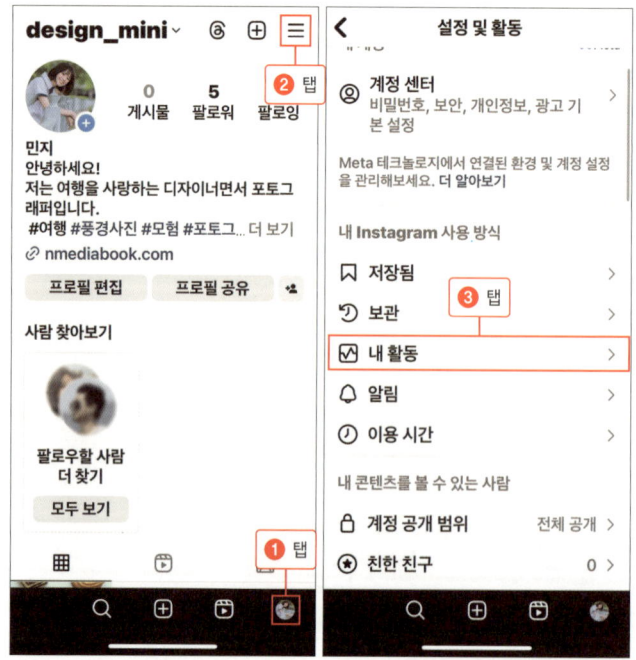

02 내 활동 화면이 표시되면 [최근에 삭제한 콘텐츠]를 탭합니다.
삭제한 콘텐츠 항목이 표시되면 복원하려는 게시물을 선택합니다. 화면에 게시물 사진이 확대되어 표시됩니다.

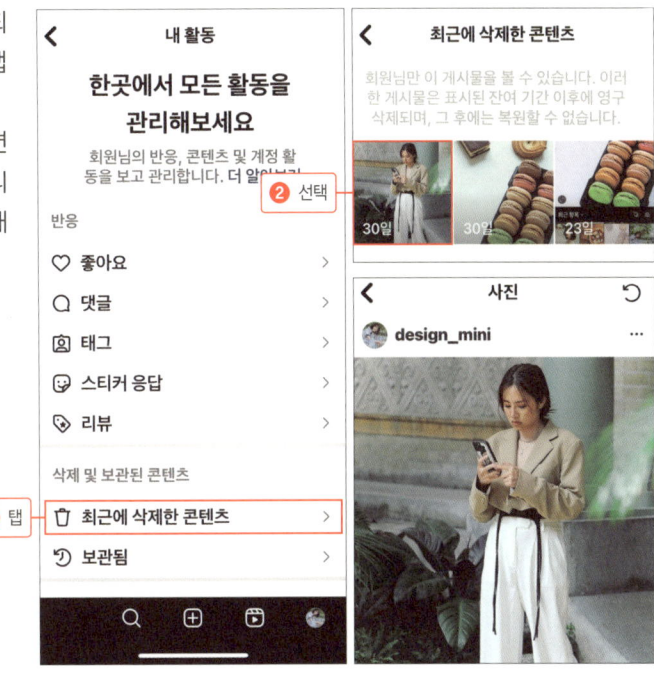

03 화면 상단의 '옵션(…)' 아이콘을 탭한 다음 [복원]을 탭합니다.
복원 여부를 묻는 대화상자가 표시되면 해당 게시물을 복원하기 위해 [복원]을 탭합니다.

보관함에 보관된 게시물을 삭제하였다면 피드에 복원되는 것이 아니라 보관함으로 복원됩니다.

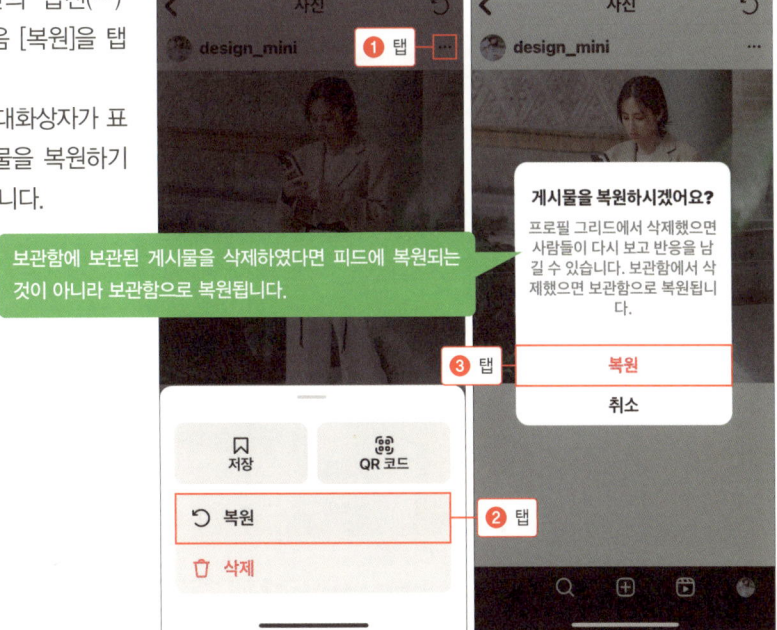

게시물에 댓글을 달지 못하게 하려면?

SECTION 10

특정 사용자가 다른 사용자로부터 반복해서 신고를 받으면 인스타그램은 해당 사용자의 댓글 기능을 제한할 수 있습니다. 이는 괴롭힘이나 부적절한 행동을 방지하기 위한 방법입니다. 게시물에 댓글을 제한하는 방법에 대해 알아봅니다.

인스타그램의 커뮤니티 가이드라인을 위반하는 댓글을 자주 남기면 댓글 기능이 제한될 수 있습니다. 욕설, 혐오 표현, 괴롭힘 등의 내용이 포함된 댓글은 이러한 제한의 대상이 됩니다. 또한 신규 계정이나 의심스러운 활동을 보이는 계정에는 인스타그램이 일시적으로 제한을 가할 수 있습니다. 이는 가짜 계정이나 해킹된 계정으로 인한 문제를 방지하기 위한 방법입니다.

01 댓글을 달지 못하도록 게시물 화면에서 '옵션(⋯)' 아이콘을 탭하고 표시되는 메뉴에서 [댓글 기능 설정]을 탭합니다.

02 게시물 화면에 그림과 같이 말풍선 모양의 '댓글' 아이콘이 사라져 댓글을 달 수 없습니다. '옵션(…)' 아이콘을 탭하고 표시되는 메뉴에서 [다시 사용 해제]를 탭하면 댓글 기능을 사용할 수 있습니다.

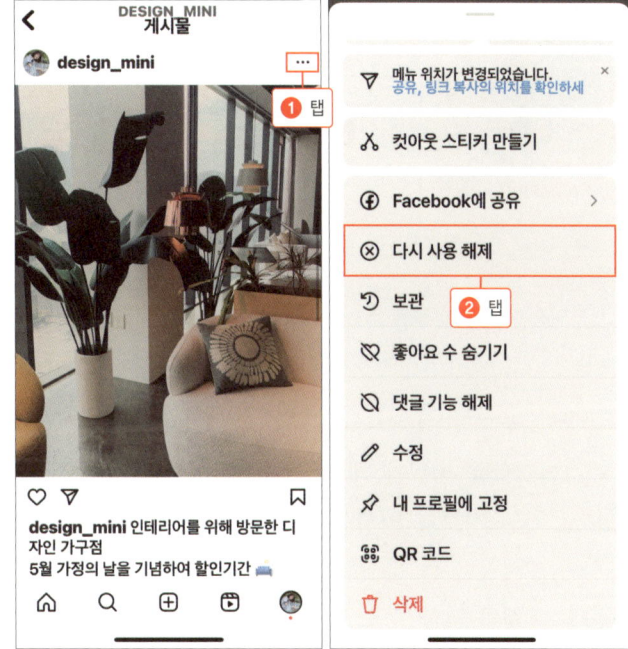

알아두기 | 인스타그램의 커뮤니티 가이드라인

주요 가이드라인은 사용자들이 플랫폼을 안전하고 긍정적으로 이용할 수 있도록 돕는 규칙을 제공합니다.

❶ **폭력적이고 위험한 행동 금지**: 폭력, 테러 활동, 자해나 타해를 장려하는 콘텐츠는 금지됩니다. 총기나 폭발물, 위험한 무기 등을 홍보하는 콘텐츠도 제한됩니다.

❷ **혐오 발언 및 차별 금지**: 인종, 성별, 성적 지향, 종교, 장애, 민족 등으로 사람들을 차별하거나 혐오하는 언행이나 특정 집단을 공격하거나 괴롭히는 내용도 허용되지 않습니다.

❸ **성적 콘텐츠 및 행동 금지**: 포르노그래픽, 성적으로 노골적인 이미지나 비디오를 게시하는 것은 금지됩니다.

❹ **사기 및 허위 정보 금지**: 허위 정보나 사기성 콘텐츠는 플랫폼에서 금지되며, 가짜 뉴스나 오도된 정보를 퍼뜨리는 것도 규제 대상입니다.

❺ **저작권 및 지적 재산권 존중**: 다른 사람의 저작권을 침해하는 콘텐츠는 올릴 수 없습니다. 사용자가 업로드한 콘텐츠가 타인의 지적 재산권을 존중하는지 확인하는 것이 중요합니다.

❻ **어린이와 청소년 보호**: 어린이 및 청소년의 안전을 위협하는 콘텐츠는 금지됩니다. 특히 미성년자에게 불쾌감을 줄 수 있는 내용은 올려서는 안 됩니다.

이 외에도 인스타그램은 사용자가 보고 싶은 콘텐츠의 제어를 돕는 여러 기능(예: 신고, 차단, 필터링)을 제공하고 있으며, 사용자가 규정을 위반할 경우 해당 콘텐츠가 삭제되거나 계정이 정지될 수 있습니다.

승인한 팔로워만 볼 수 있는 비공개 계정을 만들려면?

SECTION 11

비공개 계정을 통해 더 작은 규모의 친밀한 커뮤니티를 형성하고, 실제로 관심 있는 사람들과만 소통할 수 있습니다. 내 인스타그램을 비공개 계정으로 전환하는 방법을 알아봅니다.

　인스타그램을 비공개 계정으로 전환하면 팔로워로 승인된 사람만 게시물을 볼 수 있으므로 개인 정보와 일상을 더욱 안전하게 보호할 수 있습니다. 또한, 어떤 사용자가 자신의 게시물을 볼 수 있을지 직접 관리할 수 있어 원하지 않는 사람들에게 콘텐츠가 노출되는 것을 막을 수도 있습니다. 비공개 계정으로 전환하면 팔로워 요청을 직접 승인할 수 있으므로 더 나은 팔로워 관리를 할 수 있습니다. 이를 통해 스팸 계정이나 악의적인 사용자를 차단합니다.

01 내 계정과 모든 게시물을 비공개로 전환하기 위해 프로필 화면에서 '설정(≡)' 아이콘을 탭합니다.
설정 및 활동 화면에서 [계정 공개 범위]를 탭합니다.

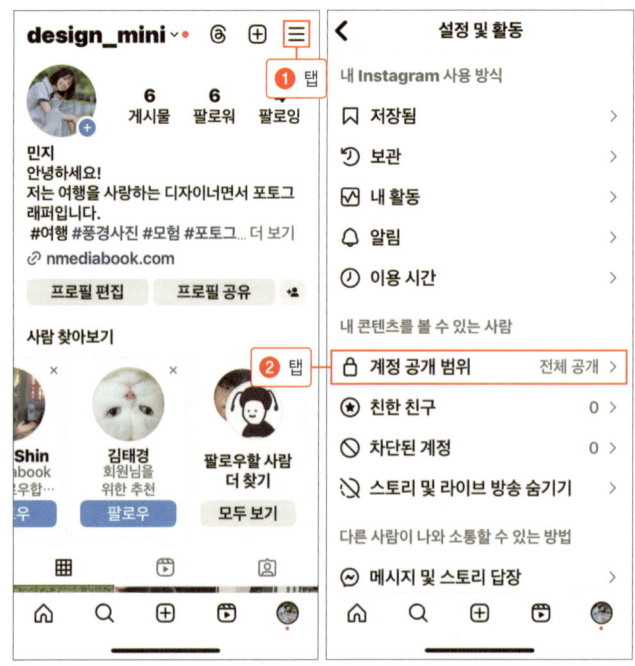

02 개정 공개 범위 화면에서 비공개 계정을 탭하여 활성화합니다.
'비공개 계정으로 전환하시겠어요?'라는 메시지 대화상자가 표시되면 〈비공개로 전환〉 버튼을 탭하여 계정을 비공개로 설정합니다.

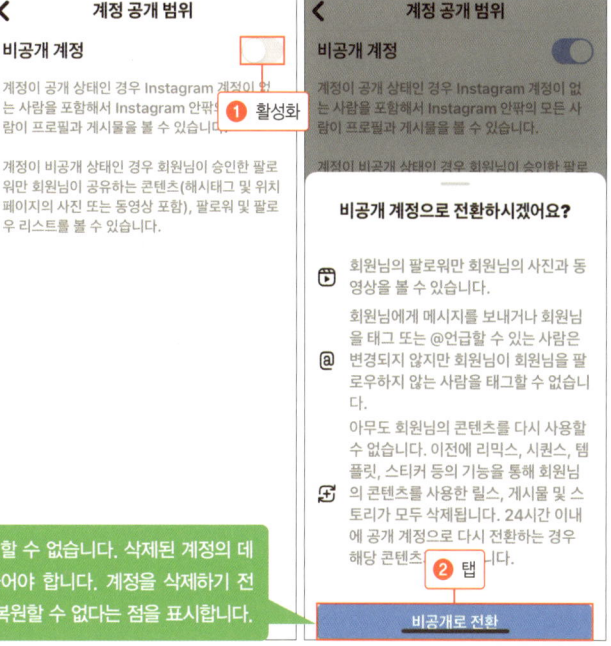

> 인스타그램 계정이 완전히 삭제된 경우 복원할 수 없습니다. 삭제된 계정의 데이터를 복원할 수 없으므로 새 계정을 만들어야 합니다. 계정을 삭제하기 전 인스타그램에서는 경고 메시지를 표시하며, 복원할 수 없다는 점을 표시합니다.

03 만약 특정 사용자를 차단하기 위해서는 사용자의 프로필 화면에서 '옵션(…)' 아이콘을 탭하고 [차단]을 탭하면 해당 사용자만 차단됩니다.

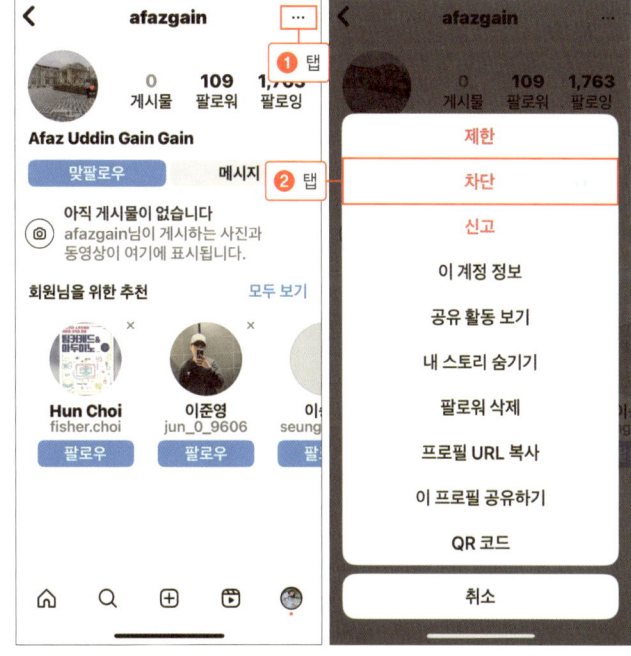

SECTION 12
누구인지 보여! 게시물에 사람을 태그하려면?

태그를 통해 친구, 가족, 동료 등을 포스트에 연결하여 해당 사용자들이 포스트를 쉽게 찾고 볼 수 있도록 합니다. 이는 사진이나 동영상에 등장한 사람들을 언급하거나 관련된 콘텐츠를 공유할 때 유용합니다. 사람을 태그하는 방법에 대해 알아봅니다.

인스타그램에서 태그된 사용자는 알림을 받기 때문에 그들이 자신의 팔로워들과 해당 포스트를 공유하거나 댓글을 달 가능성이 높아집니다. 이는 포스트의 도달 범위를 넓히고 더 많은 사용자에게 노출될 수 있도록 도와줍니다. 인스타그램에서 브랜드나 인플루언서를 태그하면 그들과의 협업을 나타내거나 특정 제품, 서비스에 대한 리뷰를 공유할 수 있습니다. 이는 브랜드와의 관계를 강화하고, 잠재 고객에게 더 많은 정보를 제공하는 효과가 있습니다.

01 새로운 게시물을 작성하기 위해 '새 게시물' 아이콘을 탭합니다.
새 게시물 화면에서 게시물을 작성하고 [사람 태그]를 탭합니다.

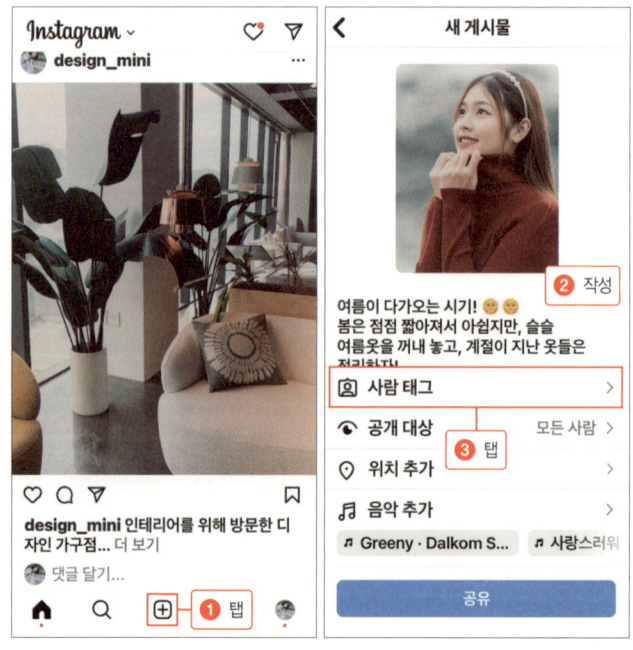

02 사람 태그 화면이 표시되면 게시물에 올릴 인물 사진을 탭합니다. 사람 검색 창이 표시되면 태그할 회원을 탭합니다. 게시물에 태그할 회원 이름이 표시되면 [완료]를 탭합니다.

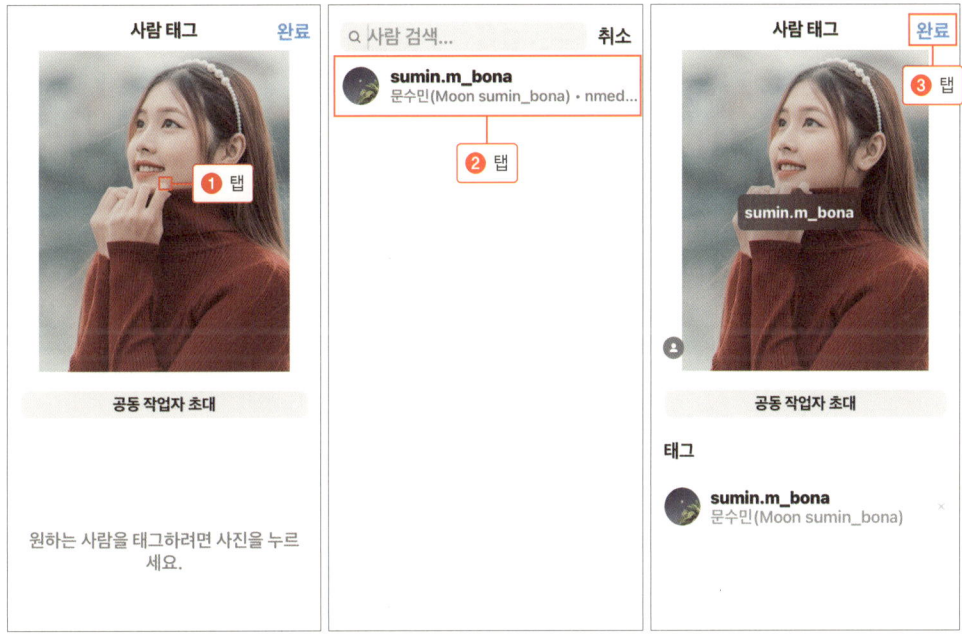

03 프로필 화면의 게시물에서 인물을 탭하면 태그된 회원 이름이 말풍선 안에 표시됩니다. 표시된 회원 이름을 탭하면 태그된 회원의 프로필 화면으로 이동되는 것을 확인할 수 있습니다.

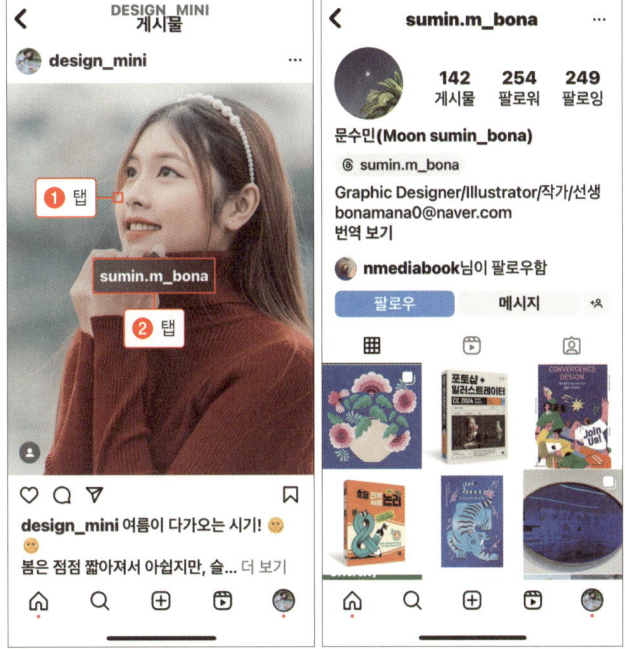

상품마다 서로 다른 상점을 태그하려면?

SECTION 13

상품별로 태그하면 사용자가 사진에서 직접 해당 상품을 클릭해 상세 정보를 확인할 수 있고, 바로 구매 페이지로 이동할 수 있습니다. 이는 구매 전환율을 높이는 데 큰 도움이 됩니다. 상품별로 태그하는 방법에 대해 알아봅니다.

한 장의 사진에 여러 상품이 있을 때 각 상품에 대한 정보를 개별적으로 찾는 것은 번거로울 수 있습니다. 태그를 통해 사용자는 쉽게 원하는 상품의 정보를 얻을 수 있으며, 상품별 태그를 통해 각 상품의 이름, 가격, 설명 등을 정확하게 제공할 수 있습니다. 이때 사용자에게 명확한 정보를 제공하여 신뢰도를 높이는 데 도움이 됩니다.

여러 상품을 하나의 게시물에 태그함으로써 브랜드의 다양한 상품을 한 번에 홍보하면 브랜드 인지도를 강화하고 다양한 상품 라인을 사용자에게 소개하는 데 효과적입니다. 인스타그램의 쇼핑 기능을 사용하면 각각 태그된 상품의 클릭 수, 구매 전환율 등 다양한 인사이트를 얻을 수 있습니다. 이를 통해서 어떤 상품이 더 인기 있는지, 어떤 상품이 더 잘 팔리는지 분석할 수도 있습니다.

01 새로운 게시물을 작성하기 위해 '새 게시물' 아이콘을 탭합니다.
새 게시물 화면에서 게시물을 작성하고 [사람 태그]를 탭합니다.

02 사람 태그 화면에서 오른쪽 의자 부분을 탭합니다. 사람 검색 창이 표시되면 태그하려는 구매 상점을 탭합니다.

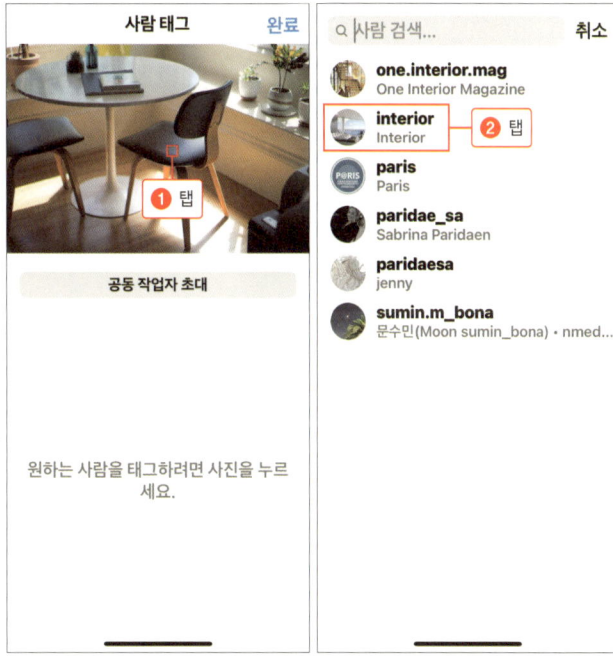

03 내 게시물에 태그할 회원 이름이 표시됩니다. 말풍선 형태의 회원 이름을 드래그하여 원하는 위치로 이동한 다음 [완료]를 탭합니다.

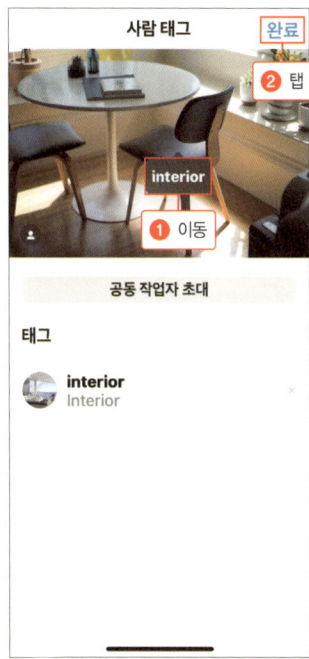

> **알아두기** 구매 링크
>
> 사용자가 상점 태그를 클릭하면 해당 제품이 판매되는 웹사이트로 이동할 수 있는 링크가 제공됩니다. 이를 통해 사용자는 인스타그램에서 바로 제품을 구매할 수 있습니다.

04 | 이번에는 추가로 테이블을 구입한 상점을 태그하기 위해 [사람 태그]를 탭하고 구매 상점을 탭합니다.
한 장의 사진에 두 개의 태그가 적용되면 [완료]를 탭합니다.

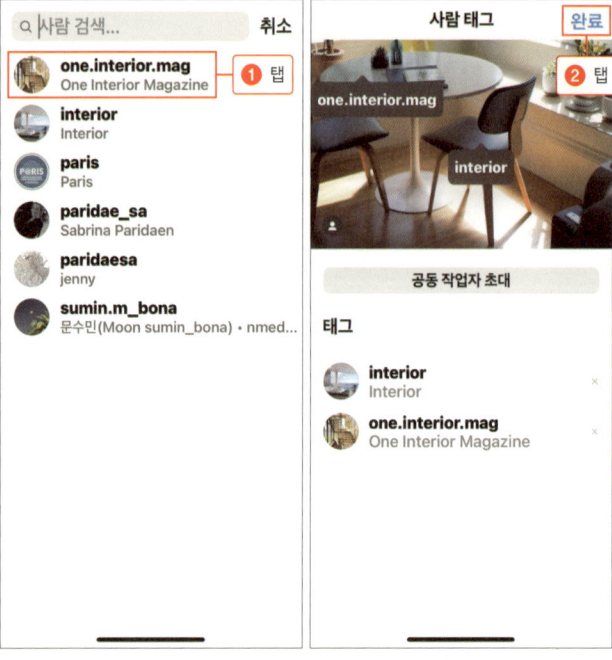

05 | 새 게시물 화면이 표시되면 태그된 게시물을 게시하기 위해 〈공유〉 버튼을 탭합니다. 게시된 사진을 탭하면 태그된 상점이 표시되는 것을 확인할 수 있습니다.

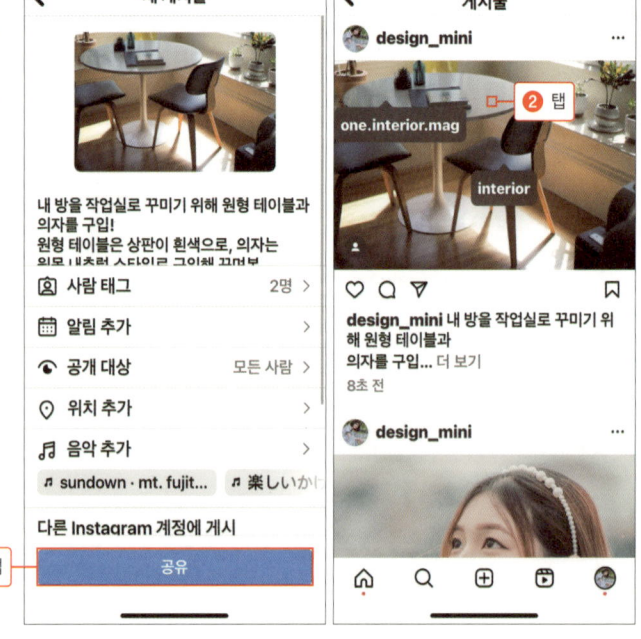

게시물에서 사람 태그를 해제하려면?

SECTION 14

태그된 사진이 공개 계정에 있으면 불특정 다수가 사진을 볼 수 있습니다. 이러한 경우 개인 정보 보호 차원에서 불편하기도 합니다. 이번에는 기존 게시물에 태그된 사람을 해제하는 방법에 대해 알아봅니다.

친구나 가족과의 개인적인 순간이 담긴 사진에 태그되었을 때 이를 다른 사람들에게 공개하고 싶지 않은 경우가 있습니다. 상업적인 이유로는 직업적 이미지나 브랜드 이미지를 유지하기 위해 부적절한 사진에서 태그를 제거하는 경우가 있습니다. 예를 들어, 업무와 무관한 사진이나 프로페셔널한 이미지에 부정적인 영향을 미칠 수 있는 사진 등이 있습니다. 또한 광고나 스팸 목적으로 태그되는 경우 이를 삭제해 스팸을 방지하고 개인 계정을 보호할 수 있습니다.

01 태그된 이름을 해제하기 위해서는 사람이 태그된 게시물에서 '옵션(⋯)' 아이콘을 탭한 다음 [수정]을 탭합니다.

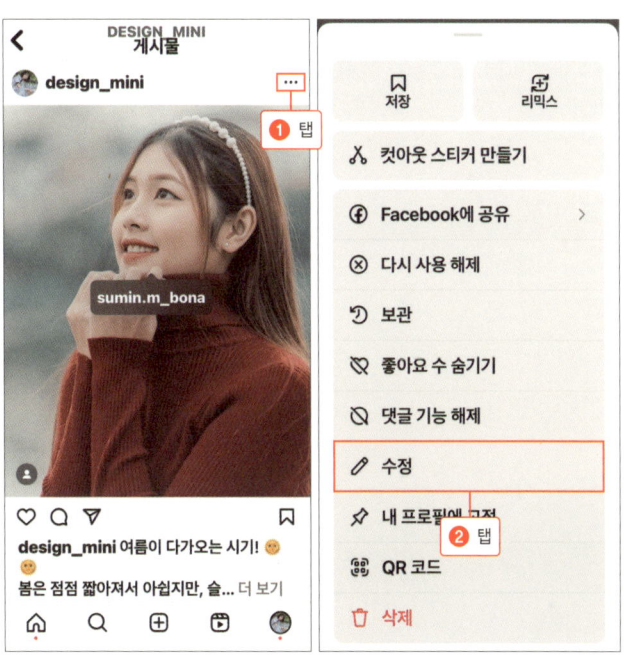

14 · 게시물에서 사람 태그를 해제하려면? **89**

02 정보 수정 화면에서 '인물' 아이콘을 탭하면 사람 태그 화면이 표시됩니다.
태그된 사람 이름 오른쪽 'x' 아이콘을 탭해 해제하고 [완료]를 탭합니다.

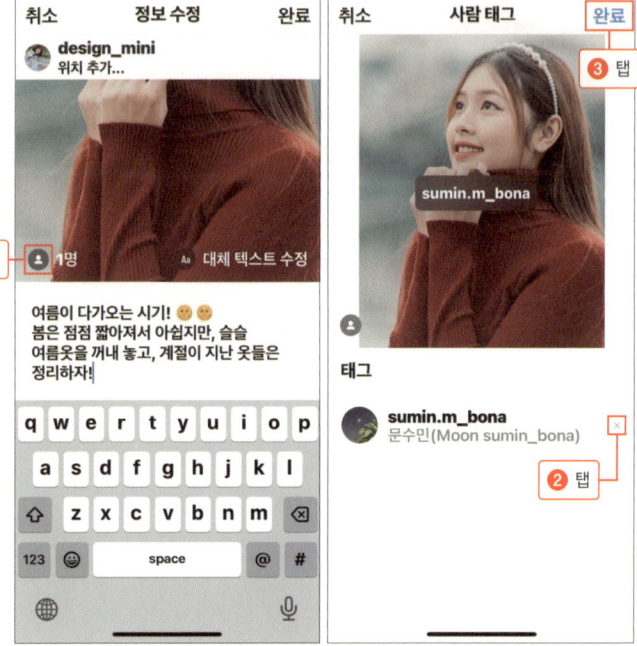

03 사람 태그 화면을 확인하면 말풍선 형태의 사람 태그 표시가 없어진 것을 확인할 수 있습니다. [완료]를 탭하여 사람 태그가 없어진 게시물을 게시합니다.

게시물에 **위치**를 **추가**하려면?

위치 정보를 추가하면 팔로워들이 게시물의 배경이나 장소를 쉽게 이해할 수 있습니다. 특히 여행 사진이나 특정 이벤트에서 촬영한 사진의 경우 위치 정보가 게시물의 의미를 더할 수 있습니다. 게시물의 위치 추가 방법에 대해 알아봅니다.

　인스타그램은 특정 위치를 기반으로 사용자들에게 게시물을 추천합니다. 위치 정보를 추가하면 해당 지역에 있는 사람들에게 게시물이 더 잘 노출될 수 있습니다. 비즈니스 계정의 경우 위치 정보를 추가하면 매장 위치를 알릴 수 있고, 이를 통해 방문객을 유도할 수 있습니다. 예를 들어, 카페나 레스토랑에서 음식 사진에 위치 태그를 추가하면 해당 장소를 방문하고자 하는 사람들이 더 쉽게 찾을 수 있습니다. 이와 같은 이유로 많은 사용자가 인스타그램 게시물에 위치 정보를 추가하여 그 효과를 극대화하고 있습니다.

01 새로운 게시물을 작성하기 위해 '새 게시물' 아이콘을 탭합니다.
새 게시물 화면에서 게시물을 작성하고 [위치 추가]를 탭합니다.

02 위치 화면이 표시되면 위치 입력창에 게시물의 장소 이름을 입력한 다음 검색되는 세부 주소에서 원하는 주소를 선택합니다.
새 게시물 화면에 주소가 표시되면 〈공유〉 버튼을 탭합니다.

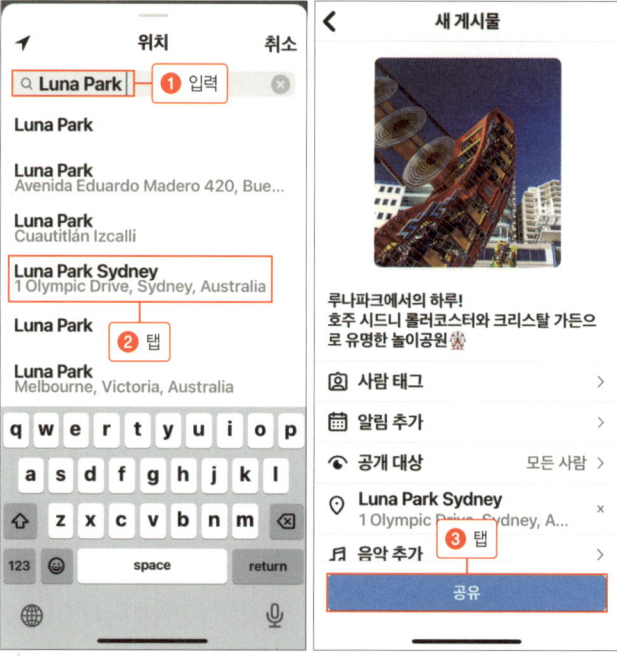

03 게시물 화면의 상단에 지정한 주소가 표시된 것을 확인할 수 있습니다. 표시된 주소를 탭하면 지도에서 해당 위치를 표시하며, 해당 주소를 기준으로 게시된 다른 사용자의 게시물을 확인할 수 있습니다.

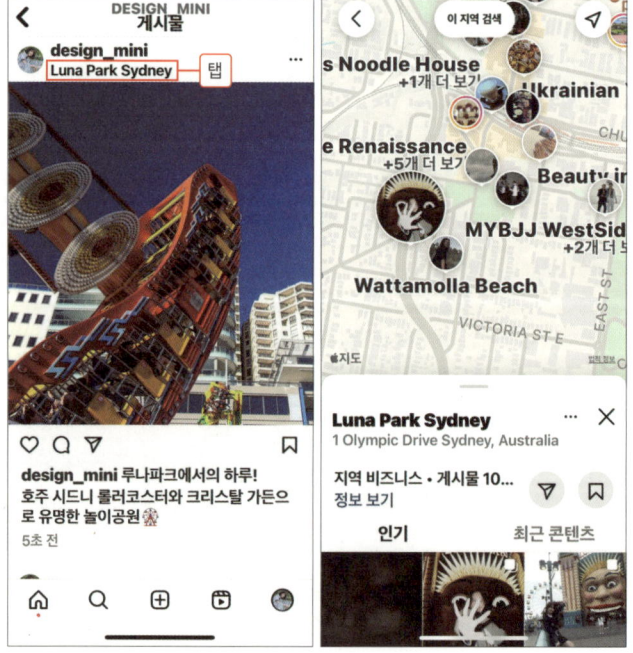

04 지정한 위치를 수정하려면 '옵션(…)' 아이콘을 탭하고 [수정]을 탭합니다. 상단에 표시된 주소를 탭한 다음 주소 검색창에서 수정하려는 주소를 새로 선택합니다.

05 만약 위치를 삭제하려면 게시물 화면의 '옵션(…)' 아이콘을 탭하고 [수정]을 탭합니다. [위치 삭제]를 탭하면 지정한 위치 주소가 삭제됩니다.

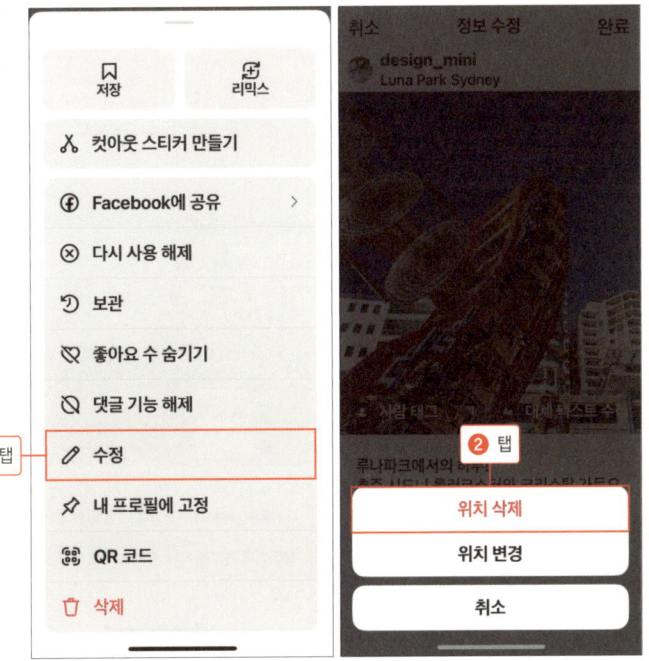

게시물을
스마트폰 메시지로 보내려면?

SECTION 16

메시지를 통해 인스타그램 게시물을 공유하면 수신자가 인스타그램 앱을 열지 않아도 콘텐츠를 확인할 수 있습니다. 특히 부모님이나 친구들이 인스타그램 계정을 가지고 있지 않거나 잘 사용하지 않는 경우에 유용합니다. 스마트폰으로 게시물을 공유하는 방법에 대해 알아봅니다.

게시물을 스마트폰 메시지로 보내면 인스타그램 계정이 없는 사람들에게도 게시물을 쉽게 공유할 수 있습니다. 예를 들어, 업무 관련 정보나 뉴스 기사를 동료들에게 공유하는 경우에도 유용합니다. 중요한 정보를 포함하는 게시물이나 나중에 참고하고 싶은 콘텐츠를 메시지로 보내 저장해 두면 쉽게 다시 접근할 수 있는 장점도 있습니다.

특히, 특정 게시물에 대해 개인적인 의견을 주고받거나 더 깊이 있는 대화를 나누고 싶을 때 메시지로 보내는 것이 효과적입니다. 인스타그램의 DM(다이렉트 메시지)보다는 개인적인 문자 대화를 필요로 할 때 편리합니다.

01 메시지로 보낼 게시물의 '다이렉트 메시지' 아이콘을 탭한 다음 표시되는 메뉴에서 [메시지]를 탭합니다.

94 PART 2 • 팔로워가 쑥쑥! 꼭 알아야하는 인스타그램

02 스마트폰의 메시지 화면이 표시되면 받는 사람을 선택하거나 전화번호를 입력하고 '보내기' 아이콘을 탭합니다.

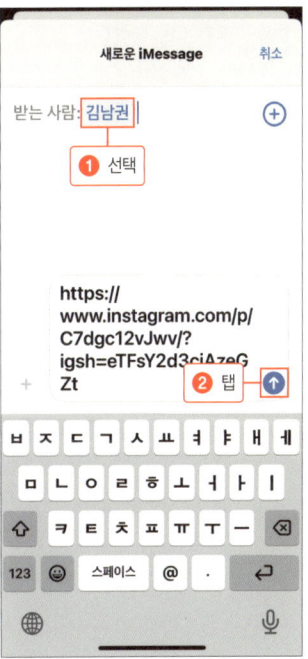

03 받는 사람의 스마트폰 메시지에는 인스타그램의 게시물 메시지가 표시됩니다.
게시물 메시지를 탭하면 인스타그램 앱이 설치되지 않은 상태에서도 보낸 사람의 인스타그램 게시물이 표시됩니다.

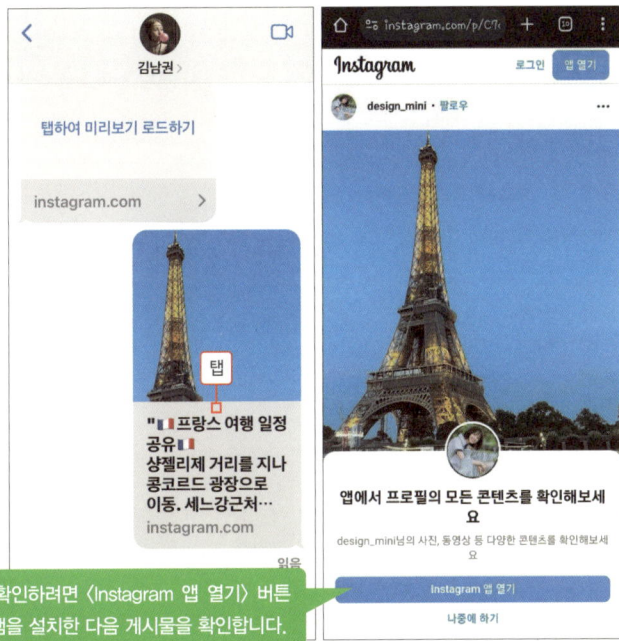

인스타그램 앱에서 확인하려면 〈Instagram 앱 열기〉 버튼을 탭하여 인스타그램을 설치한 다음 게시물을 확인합니다.

DM으로 게시물을 전달하려면?

SECTION 17

특정 게시물에 대해 개인적으로 의견을 나누고 싶을 때 DM(다이렉트 메시지)을 통해 쉽게 대화할 수 있습니다. 이는 공개 댓글과 달리 사적인 공간에서 더 솔직하고 자유롭게 소통할 수 있는 장점이 있습니다.

인플루언서, 브랜드, 비즈니스 계정 등은 협업 제안이나 광고 관련 내용을 전달할 때 DM을 주로 활용합니다. 이는 공식 이메일보다 빠르고 비공식적인 소통이 가능하기 때문입니다. 상대방은 인스타그램이 설치된 상태에서 흥미로운 게시물, 재미있는 동영상, 유익한 정보 등을 친구들과 즉시 공유할 수 있습니다. DM을 통해 보내면 친구들이 바로 확인하고 즉각 반응할 수 있습니다. 또한, 중요한 게시물이나 나중에 참고하고 싶은 콘텐츠를 DM으로 보내면 쉽게 다시 찾아볼 수 있습니다. 이런 방식은 인스타그램 내에서 필요한 정보를 저장하는 방법 중 하나입니다.

01 인스타그램의 DM으로 메시지를 보내려면 메시지로 보낼 게시물의 '다이렉트 메시지' 아이콘을 탭한 다음 표시되는 메뉴에서 [메시지]를 탭합니다.

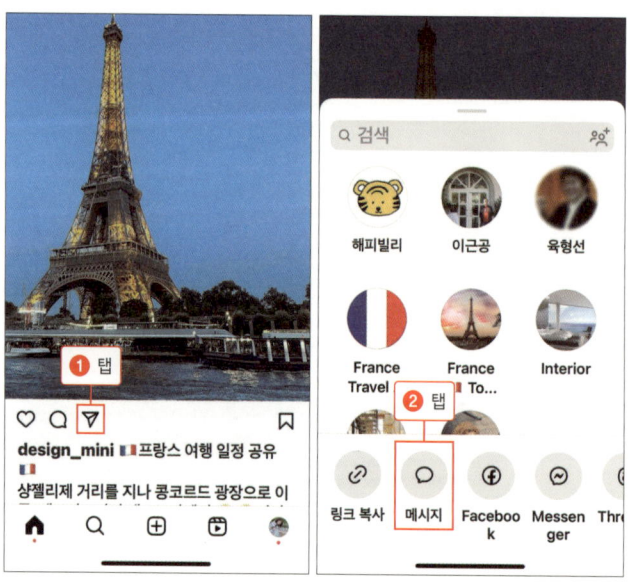

02 | 받을 사용자를 직접 선택하거나 사용자를 검색창에 입력한 다음 검색해 받을 사용자를 선택합니다.

메시지를 받은 사용자는 오른쪽 상단 '다이렉트 메시지' 아이콘에 알림이 표시됩니다.

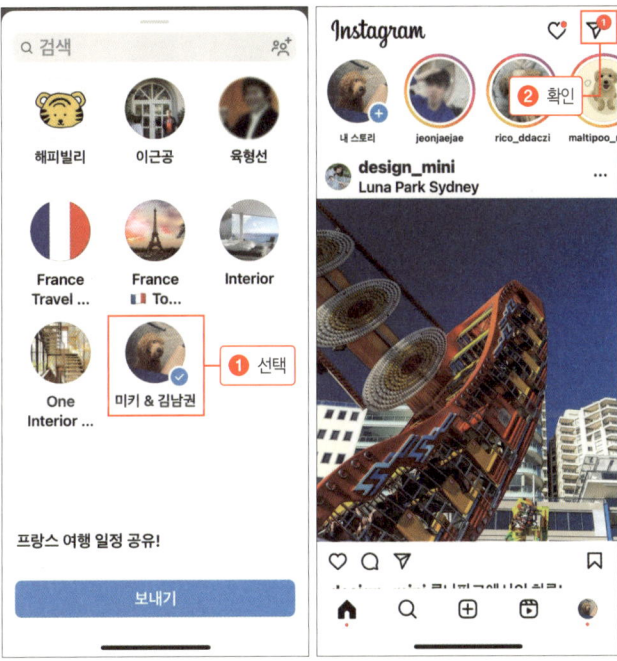

03 | 새 메시지가 표시되어 읽으려는 메시지 항목을 탭하면 대화창에 공유된 게시물이 표시됩니다. 메시지를 탭하여 게시물 내용을 확인합니다.

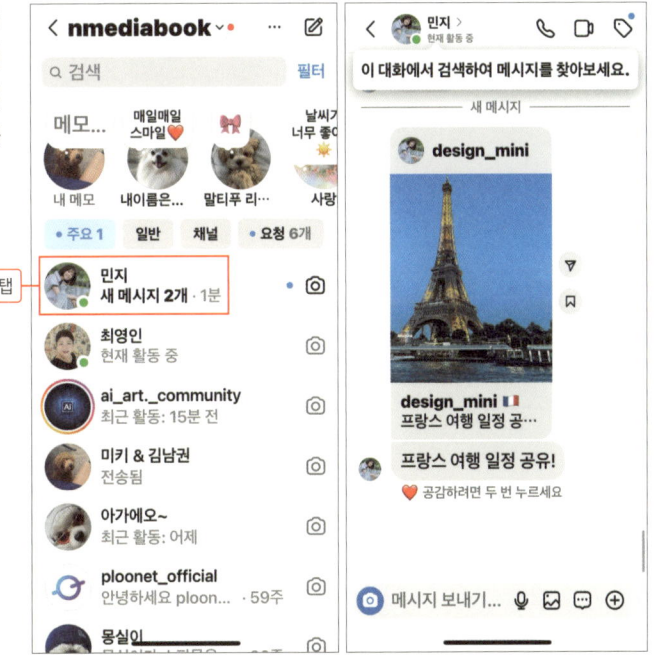

내 게시물을 블로그에 올리려면?

인스타그램은 주로 이미지와 짧은 동영상을 중심으로 하는 플랫폼인 반면, 네이버 블로그는 더 길고 자세한 글을 작성하기에 적합합니다. 인스타그램에 올린 사진이나 영상을 블로그에 다시 올리면서 더 자세한 설명, 이야기, 추가 정보 등을 포함할 수 있습니다. 게시물을 네이버 블로그에 올리는 방법에 대해 알아봅니다.

    인스타그램과 네이버 블로그는 각각 다른 사용자층을 보유하고 있습니다. 인스타그램은 주로 젊은 층과 비주얼 중심의 콘텐츠 소비자들이 많이 이용하는 반면, 네이버 블로그는 더 넓은 연령층과 다양한 관심사를 가진 사람들이 방문합니다. 따라서 인스타그램 게시물을 블로그에 올리면 더 많은 사람에게 도달할 수 있습니다. 특히, 네이버 블로그는 네이버 검색에서 높은 노출 빈도를 자랑하는데, 인스타그램에 올린 콘텐츠를 네이버 블로그에 공유하면 네이버 검색을 통해 더 많은 사람들이 해당 콘텐츠를 발견하고 접근할 수 있습니다. 이로 인해 블로그 방문자 수를 늘리고, 더 많은 트래픽을 유도할 수 있는 장점이 있습니다.

01 블로그에 올릴 게시물의 '다이렉트 메시지' 아이콘을 탭한 다음 표시되는 메뉴에서 [네이버 블로그]를 탭합니다.

02 네이버 블로그 화면이 표시되면 공유할 블로그 제목을 입력한 다음 [올리기]를 탭합니다.

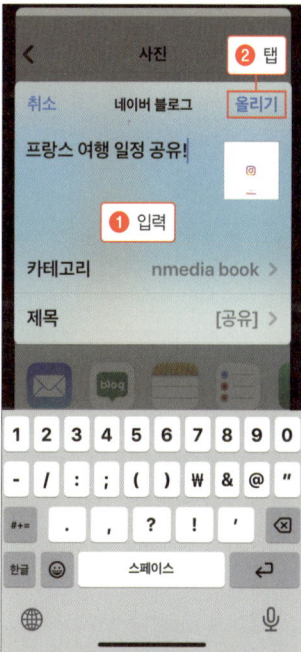

> **알아두기** 게시물 공유
>
> 인스타그램은 다른 소셜 미디어 플랫폼과 연동하여 게시물을 손쉽게 공유할 수 있는 기능을 제공합니다. 이를 통해 인스타그램에서 올린 사진, 동영상, 스토리 등을 페이스북, 트위터, 텀블러 등 다양한 SNS로 동시에 공유할 수 있습니다. 이렇게 하면 더 넓은 네트워크에서 콘텐츠를 확산할 수 있어 시간과 노력을 절약하며 여러 플랫폼에서 활동을 확장할 수 있습니다.

03 네이버 블로그를 확인하면 인스타그램에서 공유한 게시물을 확인할 수 있습니다.

> 블로그는 텍스트, 이미지, 동영상, 링크 등을 하나의 게시물에 혼합하여 사용할 수 있어 더 풍부한 콘텐츠를 제공할 수 있습니다. 인스타그램 게시물을 블로그에 올리면서 추가 자료나 관련 링크를 함께 제공하면 사용자들에게 더 많은 정보를 전달할 수 있습니다.

3 Part

인싸가 되기 위한 매력적인 콘텐츠 만들기

인스타그램에서는 짧고 임팩트 있는 이미지와 영상을 올릴 수 있습니다. 스토리는 24시간 후 사라지는 특성을 활용해 일상을 자연스럽게 공유하거나, 실시간 소통을 유도하는 데 적합합니다. 이러한 콘텐츠는 팔로워뿐만 아니라 더 많은 사용자에게 노출될 기회를 제공합니다. 매력적인 콘텐츠를 만들기 위해서는 시각적으로 깔끔한 편집과 흥미로운 스토리텔링이 필수입니다. 적절한 기능을 활용하면 브랜드를 효과적으로 홍보하거나, 개인적인 순간을 더욱 감각적으로 기록할 수 있습니다.

어둡게 촬영된 사진을 밝게 보정하려면?

SECTION 1

선명한 사진은 더 눈에 띄고 매력적으로 보입니다. 인스타그램은 시각적 콘텐츠 중심의 플랫폼이므로 밝고 화사한 사진이 더 많은 관심을 끌 수 있습니다. 게시물 사진을 밝게 보정하는 방법을 알아봅니다.

　인스타그램 알고리즘은 사용자 참여도가 높은 게시물을 우선으로 보여줍니다. 밝고 선명한 사진은 더 많은 좋아요와 댓글을 받을 가능성이 높아 피드에서 더 상위에 노출될 수 있습니다. 반면, 어두운 사진은 디테일이 잘 보이지 않거나 혼란스러울 수 있습니다. 밝은 사진은 더 많은 디테일을 보여주고 전체적인 가시성을 높입니다. 이런 이유들 때문에 많은 사용자가 인스타그램에 게시하기 전에 사진을 밝게 보정하여 더 많은 참여와 긍정적인 반응을 유도하려고 합니다.

01 ｜ 사진을 게시하기 위해 프로필 화면 하단의 '새 게시물' 아이콘을 탭합니다.
새 게시물 화면이 표시되면 게시하려는 이미지를 선택하고 [다음]을 탭합니다.

02 사진을 밝게 보정하기 위해 〈수정〉 버튼을 탭합니다. 사진 보정 메뉴가 표시되면 [밝기]를 탭하고 〈다음〉 버튼을 탭합니다.

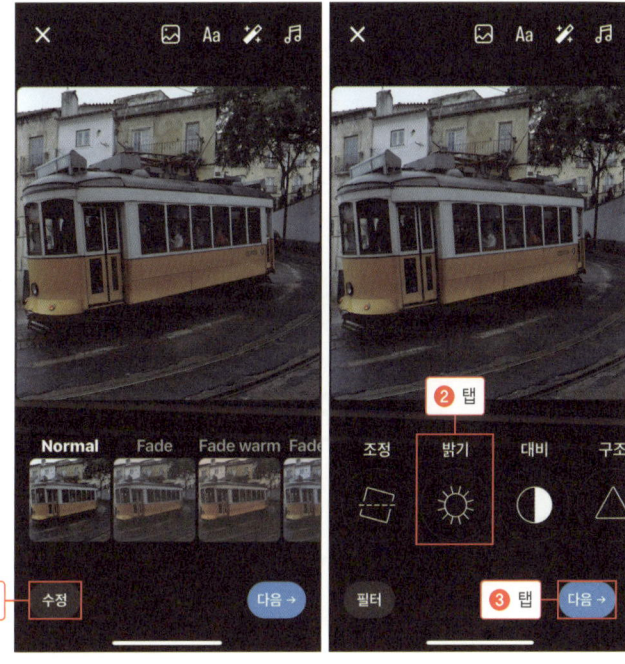

03 미리 보기 화면 하단의 밝기 보정 슬라이더를 오른쪽으로 드래그해 사진의 밝기를 밝게 조정한 다음 '체크' 아이콘을 탭합니다.

밝기 보정 슬라이더를 오른쪽으로 드래그할수록 밝게 보정되며, 왼쪽으로 드래그할수록 어둡게 보정됩니다.

게시물 사진을 회전하려면?

SECTION 2

사진의 구도가 비뚤어졌거나 기울어졌을 때 회전 기능을 사용해 수평과 전체적인 균형을 맞출 수 있습니다. 이는 사진을 더 안정적으로 보이게 하고 시각적 만족감을 높입니다.

특정 사진은 회전을 통해 더 흥미롭고 독특하게 변할 수 있습니다. 예를 들어, 역동적인 장면이나 대칭 구도를 강조하기 위하여 회전할 수 있습니다. 또한 사진을 회전해 창의적인 표현을 할 수도 있는데, 비정상적인 각도로 찍은 사진을 회전하면 더욱 독특하고 예술적인 이미지를 만들 수 있기 때문입니다.

01 '새 게시물' 아이콘을 탭합니다. 새 게시물 화면이 표시되면 게시하려는 사진을 선택하고 [다음]을 탭합니다.
사진을 회전하기 위하여 〈수정〉 버튼을 탭합니다.

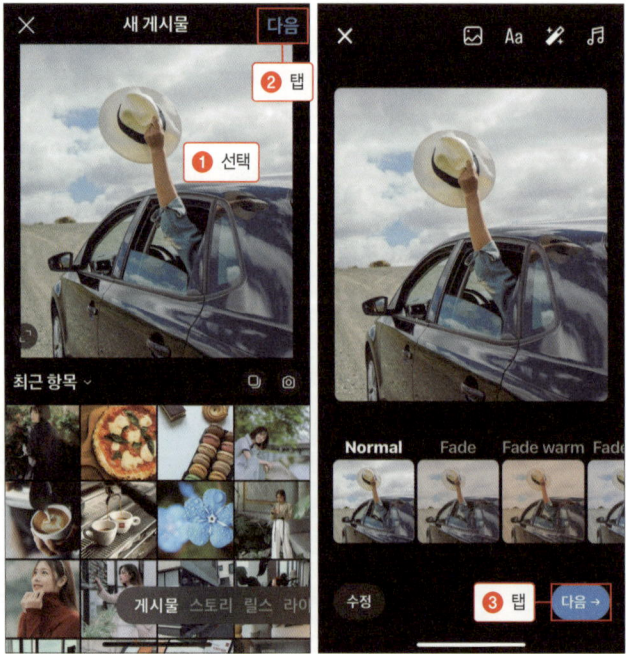

02 사진 보정 메뉴가 표시되면 [조정]을 탭하고 〈다음〉 버튼을 탭합니다.

비율을 고려한 회전

인스타그램에서는 기본적으로 1:1 비율의 정사각형 사진을 많이 사용합니다. 회전 후 사진의 비율이 변형되지 않도록 주의해야 합니다. 예를 들어, 세로 사진을 회전하면 4:5 비율로 바뀌는데, 이때 사진이 잘리거나 흐려지지 않도록 조심해야 합니다. 비율에 맞게 가로, 세로 사진을 사용하거나, 비율을 조정하려면 인스타그램의 자르기 기능을 사용하여 사진을 조정할 수 있습니다.

03 미리 보기 창 하단에 회전 정도를 조정하는 슬라이더가 표시되면 사진의 회전 정도를 조정한 다음 '체크' 아이콘을 탭합니다.

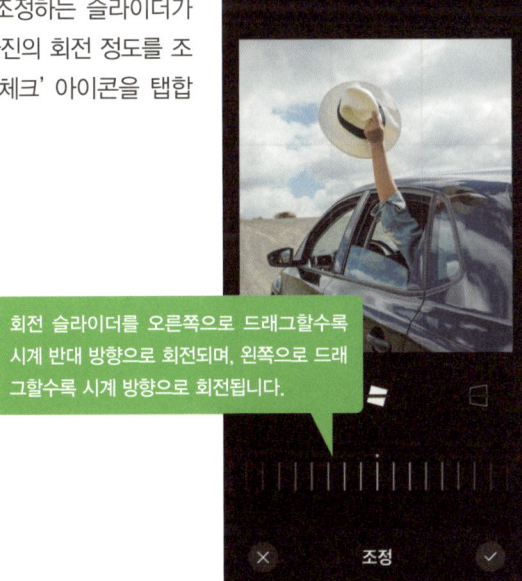

회전 슬라이더를 오른쪽으로 드래그할수록 시계 반대 방향으로 회전되며, 왼쪽으로 드래그할수록 시계 방향으로 회전됩니다.

텍스처와 패턴이 디테일한 사진을 원한다면?

SECTION 3

이미지 보정 옵션에서 구조 기능을 사용하면 사진의 디테일이 더 명확하게 드러납니다. 텍스처와 패턴이 두드러져 보여 사진의 품질을 높이고 시각적 흥미를 더할 수 있습니다. 구조 기능을 사용하는 방법에 대해 알아봅니다.

풍경 사진, 건축 사진, 인물이나 동물 사진 등에서 질감을 더욱 부각하기 위해 구조 기능을 활용할 수 있습니다. 이는 사진의 입체감을 강화하고, 현실감을 더합니다. 예를 들어 직물의 패턴을 또렷하게 표현할 수 있으며, 동물의 털을 섬세하게 표현할 수도 있습니다.

구조 기능은 사진에 입체감을 부여하여 평면적인 사진을 더욱 생동감 있게 만들며, 사진의 각 요소들이 더 뚜렷하게 구분되도록 도와줍니다. 구조 기능을 활용하면 사진의 스타일을 변화시킬 수 있습니다. 더 강렬한 느낌을 주기 위해 디테일을 강조하거나, 부드러운 느낌을 주기 위해 디테일을 줄이는 등 다양하게 스타일링할 수 있습니다.

01 화면 하단의 '새 게시물' 아이콘을 탭한 다음 새 게시물 화면이 표시되면 게시하려는 이미지를 선택하고 [다음]을 탭합니다.
사진을 보정하기 위하여 〈수정〉 버튼을 탭합니다.

02 사진 보정 메뉴가 표시되면 [구조]를 탭하고 〈다음〉 버튼을 탭합니다.
미리 보기 창 하단에 디테일 정도를 조정하는 슬라이더가 표시됩니다.

03 구조 슬라이더를 드래그하여 사진의 섬세한 정도를 조정한 다음 '체크' 아이콘을 탭합니다.

구조 슬라이더를 오른쪽으로 드래그할수록 사진이 섬세하게 표현되며, 왼쪽으로 드래그할수록 원본에 가깝게 보정됩니다.

분류별로 정보를 컬렉션에 저장하려면?

SECTION 4

컬렉션 기능은 사용자들이 특정 주제나 관심사에 따라 게시물을 쉽게 정리하고 관리할 수 있게 도와주는 기능입니다. 이를 통해 사용자들은 필요할 때마다 원하는 게시물을 빠르게 찾을 수 있습니다. 컬렉션 기능에 대해 알아봅니다.

특정 주제나 테마에 맞는 게시물을 모아 하나의 컬렉션으로 정리할 수 있습니다. 예를 들어, 여행지, 요리 레시피, 패션 스타일, 인테리어 디자인 등 관심 있는 주제별로 컬렉션을 만들어 저장할 수 있습니다. 인스타그램 쇼핑 기능을 통해 마음에 드는 상품을 발견했을 때 이를 컬렉션에 저장하면 나중에 쉽게 찾고 구매할 수 있습니다. 패션, 뷰티 제품 등 다양한 상품을 쇼핑 리스트로 만들어 관리할 수도 있으며, 교육 콘텐츠나 유익한 정보를 제공하는 게시물을 저장하여 학습 자료로 활용할 수 있습니다.

01 게시물을 저장하기 위해 책갈피 모양의 '저장' 아이콘을 탭합니다.
게시물이 저장되었다는 메시지와 더불어 친구들과 함께 게시물을 저장할 수도 있다는 메시지가 나타나면 하단의 〈직접 해보기〉 버튼을 탭합니다.

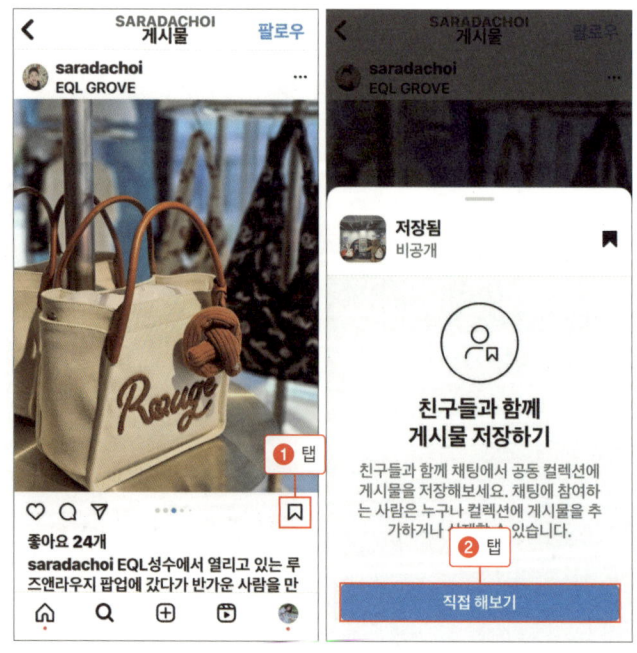

02 컬렉션 이름 입력창이 표시되면 '퍼스널 브랜딩'을 입력하고 친구가 이 컬렉션에 참여할 수 있도록 공동을 활성화합니다. 공동으로 컬렉션할 수 있는 친구를 공유 대상에서 선택합니다. 내 프로필 화면에서 '설정(≡)' 아이콘을 탭한 다음 [저장됨]을 탭합니다.

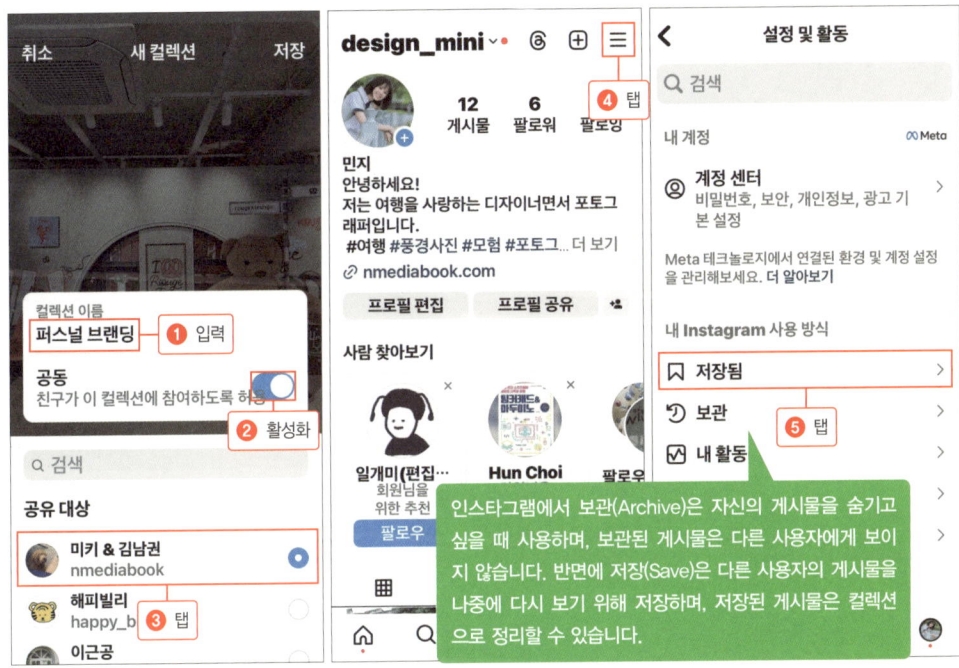

인스타그램에서 보관(Archive)은 자신의 게시물을 숨기고 싶을 때 사용하며, 보관된 게시물은 다른 사용자에게 보이지 않습니다. 반면에 저장(Save)은 다른 사용자의 게시물을 나중에 다시 보기 위해 저장하며, 저장된 게시물은 컬렉션으로 정리할 수 있습니다.

03 '퍼스널 브랜딩' 폴더가 생성된 것을 확인할 수 있습니다. 해당 폴더를 탭하여 저장된 게시물을 확인할 수 있습니다.

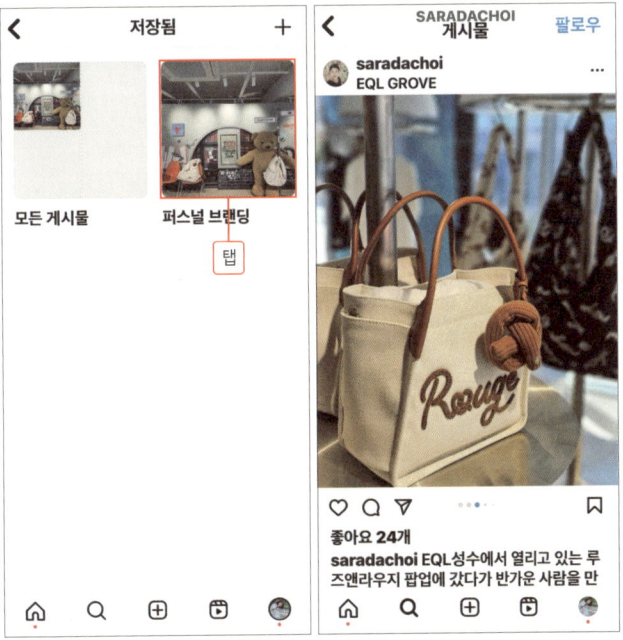

04 추가로 퍼스널 브랜딩 관련 게시물을 저장하기 위하여 게시물에서 '저장' 아이콘을 탭합니다. 컬렉션 메뉴에서 [퍼스널 브랜딩] 폴더를 탭해 추가로 컬렉션에 저장합니다.

05 이번에는 다른 주제의 컬렉션을 만들어 저장하겠습니다. 음식을 주제로 한 게시물에서 '저장' 아이콘을 탭합니다.
컬렉션 화면에서 [새 컬렉션]을 탭합니다.

06 컬렉션 이름 입력창에 '맛집 이야기'를 입력하고 〈완료〉 버튼을 탭합니다.
새로운 맛집을 주제로 한 [맛집 이야기] 폴더가 만들어졌습니다.

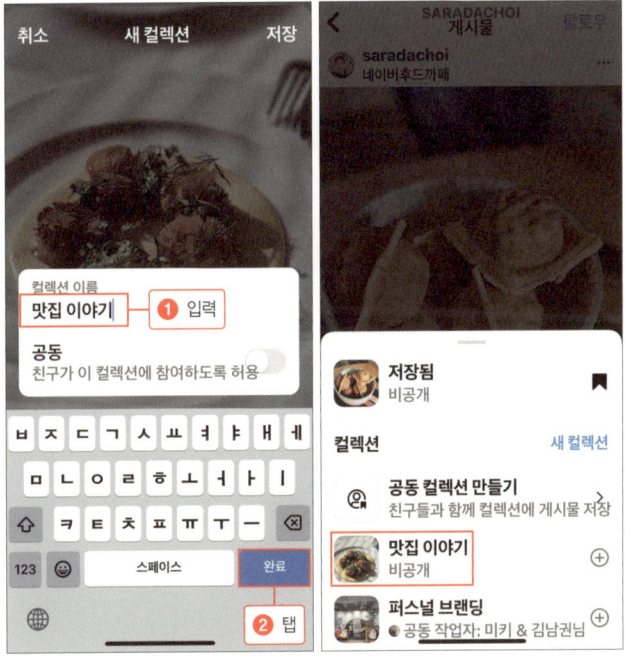

07 같은 방법으로 컬렉션을 만들어 주제에 따라 게시물을 분류하여 저장합니다. 필요할 때마다 프로필 화면의 '설정(≡)' 아이콘에서 [저장됨]을 탭해 게시물을 확인할 수 있습니다.

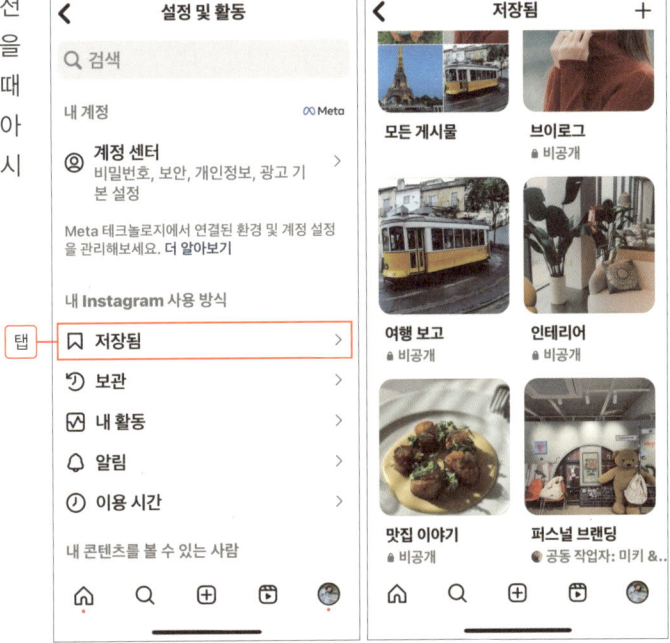

4 · 분류별로 정보를 컬렉션에 저장하려면? **111**

스토리로 메시지를 알리려면?

인스타그램의 스토리 기능은 사용자들이 사진과 동영상을 공유할 수 있는 기능으로, 사용자들에게 일상생활의 순간들을 간편하게 공유할 방법을 제공합니다. 스토리 기능의 사용 방법에 대해 알아봅니다.

인스타그램에서 스토리 기능을 사용하는 이유는 다양하며, 개인 사용자와 비즈니스 사용자 모두에게 여러 가지 장점을 제공합니다. 스토리는 24시간 후에 사라지므로 영구적인 포스트보다 사생활 보호에 유리해서 일시적인 공유를 원할 때 적합합니다.

스토리 기능을 활용하는 주요 이유

1 개인 사용자의 경우

일상의 순간들을 쉽게 공유할 수 있습니다. 사진이나 동영상을 통해 친구들과 가족들에게 현재 하는 일이나 장소를 실시간으로 보여줄 수 있습니다. 또한, 투표, 질문, 퀴즈 등 인터랙티브 기능을 활용해 팔로워들과 즉각적으로 소통할 수 있습니다. 일시적이라는 특성 덕분에 더 자유롭고 실험적인 콘텐츠를 시도할 수 있습니다. 필터, 스티커, 드로잉 등 다양한 기능을 사용해 창의적인 표현을 연출할 수 있으며, 이는 팔로워들의 반응을 실시간으로 얻을 수 있는 좋은 방법입니다.

2 비즈니스 사용자의 경우

제품이나 서비스를 간편하게 홍보할 수 있습니다. 신제품 출시, 프로모션, 이벤트 등을 실시간으로 알리는 데 유용합니다. 또한 스토리를 누가 보았는지, 어떤 콘텐츠가 더 인기 있는지를 분석할 수 있어 마케팅 전략을 개선하고 더 효과적인 콘텐츠를 제작할 수 있습니다. 중요한 스토리는 하이라이트 기능을 통해 프로필에 영구적으로 보관할 수 있으며, 이를 통해 브랜드의 핵심 메시지나 중요한 정보를 항상 노출할 수 있습니다.

스토리 기능을 위해 인스타그램에서는 다음의 도구와 요소를 제공하고 있습니다.

편집 도구

① **텍스트 추가**: 다양한 폰트와 색상을 사용하여 텍스트를 추가할 수 있습니다.
② **스티커**: 위치, 해시태그, 멘션, 투표, 질문, GIF 등 다양한 스티커를 사용할 수 있습니다.
③ **드로잉**: 다양한 브러시와 색상을 사용하여 직접 그림을 그릴 수 있습니다.
④ **필터**: 다양한 필터를 적용하여 사진이나 동영상의 분위기를 바꿀 수 있습니다.

인터랙티브 요소

① **투표**: 팔로워들에게 간단한 투표를 할 수 있습니다.
② **질문**: 팔로워들이 질문을 남기고 답변할 수 있습니다.
③ **퀴즈**: 간단한 퀴즈를 만들어 팔로워들과 공유할 수 있습니다.
④ **슬라이더**: 이모티콘 슬라이더를 사용하여 팔로워들이 특정 주제에 대해 감정을 표현할 수 있습니다.

01 | 스토리를 등록하기 위해 상단의 '+' 아이콘을 탭한 다음 만들기 메뉴에서 [스토리]를 탭합니다.

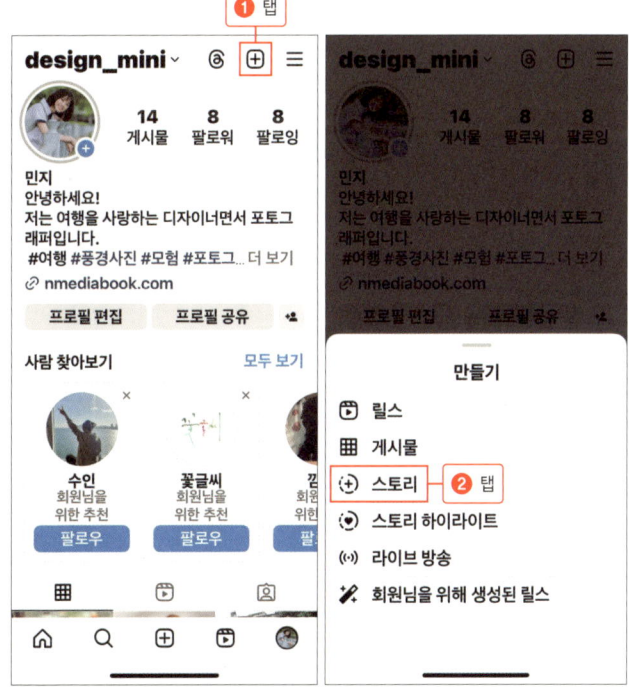

02 스토리를 앱에서 바로 촬영해 만들 것인지, 저장된 사진이나 영상을 사용할 것인지 선택합니다. 저장된 영상을 선택하기 위해 [비디오]를 선택하고 스토리에 사용할 영상을 선택합니다.

03 스토리에 사용할 영상이 나타나면 문자 스티커를 추가하기 위해 '스티커' 아이콘을 탭합니다.
다양한 스티커 종류가 나타나면 [질문] 스티커를 탭합니다.

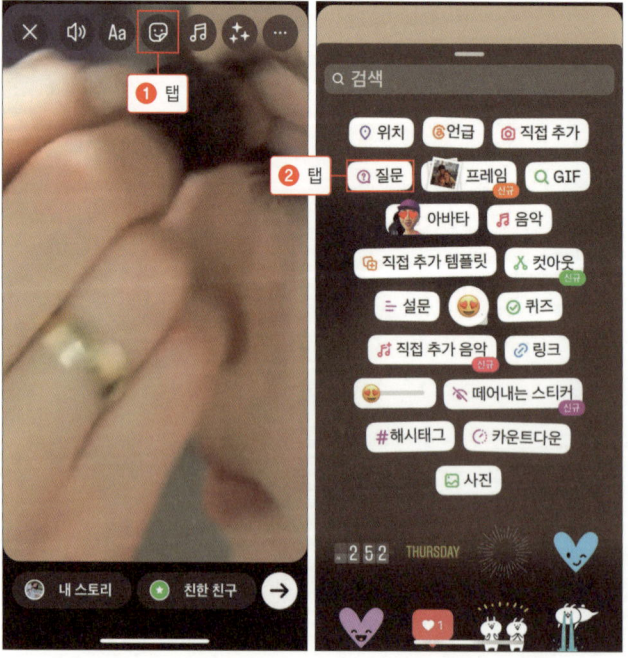

04 | '무엇이든 물어보세요!' 질문상자가 표시되면 원하는 질문을 입력합니다. 여기서는 세미나 개최를 알리는 문장을 입력했습니다. 스토리로 등록하기 위해 하단의 [내 스토리]를 탭하여 스토리에 등록합니다.

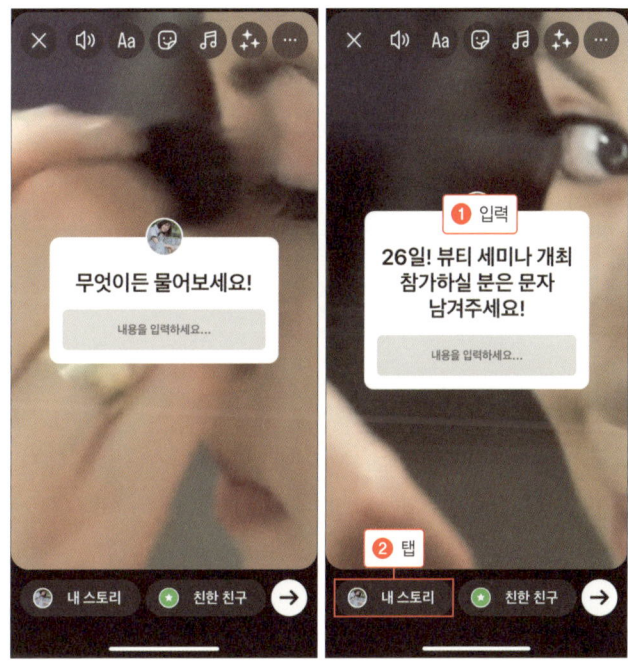

05 | 방문자가 프로필을 탭하면 스토리 영상이 표시되며, 메시지와 함께 입력창이 표시됩니다.

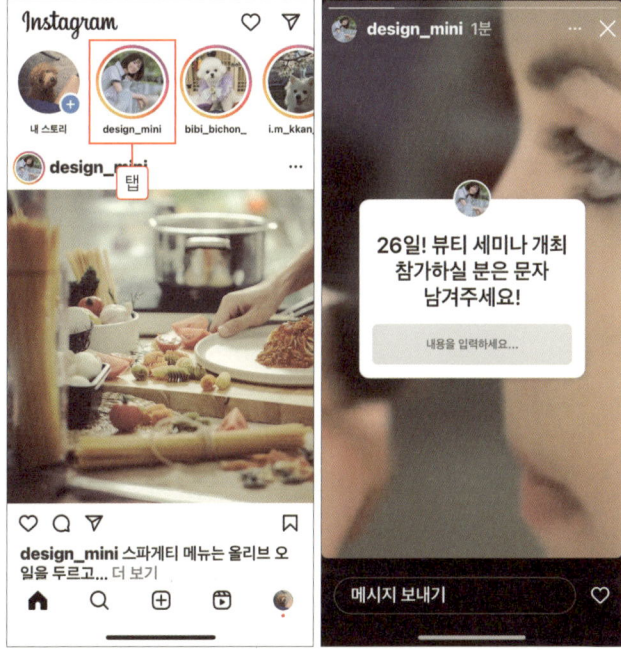

06 방문자의 경우 입력창에 답변을 입력하고 〈보내기〉 버튼을 탭합니다.

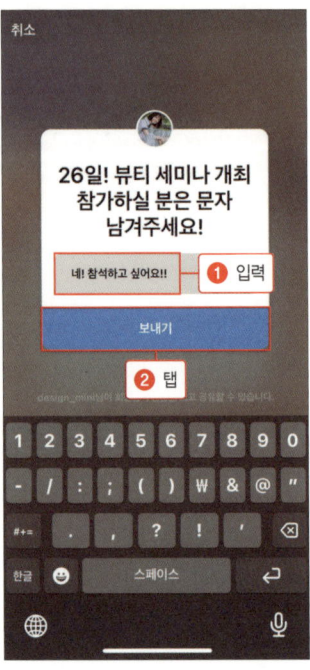

07 운영자의 스토리를 확인하면 왼쪽 하단에 질문에 응답한 방문자가 표시됩니다. [응답 보기]를 탭하면 방문자가 답변한 내용을 확인할 수 있습니다.

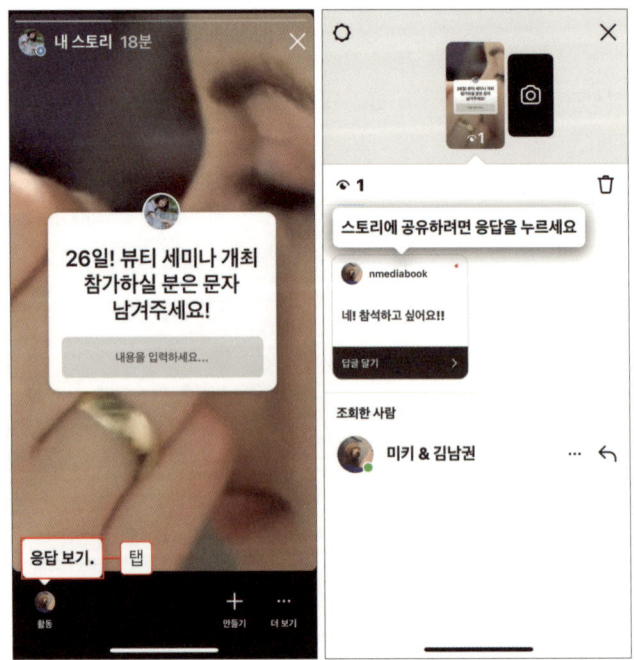

중요한 콘텐츠를 하이라이트로 사용하려면?

SECTION 6

하이라이트 기능으로 여러 개의 하이라이트를 만들어 스토리를 주제별로 분류할 수 있습니다. 영상 제작자나 콘텐츠 크리에이터에게 유용한 기능인 하이라이트 기능에 대해 알아봅니다.

　인스타그램 스토리는 24시간 후 사라지지만, 하이라이트는 프로필에 영구적으로 저장되어 중요한 정보나 콘텐츠를 오래도록 공유할 수 있습니다. 예를 들어, 여행 블로거는 여행지별로 하이라이트를 만들어 여행 이야기를 체계적으로 전달할 수 있습니다. 또한, 브랜드나 개인은 주요 이벤트, 제품, 서비스 등을 카테고리별로 정리해 팔로워들이 쉽게 정보를 찾을 수 있도록 돕고, 신제품 출시나 할인 정보를 하이라이트로 노출시켜 마케팅 효과를 극대화할 수 있습니다.

01 ｜ 스토리를 만들기 위해 상단의 '+' 아이콘을 탭한 다음 만들기 메뉴에서 [스토리]를 탭합니다(112쪽 참고).
영상 스토리를 작성하고 [더 보기]를 탭합니다.

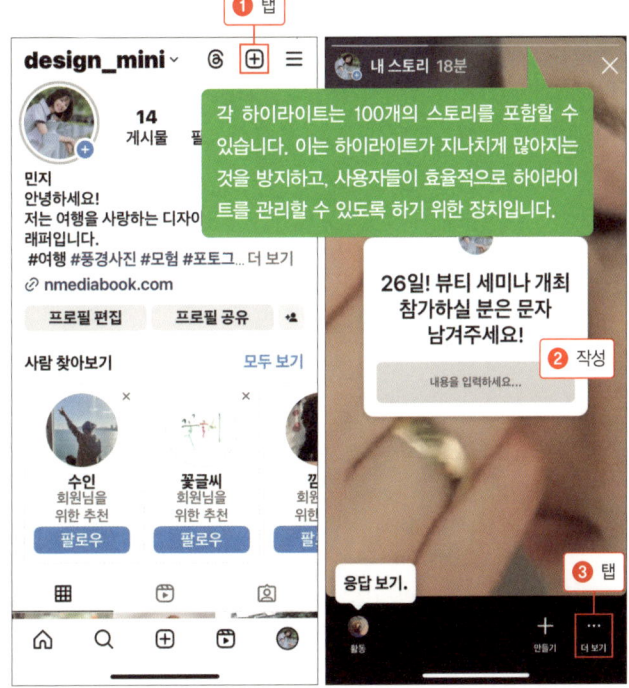

각 하이라이트는 100개의 스토리를 포함할 수 있습니다. 이는 하이라이트가 지나치게 많아지는 것을 방지하고, 사용자들이 효율적으로 하이라이트를 관리할 수 있도록 하기 위한 장치입니다.

02 [하이라이트]를 탭하고 새로운 하이라이트 창에서 '공지사항'을 입력한 다음 〈추가〉 버튼을 탭합니다.

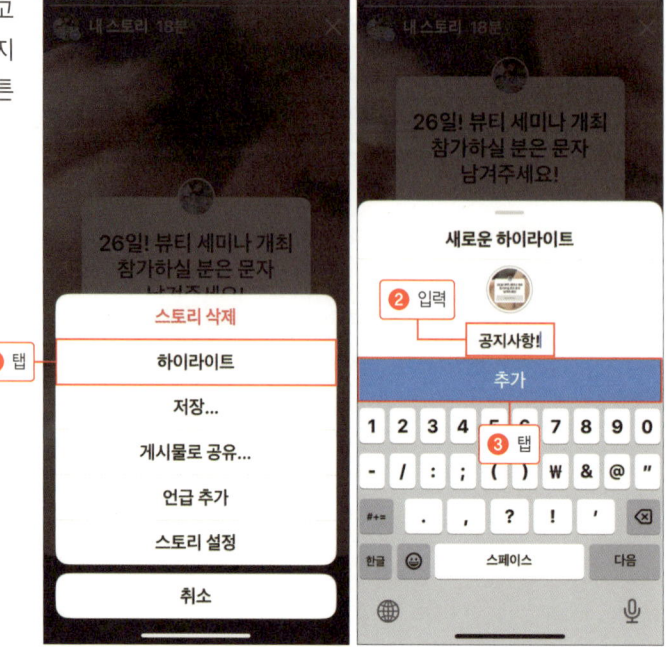

03 '하이라이트에 추가됨' 메시지가 표시되면 [완료]를 탭합니다.
프로필 화면을 확인하면 프로필 소개 하단에 하이라이트가 생성된 것을 확인할 수 있습니다.

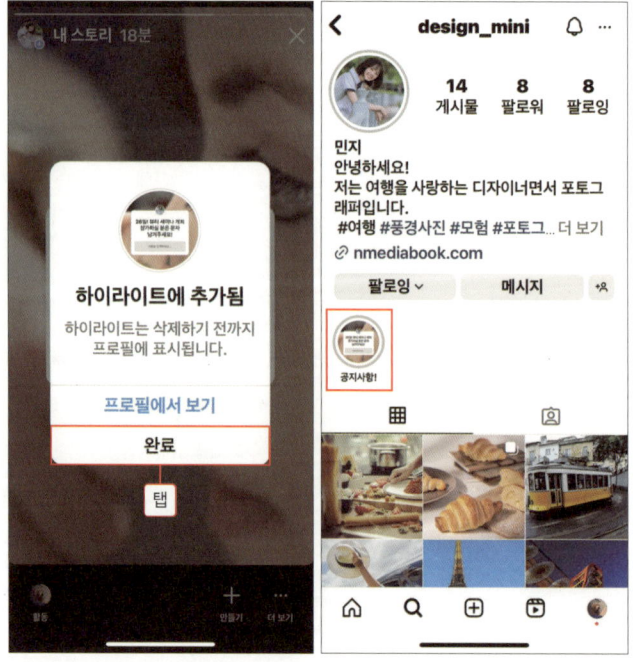

인스타그램의 **명함**, 멀티링크를 사용하려면?

멀티링크를 사용하는 이유는 다양한 목적으로 여러 웹사이트나 콘텐츠에 쉽게 접근할 수 있도록 도와주기 위함입니다. 멀티링크를 사용하면 프로필의 링크를 통해 다양한 콘텐츠로 팔로워들을 유도할 수 있습니다. 멀티링크를 설정하는 방법에 대해 알아봅니다.

    인스타그램은 기본적으로 프로필에 링크를 추가할 수 있지만, 멀티링크 서비스를 사용하면 하나의 링크로 여러 페이지를 연결할 수 있습니다. 이는 특히 비즈니스, 마케팅, 콘텐츠 크리에이터에게 매우 유용합니다. 멀티링크를 활용하면 여러 웹 페이지, 블로그 포스트, 유튜브 영상, 상품 페이지 등을 동시에 홍보할 수 있습니다. 예를 들어, 새로운 블로그 포스트와 유튜브 영상을 함께 홍보하고 싶을 때 멀티링크를 통해 두 링크를 모두 포함할 수 있습니다.

    비즈니스 계정에서는 멀티링크를 통해 다양한 제품 페이지, 이벤트 등록 페이지, 고객 지원 페이지 등을 하나의 링크로 통합할 수 있습니다. 이렇게 하면 고객이 필요한 정보를 더 쉽게 찾을 수 있고, 전환율을 높이는 데 기여합니다. 많은 멀티링크 서비스는 클릭 데이터와 사용 통계를 제공하여 어떤 링크가 더 많은 트래픽을 유도하는지 분석할 수 있습니다. 이를 통해 마케팅 전략을 조정하고, 어떤 콘텐츠가 더 효과적인지 파악할 수 있습니다.

대표적인 멀티링크 서비스

1. **링크트리(Linktree)**: 간단한 사용자 인터페이스와 다양한 개별 옵션을 제공합니다.
2. **인포크링크(InpockLink)**: 한글 지원 멀티링크 서비스로, 간단하게 멀티링크를 넣을 수 있습니다.
3. **링크바이오(Lnk.Bio)**: 다양한 링크를 추가할 수 있으며, 클릭 분석 기능도 포함되어 있습니다.
4. **탭바이오(Tap.bio)**: 카드 스타일의 링크를 제공하여 시각적으로 더 매력적인 멀티링크를 만들 수 있습니다.
5. **샤비(Shorby)**: 다른 소셜 미디어 링크와 통합할 수 있으며, 분석 기능도 포함되어 있습니다.

이와 같이 멀티링크를 사용하면 인스타그램 프로필 링크 하나만으로 다양한 콘텐츠와 정보를 팔로워들에게 효과적으로 전달할 수 있습니다.

01 멀티링크를 만들기 위해 인포크링크(link.inpock.co.kr) 사이트에 접속한 후 회원가입을 위해 〈회원가입〉 버튼을 탭합니다.
회원가입 약관을 확인하고 '모두 동의합니다.'를 탭한 다음 〈동의 완료〉 버튼을 탭합니다.

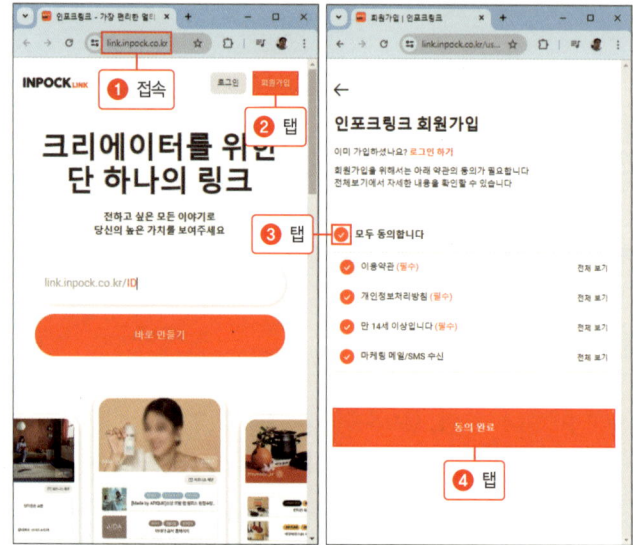

02 링크 주소로 사용할 아이디를 입력합니다. 비밀번호를 설정하고 휴대폰 번호와 이메일 주소를 입력합니다.
카테고리 선택 화면에서는 주로 업로드되는 게시물의 카테고리를 선택합니다.

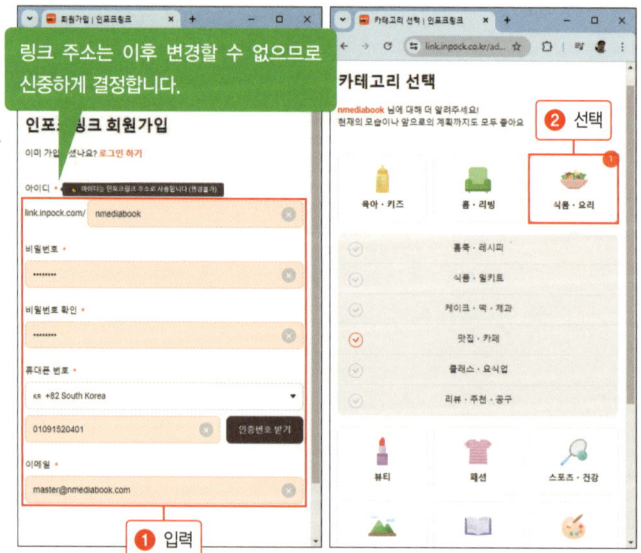

03 프로필 화면에서 〈디자인 설정〉 버튼을 탭합니다.
디자인 설정 화면이 표시되면 프로필 사진과 멀티링크 디자인 스타일을 설정합니다.

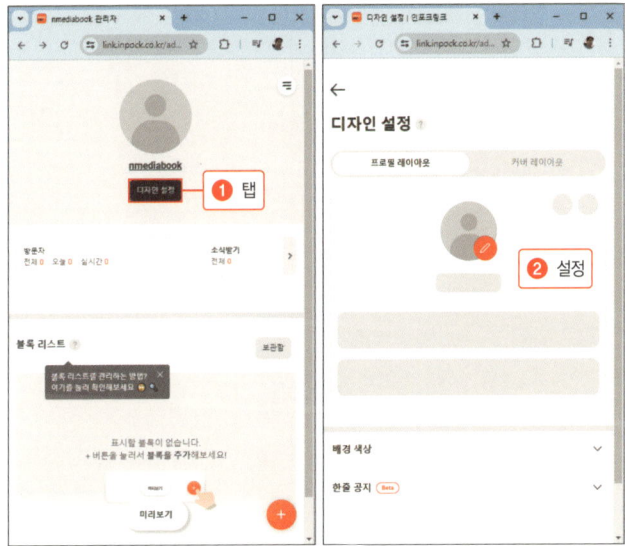

04 프로필 사진은 저장한 사진을 선택하거나 바로 촬영해 설정할 수 있습니다. 프로필 사진 크기를 조정하여 등록합니다. 원하는 배경 색상을 선택한 다음 〈설정 완료〉 버튼을 탭합니다.

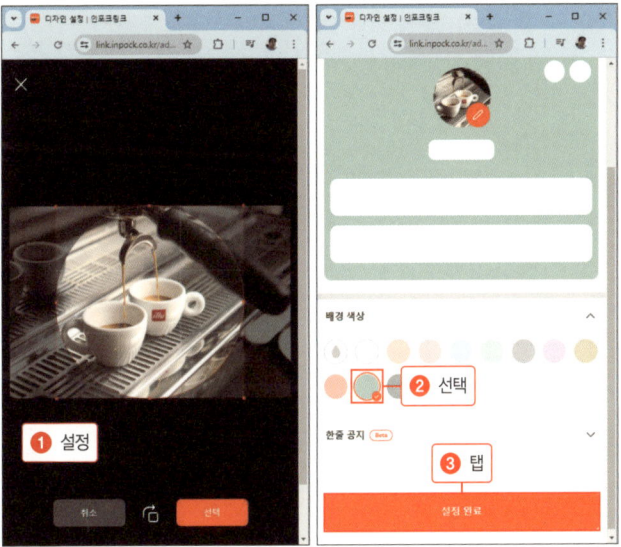

05 블록 선택하기 화면에서 공유하려는 항목을 선택합니다. 여기서는 네이버 블로그와 유튜브 채널을 링크하기 위해 [링크]를 탭합니다.

스타일에서 배열 항목을 선택합니다. 여기서는 가로 형태의 [심플]을 선택한 다음 연결할 주소 항목에 블로그 주소와 타이틀을 입력합니다. 상단에 '네이버 블로그' 링크 목록이 표시됩니다.

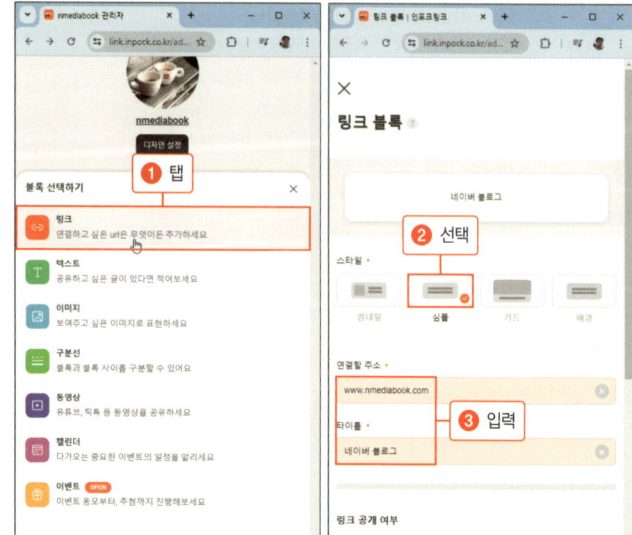

06 블록 리스트를 확인하면 네이버 블로그 항목이 활성화되어 있으며, 링크된 것을 확인할 수 있습니다.

링크 항목을 추가하기 위해 '+' 아이콘을 탭합니다. 이번에는 유튜브 채널 주소를 입력한 다음 타이틀을 입력하고 〈추가 완료〉 버튼을 탭합니다.

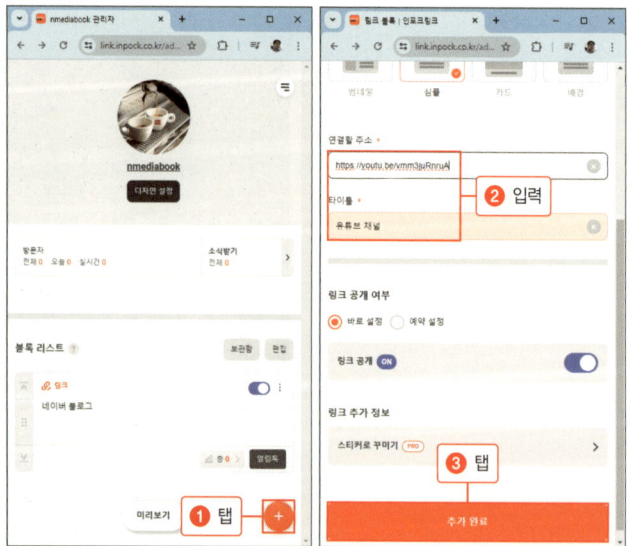

07 블록 리스트에 유튜브 채널과 네이버 블로그 리스트가 나타납니다. 〈미리보기〉 버튼을 탭하면 하나의 주소에 여러 개의 링크가 설정된 것을 확인할 수 있습니다.

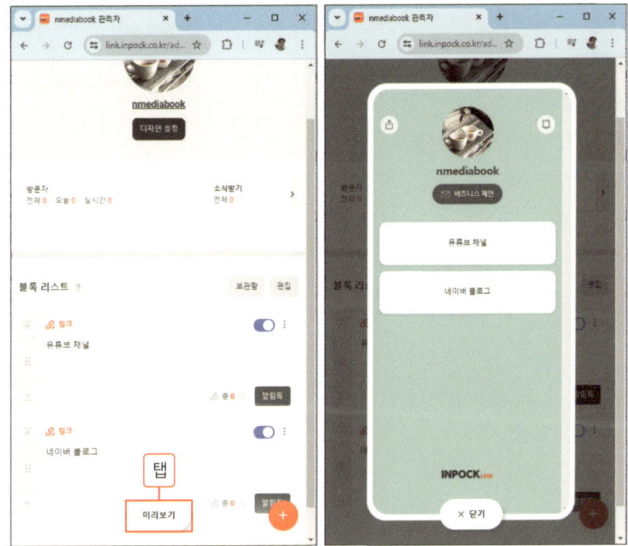

08 멀티링크를 인스타그램 프로필에 적용하기 위해 프로필 화면에서 〈프로필 편집〉 버튼을 탭합니다. 링크를 수정하기 위해 [링크]를 탭합니다.

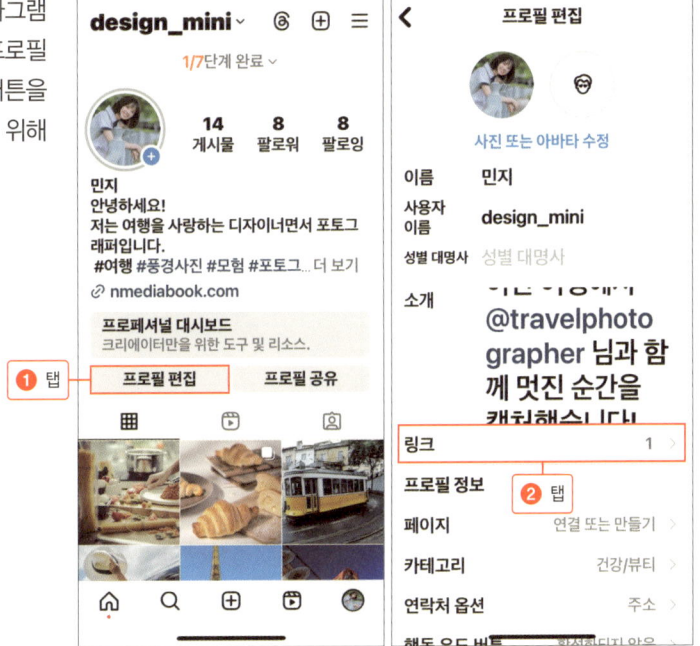

09 링크 수정 화면이 표시되면 URL 입력창에 멀티링크 주소를 입력한 다음 제목을 추가로 입력하고 [완료]를 탭합니다. 프로필 화면에 멀티링크가 표시되면 탭합니다.

10 멀티링크 화면이 표시되는 것을 확인할 수 있습니다. [네이버 블로그]를 탭하면 해당 블로그로 이동하는 것을 확인할 수 있습니다.

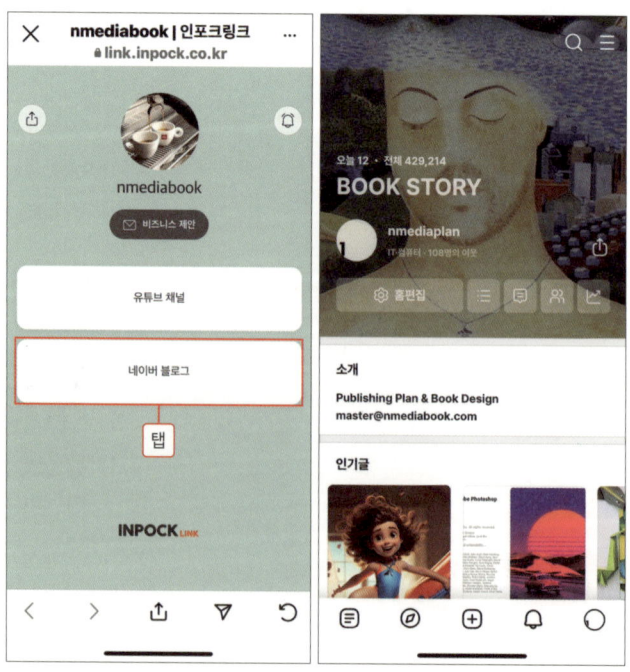

게시물을 임시 저장하려면?

SECTION 8

인스타그램의 임시 저장 기능은 매우 유용한 도구로 활용되고 있습니다. 영상 제작자나 콘텐츠 크리에이터에게는 특히 유용할 수 있으며, 더욱 계획적이고 효율적인 콘텐츠 관리를 가능하게 합니다. 게시물을 임시 저장 방법에 대해 알아봅니다.

임시 저장 기능을 활용하면 게시물을 바로 공개하기 전에 내용을 다시 검토하고 수정할 수 있어 유용합니다. 문법 오류, 오타, 사진과 동영상의 퀄리티를 점검하거나 수정하는 데 도움이 됩니다. 또한, 팔로워들의 활동이 가장 활발한 시간을 기다리며 게시물을 미리 작성하고 임시 저장할 수도 있습니다. 게시물을 게시하기 가장 적합한 시간은 타깃 사용자와 지역에 따라 달라질 수 있지만, 일반적인 통계와 연구에 따르면 평일 오전 9~11시, 점심시간인 12~1시, 오후 7~9시, 주말 오전 0시, 오후 2시가 가장 활발한 시간대로 알려져 있습니다. 이를 고려하면 더 많은 참여와 반응을 끌어낼 수 있습니다.

01 새 게시물을 만들기 위해 최근 항목에서 게시할 이미지를 선택합니다.
사진 필터를 적용한 후 〈다음〉 버튼을 탭합니다.

02 문구 화면에서 게시물을 소개하는 문구를 입력한 다음 [확인]을 탭합니다.
이 상태에서 임시 저장하기 위해 '<(이전)' 아이콘을 탭합니다.

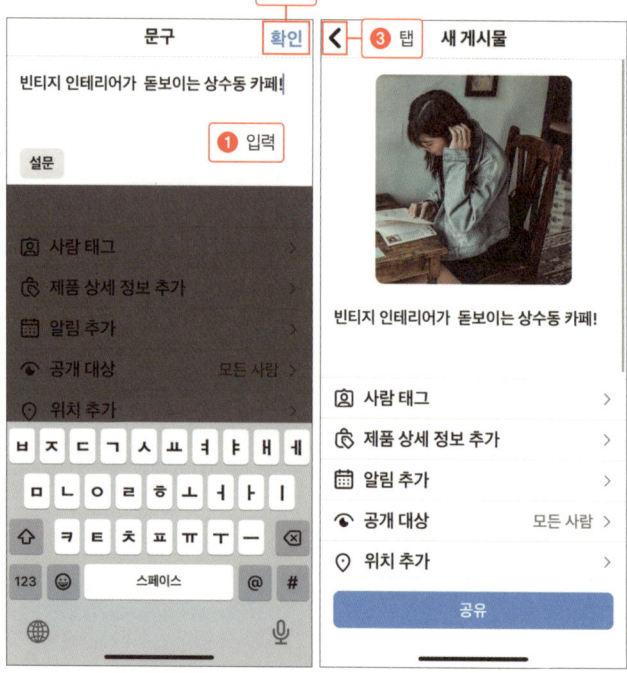

03 화면 왼쪽 상단의 'X(닫기)' 아이콘을 탭하면 표시되는 메뉴에서 [임지 저장]을 탭합니다.
새 게시물을 만들기 위해 임시 저장본을 탭한 다음 임시로 저장된 게시물을 선택하고 [다음]을 탭합니다. 이전에 작성한 게시물을 확인할 수 있습니다.

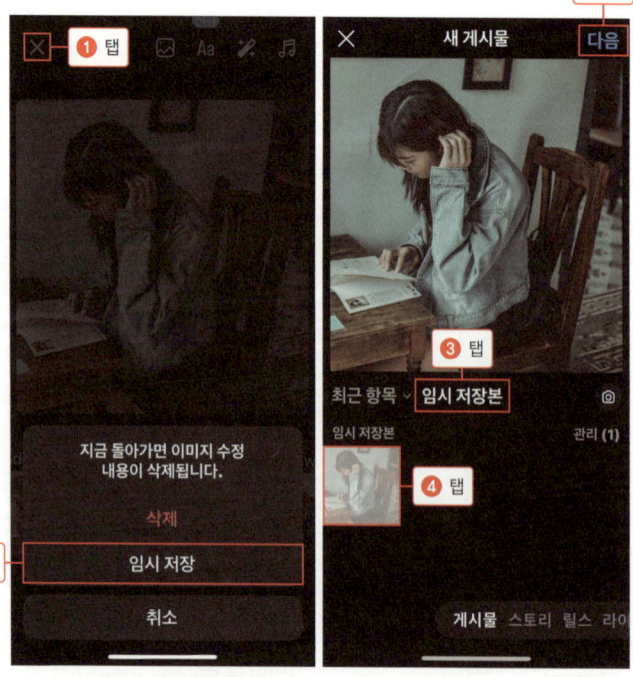

공개하고 싶지 않은 게시물을 보관함에 보관하려면?

특정 게시물이 공개되길 원하지 않거나 일시적으로 감추고 싶을 때 계정을 비공개로 전환하지 않고도 해당 게시물만 숨길 수 있습니다. 공개하고 싶지 않은 게시물을 보관함에 보관해 숨기는 방법에 대하여 알아봅니다.

　특정 게시물이 피드의 전체적인 분위기나 주제와 맞지 않을 때 보관 기능을 사용해 피드에서 제거할 수 있습니다. 개인적으로 소중한 게시물이지만 다른 사람들에게 공개하고 싶지 않을 때 해당 게시물을 보관하면 본인만 볼 수 있습니다.

01 게시물을 보관함에 저장하기 위해 게시물 화면에서 '옵션(…)' 아이콘을 탭한 다음 [보관]을 탭합니다.

> 게시물에 문제가 있거나 수정이 필요한 경우 보관 후 수정된 내용을 반영하여 다시 게시할 수 있습니다.

9 · 공개하고 싶지 않은 게시물을 보관함에 보관하려면?

02 보관된 게시물을 다시 피드에 올리기 위해서는 게시물 보관 화면에서 피드에 올릴 게시물을 선택합니다.

게시물 화면에서 '옵션(…)' 아이콘을 탭합니다.

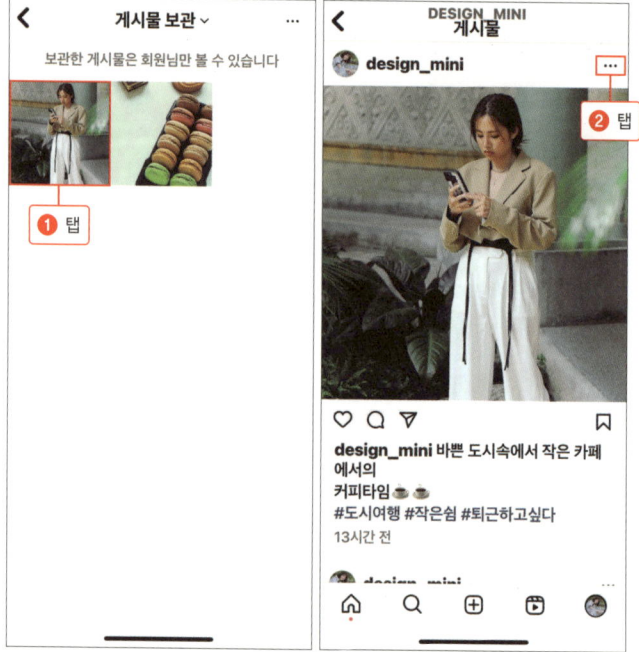

03 메뉴가 표시되면 [프로필에 표시]를 탭해 피드에 보관함에 보관된 게시물을 게시합니다.

 효율적인 보관함 관리법

보관함에 저장한 게시물을 주제별로 나누면 더 쉽게 찾을 수 있습니다. 예를 들어, 여행, 패션, 음식, 운동 등으로 폴더를 만들어 저장하면 나중에 관련 아이디어를 찾을 때 유용합니다. 또한, 다른 사람과 공유할 때도 보관함을 활용할 수 있습니다. 예를 들어, 친구와 여행 계획을 세운다면 여행 관련 게시물을 보관함에 저장하고 서로 공유하는 방식으로 유용하게 사용할 수 있습니다.

인스타그램에 동영상을 한번에 올리려면?

SECTION 10

동영상은 사진보다 더 다채로운 이야기 전달 수단입니다. 움직이는 이미지와 사운드를 활용해 더 생동감 있고 감동적인 이야기를 전할 수 있습니다. 인스타그램에 동영상을 올리는 방법에 대해 알아보겠습니다.

   동영상은 인스타그램에서 더 많은 관심을 끌 수 있는 콘텐츠 형식 중 하나입니다. 흥미로운 동영상을 공유하면 새로운 팔로워를 확보하고 기존 팔로워들의 관심을 유지할 수 있습니다. 또한, 소셜 미디어 마케팅에서 매우 효과적인 도구로 많은 사람이 동영상을 공유하고 홍보함으로써 제품이나 브랜드의 인지도를 높일 수 있습니다.

01 | 새 게시물을 작성하기 위해 '+' 아이콘을 탭합니다.
새 게시물 화면이 표시되면 동영상을 선택하기 위해 [최근 항목]을 탭합니다.

10 · 인스타그램에 동영상을 한번에 올리려면?   **129**

02 [비디오]를 탭한 다음 인스타그램에 올리려는 영상을 선택합니다.
영상 미리 보기 화면이 표시되면 '→(다음)' 아이콘을 탭합니다.

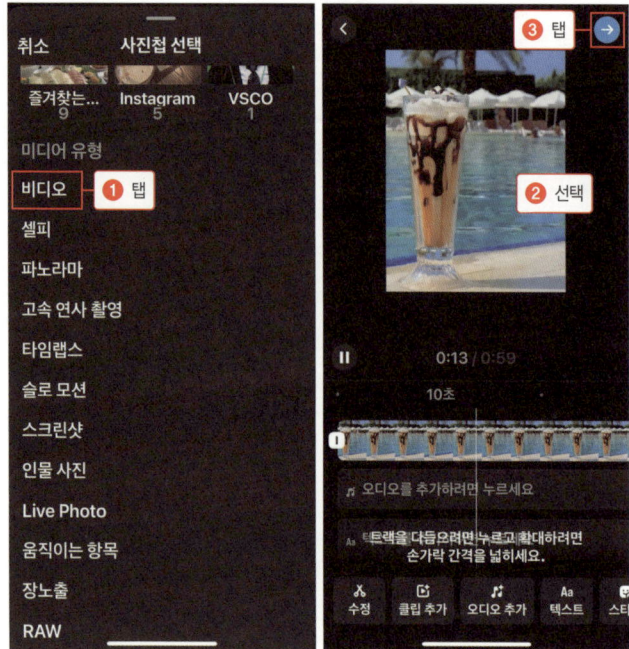

03 게시물 문구를 입력한 다음 〈공유〉 버튼을 탭합니다. 선택한 영상 게시물이 게시된 것을 확인할 수 있습니다.

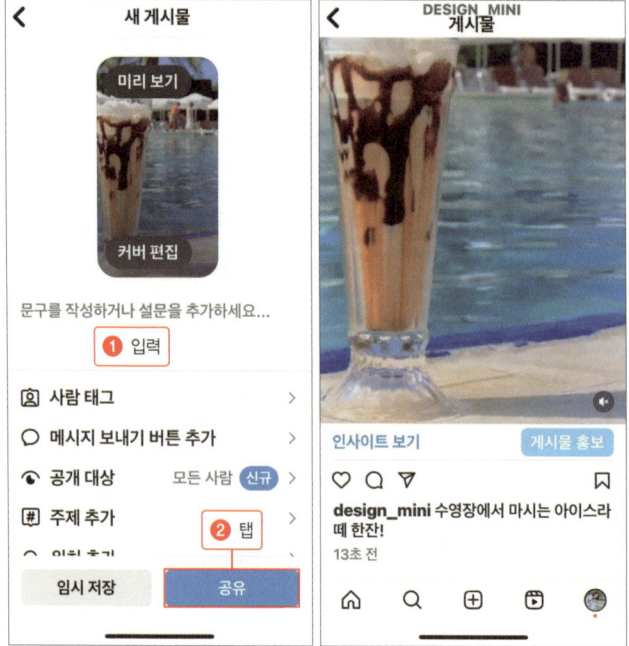

SECTION 11
팔로잉과 팔로워로 친구를 만들거나 해제하려면?

팔로잉을 통해 관심 있는 사람들을 찾아 연결하고, 나를 팔로워로 추가한 새로운 사람들과 관계를 형성할 수 있습니다. 친구, 가족, 동료뿐만 아니라 새로운 사람들과의 관계를 통하여 사회적 네트워크를 확장할 수 있는 기회를 제공합니다. 팔로잉과 팔로워를 추가하거나 해제하는 방법에 대해 알아봅니다.

팔로워들에게 자신의 콘텐츠를 공유하고, 팔로잉한 사용자들의 콘텐츠를 발견하여 즐길 수 있습니다. 이는 관심사를 공유하거나 새로운 아이디어를 얻기 위해 팔로워와 소통하거나 다양한 콘텐츠를 발견하는 데 도움이 됩니다. 또한, 팔로워들을 통해 개인적인 브랜드나 비즈니스를 홍보할 수 있습니다. 인스타그램은 마케팅과 브랜딩을 위한 강력한 도구로 활용될 수 있습니다.

01 친구로 추가하려는 인스타그램 사용자의 프로필 하단에서 〈팔로우〉 버튼을 탭합니다.

> 바로 내 친구로 추가되며, 상대방은 팔로워 수가 증가하며, 내 프로필에는 팔로잉 수가 증가합니다.

02 상대방이 나를 먼저 친구로 추가한 경우, 상대방의 프로필 하단에는 〈맞팔로우〉 버튼이 표시됩니다. 서로 친구를 맺기 위해 〈맞팔로우〉 버튼을 탭합니다.

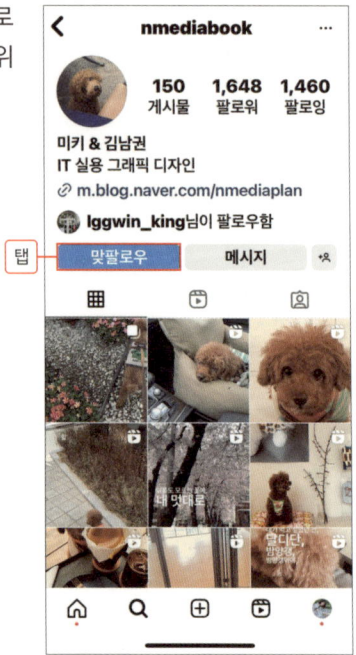

03 팔로워나 팔로잉은 삭제할 수 있습니다. 프로필 하단의 팔로워나 팔로잉을 탭한 다음 삭제하려는 친구의 〈삭제〉 버튼을 탭합니다.
'팔로워를 삭제하겠어요?'라는 메시지 대화상자가 표시되면 [삭제]를 탭합니다.

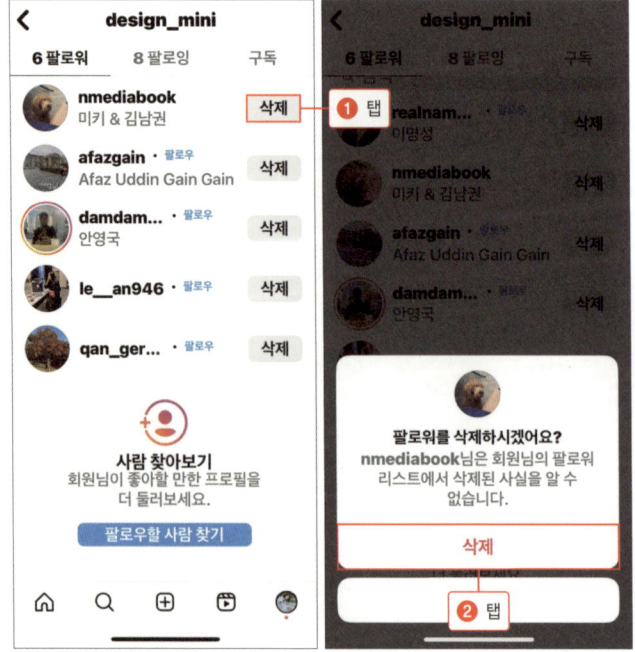

인스타그램에서
친구 검색과 초대하려면?

인스타그램은 사용자들이 자신의 콘텐츠를 공유하고 다른 사람들과 소통하는 플랫폼입니다. 친구를 검색하고 초대하면 그들이 당신의 콘텐츠를 볼 수 있고, 당신도 그들의 콘텐츠를 볼 수 있습니다. 인스타그램에서 친구를 검색하고 초대하는 방법에 대해 알아봅니다.

　인스타그램은 소셜 네트워크로, 다른 사용자들과 연결되는 것이 핵심입니다. 친구를 검색하고 초대하면 더 많은 사람들과 연결할 수 있으며, 이를 통해 해당 사용자들과 더 쉽게 소통할 수 있습니다. 인스타그램의 메시지 기능을 사용해 친구들과 사진, 비디오, 메시지를 공유할 수 있습니다. 친구를 검색하고 초대함으로써 개인적 및 전문적인 네트워크를 확장할 수 있습니다. 인스타그램은 비즈니스와 개인적인 목적으로 네트워킹할 수 있는 효과적인 도구입니다.

01 친구를 검색하기 위해 '돋보기' 아이콘을 탭합니다. 입력창에 검색하려는 친구나 브랜드 단체 이름을 입력하고 〈검색〉 버튼을 탭합니다. 검색 항목에서 팔로우할 친구를 탭합니다.

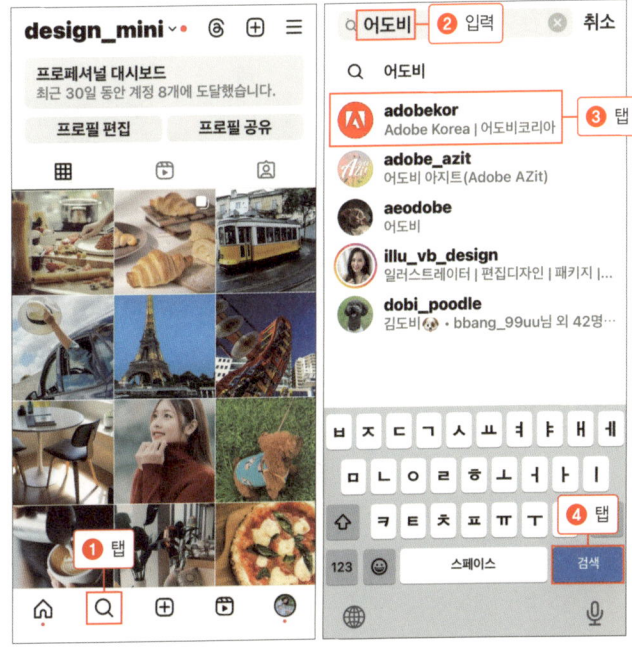

02 선택한 친구나 브랜드 게시물이 표시되면 팔로우하기 위해 〈팔로우〉 버튼을 탭합니다.

03 친구를 초대하기 위해 프로필 화면에서 '설정(≡)' 아이콘을 탭합니다.
설정 및 활동 화면이 표시되면 [친구 팔로우 및 초대]를 선택합니다.

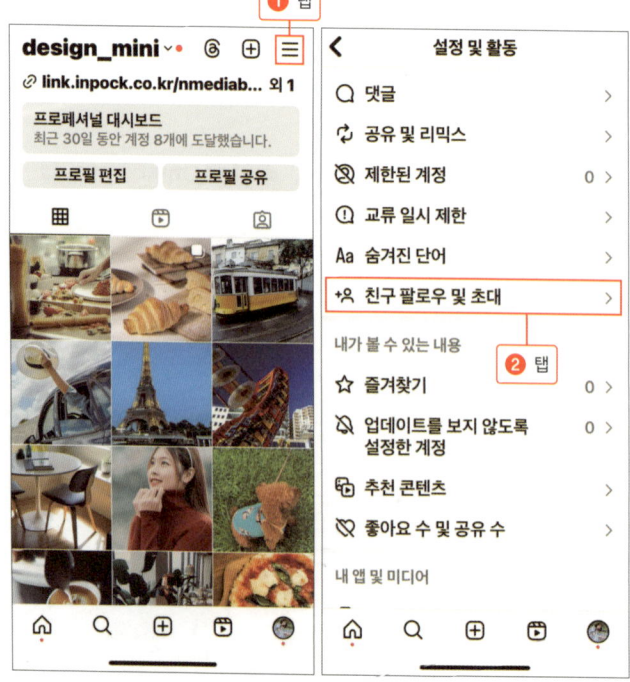

04 팔로우 및 연락처 화면이 표시되면 SMS나 이메일로 친구 초대 방법을 선택합니다. 여기서는 [SMS로 친구 초대]를 탭합니다.

새로운 Message 화면에 초대 문자와 링크가 표시되면 받는 사람을 입력하고 '보내기' 아이콘을 탭합니다.

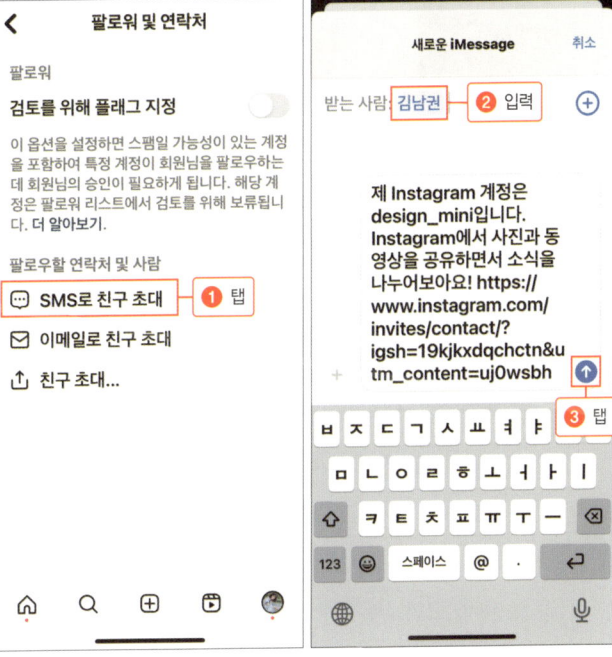

05 초대하려는 사람의 휴대폰으로 초대 문자가 전송됩니다. 해당 문자를 탭하면 내 인스타그램 게시물로 이동하는 것을 확인할 수 있습니다.

영상 편집부터 배경 음악이 있는 릴스 영상을 만들려면?

짧고 시각적으로 매력적인 릴스는 사용자가 쉽게 소비할 수 있어 높은 시청 지속 시간을 유도합니다. 릴스 동영상을 편집하여 만드는 방법에 대해 알아봅니다.

릴스는 짧고 창의적인 동영상 콘텐츠로, 많은 사용자의 관심을 끌고 소셜 미디어에서 빠르게 확산되기 때문에 마케팅, 브랜딩, 그리고 개인적 표현의 중요한 도구가 됩니다. 제품, 서비스, 이벤트 등을 짧고 임팩트 있게 홍보할 수 있으며, 최신 트렌드나 챌린지를 활용해 브랜드와 관련된 릴스를 제작하면 젊은 층의 관심을 끌 수 있습니다.

인스타그램의 알고리즘은 릴스를 다른 유형의 콘텐츠보다 더 많이 추천하고 노출하며, 특히 인기 있는 릴스는 탐색 탭에 노출될 확률이 높아져 더 많은 사용자에게 도달할 수 있습니다. 또한, 릴스는 인스타그램뿐만 아니라 페이스북 등 다른 플랫폼과도 연동되어 콘텐츠 확산 범위를 넓힐 수 있습니다.

 성공적인 릴스를 만들기 위한 팁

인스타그램 릴스는 단순한 동영상 공유를 넘어서 마케팅 및 브랜딩 전략의 핵심적인 요소로 자리 잡고 있으며, 이는 개인 및 비즈니스가 다양한 목적을 위해 적극 활용할 수 있는 강력한 도구입니다.

1. **짧고 간결하게**: 최대한 짧고 집중적인 메시지를 전달해야 합니다.
2. **시각적 효과 활용**: 눈에 띄는 그래픽, 필터, 효과 등을 사용해 시각적으로 매력적인 콘텐츠를 만듭니다.
3. **음악과 사운드**: 트렌디한 음악이나 음향 효과를 활용해 감성적으로 연결될 수 있도록 합니다.
4. **트렌드 분석**: 현재 인기 있는 트렌드와 챌린지를 분석하고 적절하게 반영합니다.
5. **해시태그**: 관련성 높은 해시태그를 활용해 검색성과 노출성을 높입니다.

01 릴스 영상을 만들기 위해 '+' 아이콘을 탭합니다.
새 게시물 화면이 표시되면 화면 하단에서 [릴스]를 선택합니다.

02 새 릴스 화면이 표시되면 릴스에 사용할 영상을 선택하고 〈다음〉 버튼을 탭합니다.
하단에 영상 클립이 표시되면 클립의 오른쪽 끝부분을 왼쪽으로 드래그해 영상 길이를 줄입니다. 예제에서는 13초 영상을 9초 정도로 줄였습니다. 〈다음〉 버튼을 탭합니다.

03 영상을 추가하기 위해 [클립 추가]를 탭합니다.
릴스에 추가 화면에서 추가하려는 영상을 선택합니다.

04 추가할 영상이 표시됩니다. 예제에서는 영상 클립의 오른쪽 끝부분을 왼쪽으로 드래그하여 10초 영상을 8초 영상으로 줄인 후 〈다음〉 버튼을 탭합니다.

05 두 개의 영상이 연결된 경계선에 위치한 '화면 전환' 아이콘을 탭합니다.
화면 전환 효과를 선택합니다. 예제에서는 [흐리게]를 선택한 다음 〈완료〉 버튼을 탭합니다.

06 배경 음악을 추가하기 위해 [오디오 추가]를 탭합니다. 영상에 맞는 키워드나 원하는 음악의 제목을 입력하고 〈검색〉 버튼을 탭합니다.

07 | 하단의 음악 구간을 좌우로 드래그하여 원하는 음악 구간을 선택한 다음 가사가 표시되는 옵션을 선택합니다. 예제에서는 가사가 강약으로 화면에 표시되도록 'Aa' 아이콘을 탭한 다음 [완료]를 탭합니다.
미리 보기 화면에서 가사를 선택한 후 드래그하여 원하는 위치로 이동시키고 〈다음〉 버튼을 탭합니다.

08 | 새 릴스 화면에서 릴스 게시물을 소개하는 문장을 입력하고 〈다음〉 버튼을 탭합니다.
릴스 화면에서 영상이 재생되는 것을 확인할 수 있습니다.

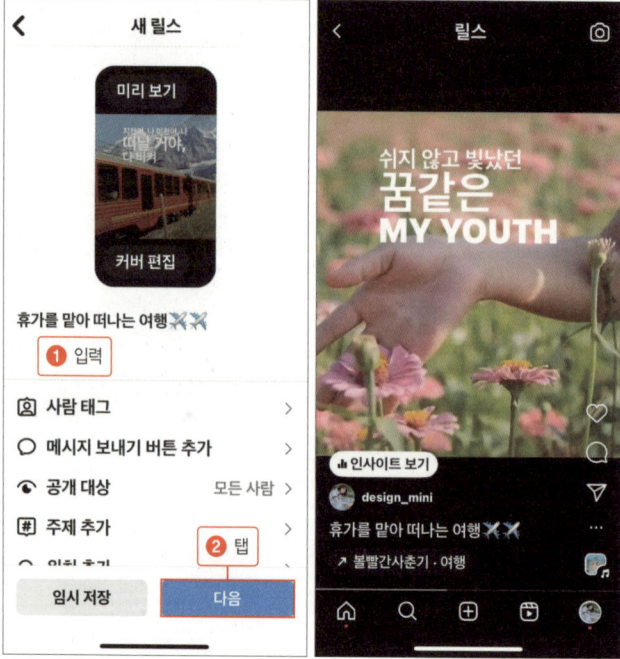

여러 개의 사진이나 영상을 한번에 릴스 영상으로 만들려면?

여러 사진이나 영상을 결합해 하나의 테마나 이야기를 전달할 수 있습니다. 이는 브랜드나 개인의 스토리텔링에 유리하며, 관람자에게 더 깊이 있는 경험을 제공할 수 있습니다. 이제 여러 개의 사진이나 영상을 한번에 릴스 영상으로 만드는 방법에 대해 알아봅니다.

릴스는 다양한 사진이나 영상 클립을 짧고 빠르게 연결하여 시청자의 주의를 끌고, 다채로운 시각적 요소를 제공합니다. 이는 특히 SNS(소셜 네트워크 서비스) 플랫폼에서 빠르게 화제가 될 수 있습니다. 여러 사진이나 영상을 하나로 통합하면 단일한 테마나 이야기를 효과적으로 전달할 수 있으며, 단순히 사진을 공유하는 것 이상의 메시지나 의미를 강조하는 데 도움이 됩니다.

릴스는 짧은 영상 콘텐츠를 통해 시청자에게 강렬한 인상을 남길 수 있는 매우 효과적인 도구입니다. 다양한 사진이나 영상 클립을 빠르게 연결하는 형식으로 구성되어 시청자의 관심을 즉각적으로 끌어냅니다. 특히 SNS 플랫폼에서 릴스는 그 특성상 빠르게 확산될 수 있어 트렌디한 콘텐츠로 주목받을 가능성이 큽니다.

릴스의 가장 큰 특징은 다양한 시각적 요소를 활용해 더욱 다채로운 콘텐츠를 만들어낼 수 있다는 점입니다. 여러 사진이나 영상 클립을 하나의 짧은 영상으로 연결하여 다양한 메시지를 동시에 전달하거나 시각적으로 흥미를 자극할 수 있습니다. 예를 들어, 하나의 테마나 스토리라인을 중심으로 여러 이미지를 나열하거나 장면 전환을 통해 흥미로운 이야기를 구성할 수 있습니다. 이렇게 구성된 콘텐츠는 단순한 사진이나 텍스트로는 전달하기 어려운 동적이고 몰입감 있는 메시지를 효과적으로 전달하는 데 유용합니다.

01 릴스 영상을 만들기 위해 '+' 아이콘을 탭합니다.
새 게시물 화면이 표시되면 화면 하단에서 [릴스]를 선택합니다.

02 여러 개의 사진을 하나의 영상으로 만들기 위해 여러 개의 사진을 순서대로 선택합니다. 사진에 번호가 나타나면 〈다음〉 버튼을 탭합니다.
선택한 순서대로 영상이 자동으로 연결되어 표시되는 것을 확인할 수 있습니다.

03 문자를 입력하기 위해 [텍스트]를 탭합니다.

문자를 입력하고 크기를 조정하기 위해 문자 슬라이더를 드래그하여 크기를 조정합니다. 원하는 문자 모양을 지정하기 위해 '폰트' 아이콘을 탭합니다.

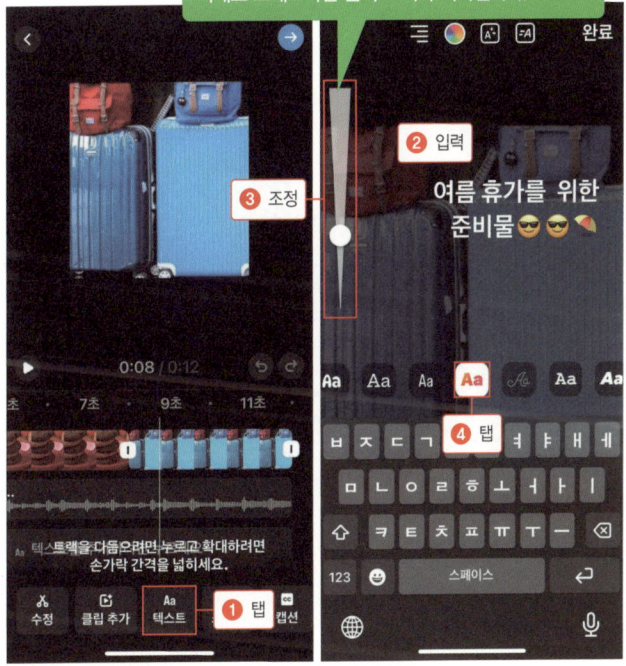

04 문자의 크기와 형태가 조정되면 입력된 문자를 드래그해 원하는 위치로 이동합니다.

05 | 여러 개의 사진이 연결된 클립의 원하는 시점에 문자 클립이 표시되도록 문자 클립의 양쪽 끝부분을 드래그하여 길이를 조정합니다. '→(다음)' 아이콘을 탭합니다.

> 문자 클립의 왼쪽 끝부분은 문자가 표시되는 시작점, 오른쪽 끝부분은 문자가 표시되는 끝점에 위치시킵니다.

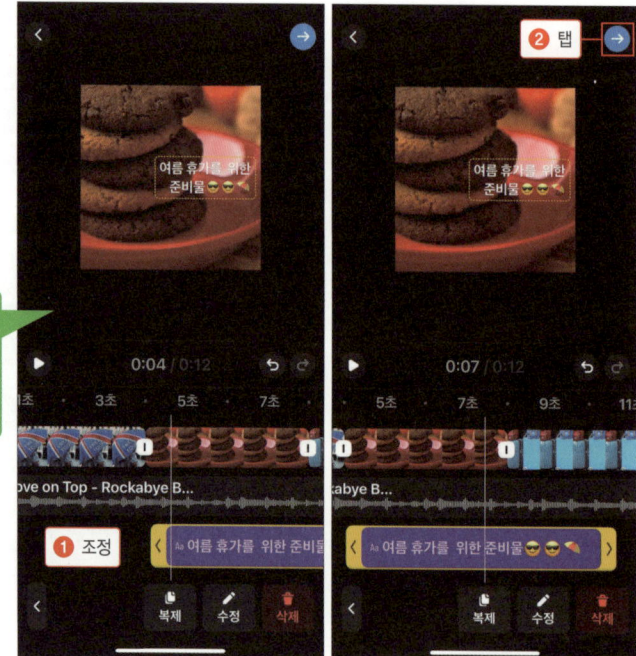

06 | 게시물 문구를 입력한 다음 [확인]을 탭하여 릴스 영상을 완성합니다.
릴스 영상이 그림과 같이 재생되는 것을 확인할 수 있습니다.

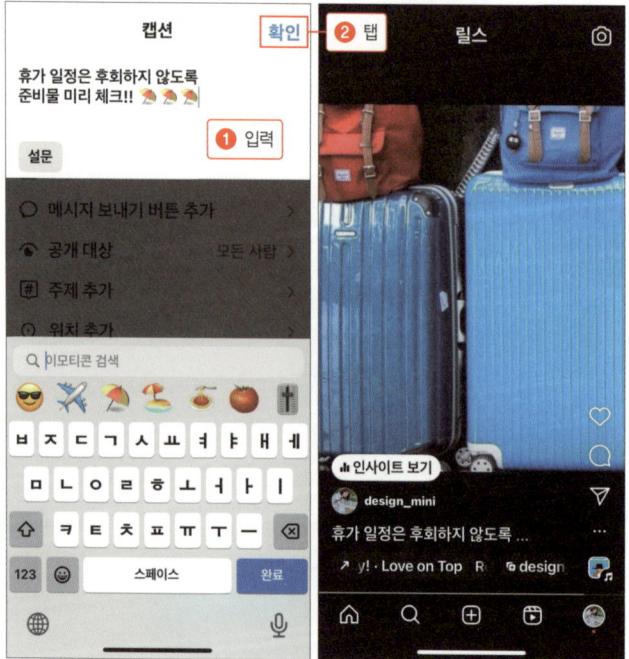

사진과 영상이 없어도
AI 기능으로
콘텐츠 영상을 만들려면?

캔바는 이미지나 영상을 직접 촬영하거나 복잡한 디자인 작업을 할 필요 없이, 누구나 쉽고 빠르게 다양한 디자인을 만들 수 있는 온라인 플랫폼입니다. 캔바에서는 사용자가 디자인 작업을 시작할 때 필요한 다양한 이미지, 아이콘, 일러스트, 배경, 영상 등을 제공하여 별도의 촬영이나 복잡한 소스 준비 없이도 손쉽게 고퀄리티 콘텐츠를 제작할 수 있습니다.

    캔바(Canva)는 인스타그램, 페이스북, 유튜브 등 다양한 소셜 미디어에 적합한 템플릿을 제공하여 원하는 플랫폼에 맞는 크기와 포맷으로 디자인을 자동으로 조정합니다. 인스타그램에 올릴 영상을 제작할 때도 캔바는 미리 디자인된 다양한 타이틀, 애니메이션 효과, 전환 효과 등을 제공해 영상에 특별한 느낌을 추가할 수 있습니다. 또한, 드래그 앤 드롭 방식으로 요소들을 쉽게 배치하고 수정할 수 있어 디자인 경험이 없는 사람도 직관적으로 사용할 수 있습니다.

    캔바의 강력한 기능 중 하나는 텍스트 디자인입니다. 이미 세련되게 디자인된 타이틀과 텍스트 스타일을 선택해 빠르게 텍스트를 추가하고, 다양한 폰트와 색상 옵션을 활용하여 콘텐츠에 맞는 분위기를 연출할 수 있습니다. 또한, 캔바에서 제공하는 영상 편집 도구를 이용하면 템플릿을 기반으로 영상을 자르고, 클립을 붙이거나, 음악과 자막을 추가하는 등 손쉽게 전문가 수준의 영상을 제작할 수 있습니다.

    디자인 작업이 끝난 후 캔바는 바로 인스타그램에 올릴 수 있는 고화질의 이미지나 영상을 다운로드하거나 직접 소셜 미디어에 게시할 수 있는 기능도 제공합니다. 이렇게 캔바는 다양한 디자인 요소와 직관적인 편집 도구를 결합하여 누구나 빠르고 쉽게 창의적인 콘텐츠를 제작할 수 있도록 도와줍니다. 디자인에 대한 전문적인 지식이나 복잡한 도구 없이도 멋진 디자인을 완성할 수 있어 특히 소셜 미디어 콘텐츠 제작에 매우 유용한 도구입니다.

01 | 웹 브라우저에 'canva.com'을 입력하여 캔바 사이트로 이동합니다. 캔바를 처음 사용한다면 〈로그인〉 버튼을 클릭합니다.

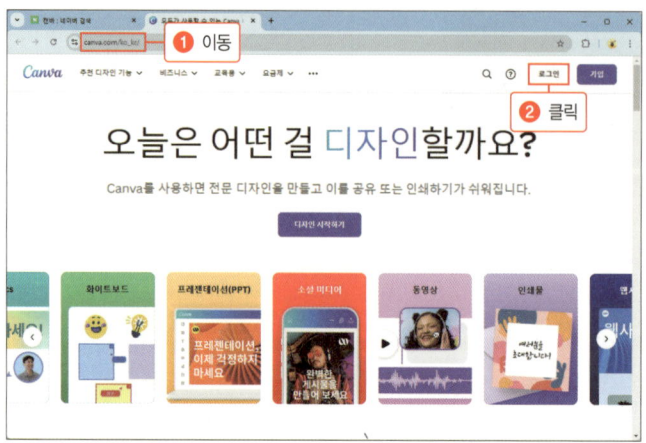

02 | Canva 이용 약관 화면이 표시되면 '다음 모든 항목에 동의합니다.'에 체크 표시하고 〈동의 및 계속하기〉 버튼을 클릭하여 이용 약관을 동의합니다.

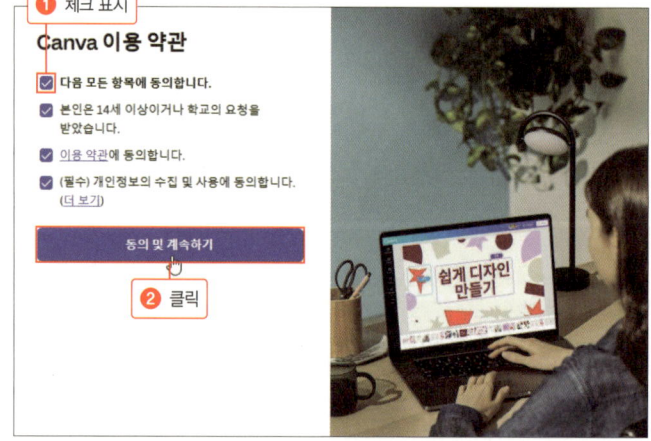

03 | 간편 로그인 또는 회원 가입을 위해 사용 방법을 선택합니다. 예제에서는 구글을 통해 로그인하기 위해 〈Google로 계속하기〉 버튼을 클릭한 다음 사용하려는 구글 계정에 연결합니다.

 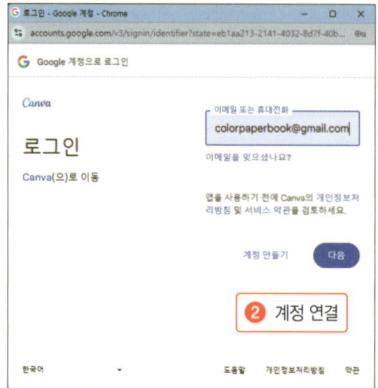

04 만들 항목을 선택하는 메뉴에서 [동영상 모두 보기]를 선택합니다.

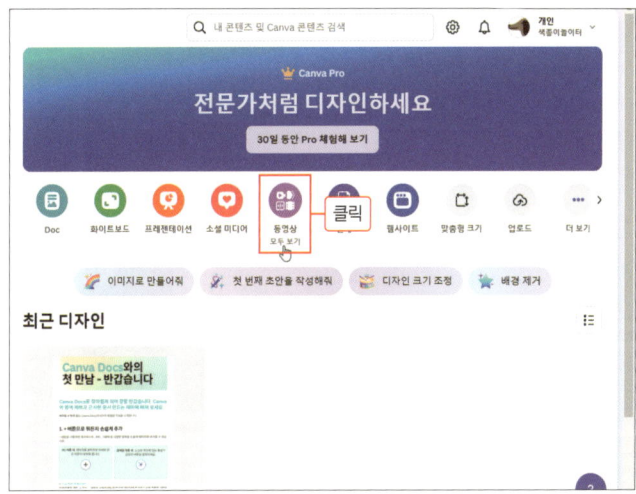

05 인스타그램 릴스 영상을 제작하기 위해 [Instagram Reels]를 선택합니다.

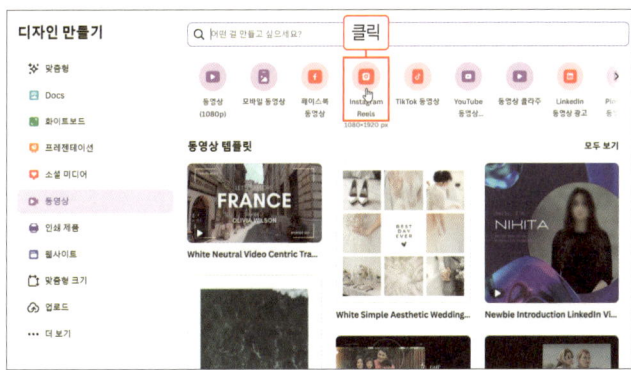

06 [디자인] 메뉴에서 템플릿을 선택합니다. 영상 템플릿이 왼쪽 화면에 표시되면 원하는 템플릿을 선택합니다.

07 검색창에 '요가'를 입력해 관련 영상을 검색한 다음 타이틀이 있는 요가 영상을 선택합니다.

08 템플릿을 선택하면 오른쪽 작업 영역에 템플릿이 나타납니다. 템플릿 화면에서 수정하려는 문자 타이틀을 클릭하면 문자 상자가 활성화됩니다.

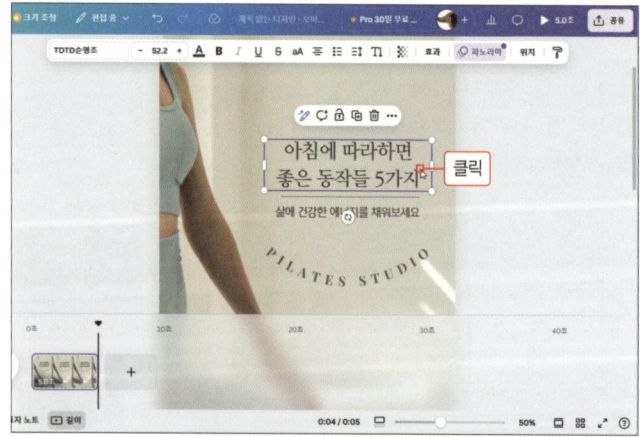

09 기존 템플릿 타이틀을 삭제한 다음 생성하려는 콘텐츠에 맞게 타이틀을 입력합니다. 기존 타이틀의 문자 크기와 형태에 맞게 입력됩니다.

10 영상을 추가하기 위해 화면 하단의 타임라인에 위치한 [페이지 추가]를 클릭합니다.

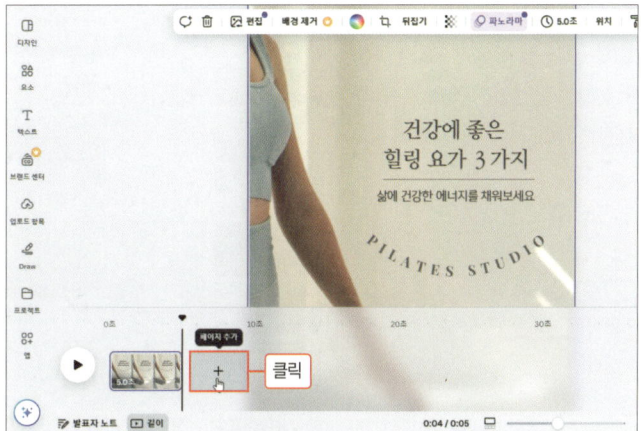

11 [요소] 메뉴에서 검색창에 '요가'를 입력하고 [동영상]을 클릭한 다음 추가하려는 영상을 선택합니다.

12 추가하려는 영상을 선택하면 오른쪽 작업 화면에 해당 영상이 나타납니다. 화면 하단의 타임라인에도 영상 페이지가 나타나는 것을 확인할 수 있습니다.

13 작업 영역에서 영상의 모서리 조절점을 드래그하여 인스타그램 화면 영역에 맞춰 확장합니다.

14 타이틀을 추가하기 위해 [텍스트] 메뉴를 클릭한 다음 왼쪽에 표시되는 문자 디자인 스타일을 선택합니다. 메인 타이틀과 서브 타이틀을 입력할 수 있는 문자 디자인을 선택한 다음 문자 상자의 조절점을 드래그하여 확대합니다.

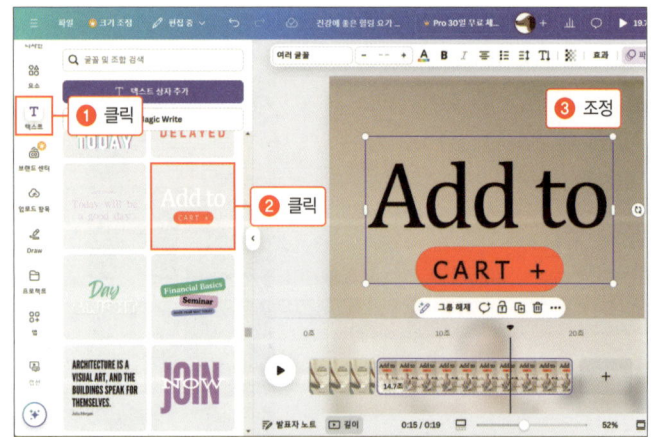

15 원하는 문자를 입력하여 문자 타이틀을 변경합니다. 서브 타이틀도 삭제한 다음 원하는 문자를 입력합니다.

변경된 타이틀은 문자 크기와 형태를 유지하면서 변경됩니다.

16 영상의 길이를 조정하기 위해 화면 하단의 타임라인에 추가된 영상 클립에서 오른쪽 부분을 왼쪽으로 드래그하여 영상 길이를 조정합니다. 예제에서는 5초 분량으로 영상 길이를 줄였습니다.

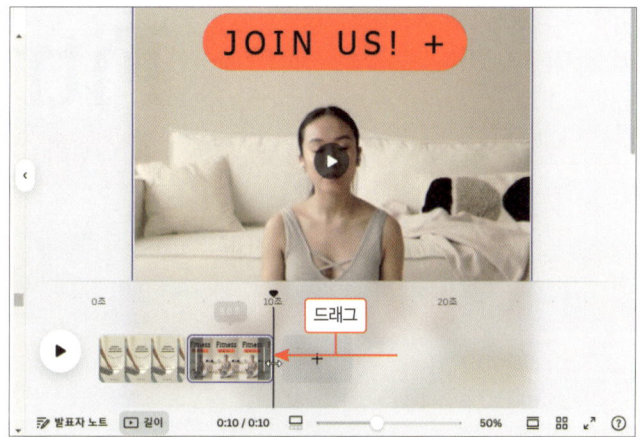

17 만든 영상을 저장하기 위해 〈공유〉 버튼을 클릭한 다음 영상 공유 방법을 선택합니다. 예제에서는 내 PC에 다운로드하기 위해 [다운로드]를 클릭합니다.

18 파일 형식이 MP4로 지정된 상태에서 페이지 선택을 '모든 페이지'로 선택한 후 〈완료〉 버튼을 클릭합니다.

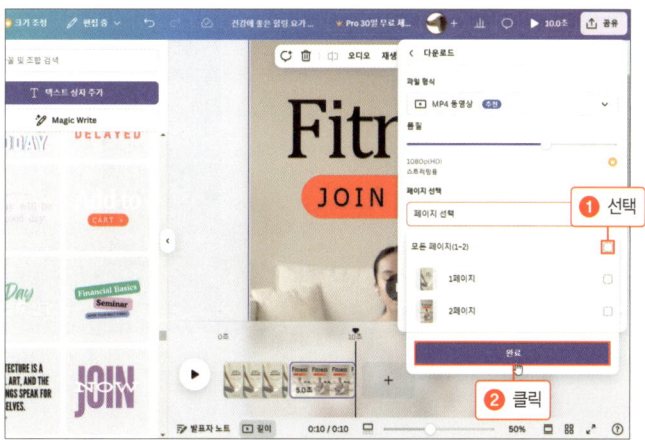

19 영상이 생성되면 내 PC에 MP4 파일로 다운로드 됩니다.

20 다운로드된 영상을 재생하면 인스타그램 영상 비율로 타이틀을 입력한 동영상이 재생되는 것을 확인할 수 있습니다.

인물 사진으로 AI 음성을 넣어 인물 영상으로 만들려면?

SECTION 16

캔바에 인물 사진을 업로드한 후 음성 대본을 작성하고 음성 합성 기능을 이용해 원하는 목소리를 선택합니다. D-ID AI 기능을 활성화하면 인물이 대본을 말하는 영상을 자동으로 생성합니다. 최종적으로 생성된 영상을 다운로드하여 다양한 형식으로 저장하고 공유할 수 있습니다.

캔바를 사용하여 인물 사진에 음성 대본을 입력하고 원하는 목소리를 선택한 후 D-ID AI 기능을 활용해 인물이 말하는 영상을 만드는 과정은 다음과 같습니다. 먼저 캔바에서 인물 사진을 준비합니다. 템플릿을 선택하거나 자신이 촬영한 인물 사진을 업로드할 수 있습니다. 사진이 준비되면 인물이 말할 내용이 담긴 음성 대본을 작성합니다. 대본은 인물이 영상에서 말할 내용이므로 간결하고 자연스럽게 작성하는 것이 중요합니다. 예를 들어, 간단한 인사나 제품 소개, 교육적 내용을 담은 대본을 작성할 수 있습니다.

대본을 준비한 후 캔바의 음성 합성 기능을 활용하여 원하는 목소리를 선택합니다. 캔바는 다양한 목소리 옵션을 제공하며, 성별, 톤, 속도 등을 조정할 수 있어 대본에 맞는 음성을 선택할 수 있습니다. 선택한 음성을 D-ID AI 기능과 연결하면 AI가 인물 사진을 분석하여 사진 속 인물이 대본을 말하는 영상을 자동으로 생성합니다. 생성된 영상은 캔바에서 미리 보기 및 수정을 할 수 있으며, 필요에 따라 음성이나 목소리 등을 조정할 수 있습니다.

수정이 완료되면 최종적으로 영상을 다운로드할 수 있습니다. 캔바는 다양한 형식으로 영상을 저장할 수 있어 원하는 파일 형식으로 저장한 후 다양한 플랫폼에서 공유하거나 사용할 수 있습니다. 이 과정을 통해 캔바와 D-ID AI 기술을 활용하여 인물이 말하는 영상을 손쉽게 제작할 수 있습니다.

01 | 웹 브라우저에 'canva.com'을 입력하여 캔바 사이트로 이동합니다. 디자인 만들기 메뉴에서 [동영상]을 선택한 다음 인스타그램의 릴스 영상을 제작하기 위해 [Instagram Reels]를 클릭합니다.

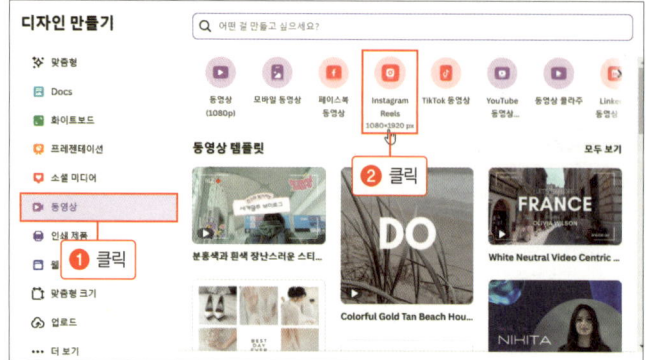

02 | AI 기능을 이용하여 음성 생성과 인물 사진을 영상으로 만들기 위해 [앱] 메뉴를 선택하고 [D-ID AI] 앱을 클릭합니다.

03 | D-ID AI 기능을 실행하기 위해 화면 하단의 〈열기〉 버튼을 클릭합니다.

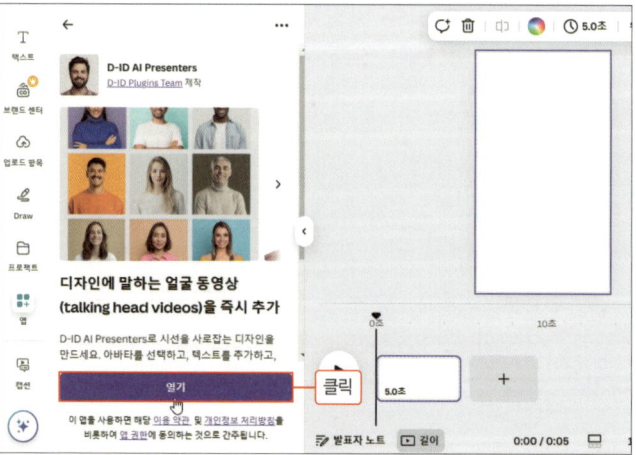

04 | D-ID AI 화면이 표시되면 음성을 생성하기 위해 텍스트 창에 오디오 대본을 입력합니다. 예제에서는 간단하게 자기 소개 문구를 입력하였습니다.

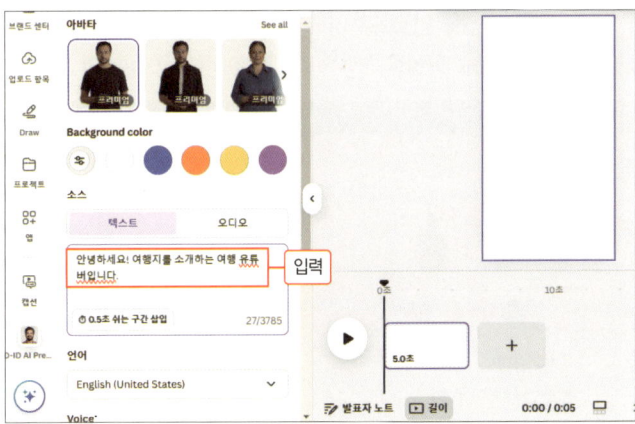

05 | 언어를 한국어로 선택하기 위해 'Korean (Korea)'로 지정합니다.

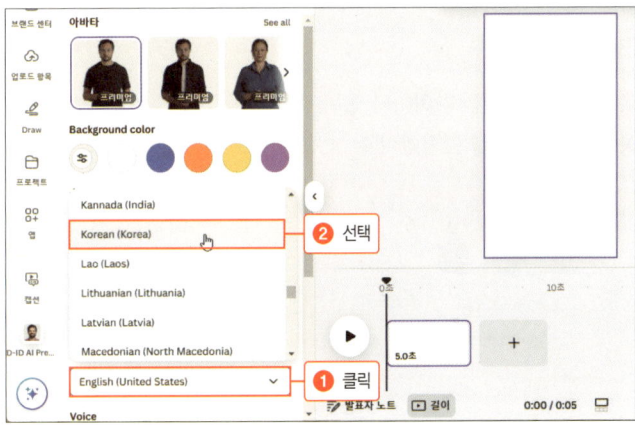

06 | 목소리를 지정하기 위해 Voice에서 남성 또는 여성의 목소리 중에서 어울리는 목소리로 지정합니다. 음성 대본과 언어, 목소리를 지정한 다음 〈로그인하여 생성〉 버튼을 클릭해 로그인 계정을 선택합니다.

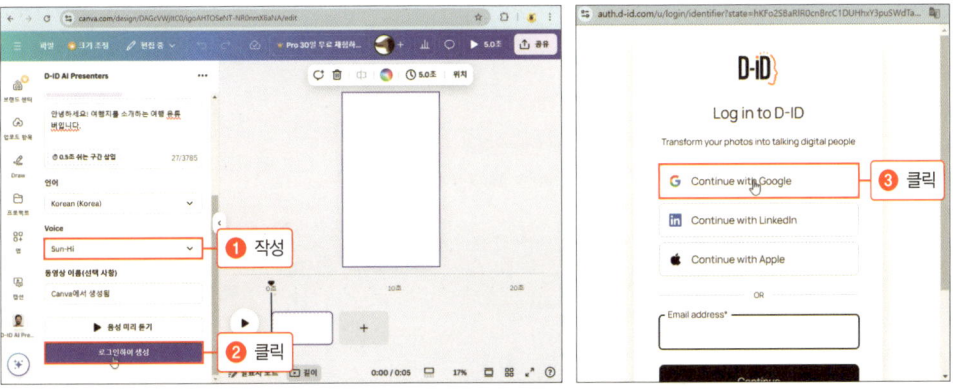

07 | 인물 사진을 업로드하기 위해 [업로드]를 클릭합니다. 열기 대화상자가 표시되면 source 폴더에서 'travel.png' 파일을 선택하고 〈열기〉 버튼을 클릭합니다.

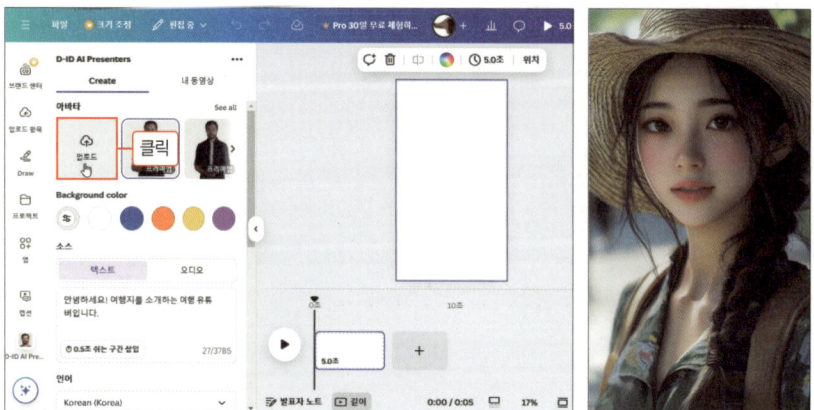

08 | 인물 사진이 아바타 항목에 추가된 것을 확인할 수 있습니다. 인물 사진까지 설정했다면 〈발표자 생성〉 버튼을 클릭합니다.

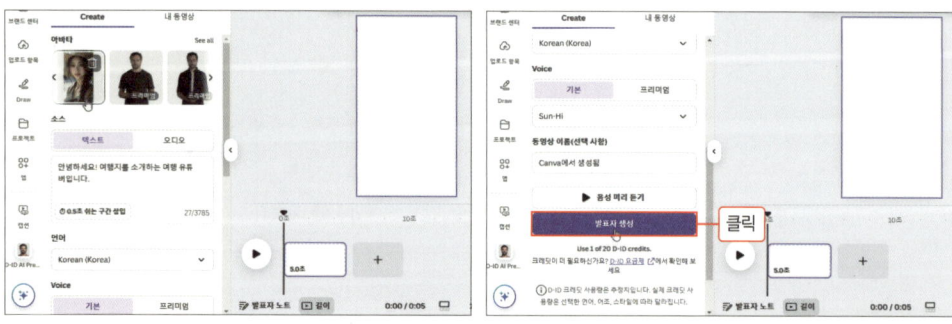

09 | 작업 화면에 동영상이 생성된 것을 확인할 수 있습니다. 동영상을 재생하여 오디오 대본대로 말하는 영상이 제대로 만들어졌는지 확인합니다.

10 영상에 문제가 없다면 만든 영상을 저장하기 위해 〈공유〉 버튼을 클릭한 다음 영상 공유 방법을 선택합니다. 예제에서는 내 PC에 다운로드하기 위하여 [다운로드]를 클릭했습니다.

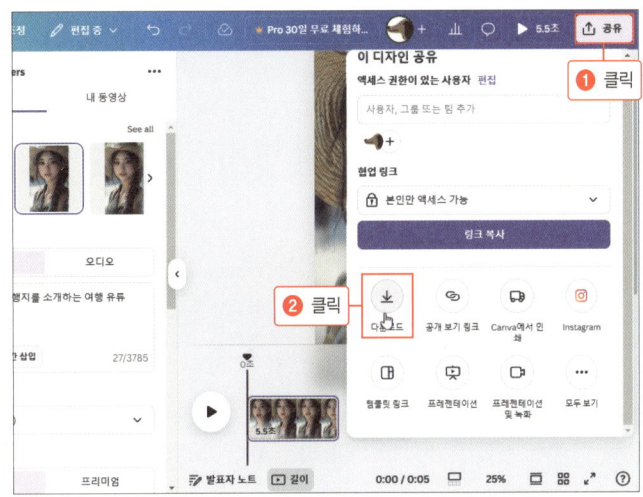

11 다운로드된 영상을 재생하면 인스타그램 영상 비율로 타이틀을 입력한 동영상이 재생되는 것을 확인할 수 있습니다.

스페셜 페이지_01

인스타그램의 참여도를 높이는
스마트폰 사진 잘 촬영하는 방법

　스마트폰으로 사진을 잘 찍는 것은 인스타그램에서 첫인상 형성, 참여도 유도, 브랜드 이미지 강화, 프로페셔널 기회 확대 등 여러 측면에서 매우 중요합니다. 특히 고품질 사진은 팔로워의 관심을 끌고 인게이지먼트를 높이며 지속적인 성장을 가능하게 만듭니다. 이러한 이유로 스마트폰 촬영 기술을 향상시키는 것은 인스타그램에서 성공을 거두는 데 필수적입니다.

1. 배경을 단순하게 촬영하라

　상품 촬영에서 배경의 선택은 제품의 시각적 전달력에 결정적인 영향을 미칩니다. 특히 단순한 배경을 활용하는 것은 제품의 주요 특성과 메시지를 더 선명하게 강조하는 중요한 전략입니다. 복잡한 배경은 시각적인 혼란을 야기할 수 있으며, 이는 고객이 제품에 집중하기 어려운 상황을 초래할 수 있습니다. 반면, 단순한 배경은 제품이 돋보일 수 있도록 도와주며, 전체적인 이미지의 집중도를 높입니다.

　예를 들어, 복잡한 패턴이나 다채로운 색상으로 가득 찬 배경은 주 피사체인 제품의 시선을 분산시키고, 소비자가 사진을 보고 제품에 대한 중요한 정보를 얻는 데 방해가 될 수 있습니다. 반대로, 단색 벽이나 자연스러운 배경을 선택하면 제품이 그 자체로 강조되고 주목을 끌 수 있습니다. 특히 제품의 디자인이나 질감, 색상, 크기 등의 세부적인 요소들이 잘 드러나 소비자는 제품을 더 직관적으로 인식할 수 있습니다.

　또한, 상품 촬영에서 단순한 배경을 사용하면 사진의 전체적인 미학을 한층 강화할 수 있습니다. 배경이 단순할수록 제품과 배경 간의 대비가 선명해져서 시각적으로 더 세련되고 깔끔한 이미지를 만들어낼 수 있습니다. 이렇게 하면 제품의 특징이 분명하게 드러나고, 고객은 제품에 집중하게 되어 더 강력한 인상을 받을 수 있습니다. 특히 브랜드 이미지가 중요시되는 상황에서 단순한 배경은 고급스러움과 세련됨을 강조하는 데 유효합니다.

이와 같은 배경 선택은 단순히 시각적인 측면뿐만 아니라 제품의 감정적인 측면에도 영향을 미칩니다. 예를 들어, 감정이 담긴 표정이나 동작을 강조하고자 할 때 복잡한 배경은 그 감정이 제대로 전달되지 않도록 할 수 있습니다. 그러나 배경이 단순하고 깔끔할 경우 제품에 담긴 감정이나 메시지가 더욱 명확하게 전달되어 소비자가 제품과의 감정적 연결을 더 쉽게 느낄 수 있습니다.

결국, 상품 촬영에서 배경은 단순해야만 제품이 중심이 되어 강조되고, 브랜드 메시지가 더욱 강렬하게 전달될 수 있습니다. 고객이 제품을 보고 즉각적으로 품질과 가치를 인식할 수 있도록 돕는 중요한 요소이며, 배경의 선택에 따라 고객의 구매 의사 결정에 긍정적인 영향을 미칠 수 있습니다. 따라서 상품 촬영에서는 항상 배경의 단순함이 제품의 효과적인 전달을 위해 필수적이라는 점을 고려해야 합니다.

▲ 장소와 분위기에 집중된 음료 사진

▲ 단순한 배경으로 촬영된 제품 사진

2. 프로페셔널한 사진을 원한다면, 카메라의 수동 모드로!

내 스타일을 살리고 싶다면 DSLR 카메라의 수동 모드를 연습하고 활용하세요. 수동 모드는 스마트폰 카메라의 자동 모드가 제공하지 못하는 창의적인 컨트롤을 할 수 있도록 합니다. 노출과 초점, 화이트 밸런스 등을 직접 조정하며 촬영하면 다양한 촬영 환경에 맞게 사진을 최적화할 수 있습니다. 이 기능들을 이해하고 적절하게 사용하는 것이 중요하며, 그렇게 함으로써 더 높은 품질의 사진을 촬영할 수 있습니다. DSLR 카메라를 이용한 수동 모드를 마스터하면 사진의 디테일과 감성을 더욱 섬세하게 담을 수 있습니다.

▲ 자동 모드　　　　　　　　▲ 수동 모드

3. 노출 제어

  자동 모드는 카메라가 촬영 환경을 분석하여 적절한 노출을 자동으로 결정하는 기능으로, 대부분의 상황에서 빠르고 효율적으로 작동합니다. 그러나 자동 모드가 항상 원하는 결과를 제공하는 것은 아닙니다. 예를 들어, 특정 조명 환경에서는 카메라가 자동으로 노출을 결정할 때 이미지의 일부가 과다 노출되거나, 어두운 부분이 너무 많이 어두워지는 경우가 발생할 수 있습니다. 특히 복잡한 조명 상황이나 역광 촬영에서는 자동 노출이 예상치 못한 결과를 초래할 수 있기 때문에 이러한 상황에서는 프로 모드에서 노출을 수동으로 조정하는 것이 더욱 효과적입니다.

4. 초점 제어

  자동 초점(AF)은 대부분의 촬영 환경에서 빠르고 정확하게 피사체를 잡아주는 기능입니다. 특히 일상적인 촬영이나 빠르게 움직이는 피사체를 담을 때 유용하게 사용됩니다. 그러나 자동 초점은 때때로 세밀한 조정이 필요한 상황에서는 한계가 있을 수 있습니다. 특히 매크로 촬영처럼 매우 작은 피사체에 초점을 맞추거나 창의적인 방식으로 초점을 조정해야 할 때는 자동 초점이 원하는 결과를 정확하게 담아내지 못할 수 있습니다. 이때 수동 초점(MF)을 활용하는 것이 매우 유용합니다.

▲ 반려견 얼굴에 초점을 맞춘 사진

▲ 목줄 제품에 초점을 맞춘 사진

5. 화이트 밸런스 제어

자동 화이트 밸런스는 일반적으로 색조를 잘 조절하지만, 특정 조명 환경에서는 잘못된 색조를 줄 수 있습니다. 프로 모드에서는 수동으로 화이트 밸런스를 설정해 정확한 색상을 구현할 수 있습니다. 이는 실내 조명, 일몰 등 다양한 조명 조건에서 색상을 정확하게 표현하는 데 도움을 줍니다.

자동 화이트 밸런스(AWB)는 대부분의 촬영 환경에서 색조를 자연스럽게 조절하는 기능입니다. 그러나 특정 조명 환경에서는 그 정확도가 떨어질 수 있습니다. 예를 들어, 실내 조명, 형광등, 황혼의 일몰, 또는 인공 조명이 강한 곳에서는 자동 화이트 밸런스가 색온도(색의 따뜻함과 차가움)를 제대로 판단하지 못해 비현실적인 색감이나 왜곡된 색조를 초래할 수 있습니다.

◀ 실내 조명으로 흰색 의상이 Yellow 색상톤으로 표현

이런 상황에서 프로 모드를 사용하면 수동으로 화이트 밸런스를 설정해 정확한 색상을 구현할 수 있습니다. 수동 화이트 밸런스를 사용하면 촬영하려는 장면의 실제 조명 조건을 세밀하게 반영하여 색조를 더욱 정확하게 맞출 수 있습니다. 예를 들어, 황혼 시간에는 색온도가 자연스럽게 따뜻해지므로, 수동으로 화이트 밸런스를 따뜻한 톤에 맞추면 일몰의 아름다움을 사실적으로 담을 수 있습니다. 또한 실내 촬영 시 형광등 아래에서 색이 푸르게 왜곡되는 현상을 방지하기 위해 형광등에 맞는 화이트 밸런스를 설정하면 자연스러운 색감을 유지할 수 있습니다.

◀ 화이트 밸런스로 흰색 의상을 제대로 표현

6. 구도를 잘 파악하라

　스마트폰 사진 촬영에서 3분할 구도는 화면을 가로와 세로로 각각 3등분하여 총 9개의 구역을 만드는 방식입니다. 이 구도는 피사체를 화면의 중앙이 아닌 가로 또는 세로의 1/3 지점에 배치해 시각적으로 균형을 이루고, 사진에 자연스럽고 동적인 느낌을 더합니다. 3분할 구도를 사용하면 피사체가 화면에 고정된 느낌을 주지 않고, 더 흥미로운 구도를 만들 수 있습니다. 또한, 주 피사체뿐만 아니라 배경이나 주변 요소들과의 관계를 잘 표현할 수 있어 풍경 사진이나 인물 촬영 등 다양한 상황에 유용합니다.

　중앙 구도는 피사체를 화면의 정중앙에 배치하여 강렬하고 직관적인 인상을 줍니다. 이 구도는 피사체가 명확하게 주목받도록 하며, 대칭적인 구조를 강조할 때

▲ 3분할 구도

매우 효과적입니다. 특히 건축물, 거리, 인물 등을 촬영할 때 중앙 구도를 활용하면 안정적이고 균형 잡힌 이미지를 만들 수 있습니다. 스마트폰 사진 촬영에서도 중앙 구도는 피사체를 선명하게 부각시킬 수 있어 강렬한 메시지나 명확한 중심을 전달하는 데 적합합니다.

　대칭 구도는 화면의 왼쪽과 오른쪽이 유사하거나 동일한 구성을 갖도록 피사체를 배치하는 방식으로, 시각적으로 매우 균형 잡힌 느낌을 줍니다. 주로 건축물의 정면이나 거리를 촬영할 때 사용하며, 배경과 피사체가 서로 대칭을 이루면 안정감 있는 이미지를 만듭니다. 스마트폰에서 대칭 구도를 사용하면 복잡한 배경 속에서도 피사체를 돋보이게 할 수 있으며, 사진에 더 강렬한 인상을 부여할 수 있습니다. 대칭 구도는 일반적으로 화면의 균형을 맞추고 싶을 때 유용하게 활용됩니다.

▲ 중앙 구도

▲ 대칭 구도

7. 역광을 잘 활용하라

스마트폰 사진 촬영에서 역광을 사용하는 것은 창의적인 효과를 얻거나 특정 감정을 전달하는 데 유용합니다. 역광 촬영은 피사체 뒤에서 빛이 들어오는 상황을 의미하며, 이를 통해 다양한 예술적 효과와 깊이를 연출할 수 있습니다. 피사체의 가장자리에 빛이 반사되어 테두리를 만들며, 이를 통해 피사체가 배경에서 더 돋보이게 합니다. 이 효과는 인물 사진이나 동물 사진 등에서 피사체를 입체적으로 보이게 하여 깊이감과 드라마를 더합니다.

역광은 피사체의 외곽선을 강조하여 실루엣 효과를 만들 수 있습니다. 피사체의 디테일보다는 형태와 실루엣에 초점을 맞추어 감성적이고 강렬한 이미지를 연출할 수 있습니다. 이는 주로 일출이나 일몰 같은 상황에서 활용됩니다.

역광을 사용하는 것은 피사체의 실루엣, 빛 테두리, 투과광, 대비, 빛살 등을 활용하여 창의적이고 독특한 사진을 만드는 데 유용합니다. 각 상황에 맞는 적절한 기법을 활용하면 사진에 깊이와 감성을 더할 수 있습니다. 이를 통해 일상적인 장면도 예술적으로 담아낼 수 있으며, 사진의 이야기를 더욱 풍부하게 만들 수 있습니다.

▲ 어둡게 표현된 역광

▲ 적정하게 인물의 실루엣이 표현된 역광

8. 풍경이 한 컷에! 파노라마 모드 사용하기

파노라마 사진은 일반적인 사진보다 훨씬 넓은 시야를 제공하여 특정 장면이나 상황을 더 생동감 있고 풍부하게 담을 수 있는 뛰어난 촬영 방식입니다. 이는 풍경, 도시 경관, 넓은 실내 공간, 자연의 광활한 풍경 등을 촬영할 때 특히 유용합니다. 일반 스마트폰 카메라는 제한된 화각을 가지고 있어 한 장의 사진으로 넓은 범위를 담기 어렵지만, 파노라마 기능을 활용하면 그 한계를 넘어선 넓은 범위를 촬영할 수 있습니다. 이를 통해 현장의 규모나 분위기를 더욱 효과적으로 전달할 수 있습니다.

별도의 장비나 전문적인 도구 없이 스마트폰만으로 언제 어디서나 파노라마 사진을 촬영할 수 있는 점이 큰 장점입니다. 화면을 따라 스마트폰을 수평 또는 수직으로 움직이면 자동으로 여러 이미지를 이어 붙여 넓은 시야를 하나의 사진으로 결합합니다. 이처럼 스마트폰의 파노라마 기능은 특별한 촬영 기술이나 장비 없이도 전문가 수준의 풍경 사진을 쉽게 찍을 수 있도록 합니다.

파노라마 사진은 넓은 범위를 한 장의 이미지로 캡처할 수 있어 대규모 풍경이나 넓은 거리 등을 촬영할 때 매우 효과적입니다. 예를 들어, 해안선, 산맥, 도시의 스카이라인, 대형 실내 공간 등을 촬영할 때 파노라마 모드를 사용하면 전체 장면을 왜곡 없이 담을 수 있어 풍성하고 입체적인 이미지를 만들 수 있습니다. 이를 통해 여행이나 특별한 이벤트에서 다양한 장면을 생동감 있게 기록할 수 있습니다.

스페셜 페이지_02

스마트폰으로 릴스 영상을 잘 촬영하는 방법

인스타그램에 게시할 릴스 영상을 스마트폰으로 잘 촬영하려면 여러 기술과 요령을 익혀야 합니다. 여기에는 기본 준비부터 촬영 후 편집까지 다양한 단계가 포함됩니다. 스마트폰으로 영상을 잘 촬영하는 방법을 알아봅니다.

1. 촬영 준비

릴스 영상을 촬영할 때는 최고 해상도와 프레임 속도를 설정해야 합니다. 일반적으로 1080p HD 또는 4K 해상도와 30fps 이상으로 설정하는 것이 좋습니다. 고대비 장면에서는 HDR(High Dynamic Range)을 활성화하면 색상과 명암을 더 선명하게 표현할 수 있습니다. 또한, 대부분의 최신 스마트폰에는 전자식 또는 광학식 이미지 안정화 기능이 탑재되어 있으므로 이를 활성화하면 흔들림을 줄일 수 있습니다.

◀ 스마트폰의 카메라 설정에서 고해상도 영상 설정

2. 외부 장비 준비

1 삼각대

삼각대는 흔들림 없는 안정적인 촬영을 가능하게 하며, 다양한 높이에서 촬영할 수 있어 구도와 시점에 변화를 줄 수 있습니다. 경량 삼각대는 휴대가 쉽고, 접이식으로 공간을 절약할 수 있습니다. 사용 시 주의할 점은 삼각대를 설치한 후 스마트폰 화면의 수평을 맞춰 촬영이 기울어지지 않도록 하는 것입니다. 또한 촬영 중 불필요한 진동을 방지하려면 스마트폰을 삼각대에 단단히 고정해야 합니다.

▲ 흔들림 없는 영상을 위한 스마트폰용 삼각대

2 짐벌

짐벌은 전자식 또는 기계식 안정화 기능을 제공해 흔들림 없는 부드러운 영상을 촬영할 수 있으며, 팬, 틸트, 롤 등 다양한 움직임을 매끄럽게 지원합니다. 스마트폰을 짐벌에 장착하기 전에 균형을 맞춰야 짐벌이 효율적으로 작동합니다. 또한, 짐벌의 다양한 모드(예: 스포츠 모드, 추적 모드 등)를 상황에 맞게 활용하세요.

▲ 안정된 영상 이동을 위한 짐벌

 알아두기 짐벌을 이용한 안정적인 영상 촬영

짐벌은 영상 촬영, 라이브 스트리밍, 브이로그에 유용하며, 안정적이고 전문적인 영상을 제공합니다. 이동 중에도 화면 흔들림 없이 몰입감을 주고, 바쁜 환경에서도 품질을 유지해 안정적인 결과물을 만듭니다. 적절한 모드와 장비 준비로 창의적이고 매력적인 영상을 촬영할 수 있습니다.

3. 꼭 알아두어야 할 영상 촬영 기법

인스타그램에 영상을 게시할 때 스마트폰으로 팬(Pan), 틸트(Tilt), 롤(Roll) 기법을 사용하는 이유는 주로 영상의 역동성과 전문성을 높이고, 스토리텔링을 강화하며, 시청자 참여를 극대화하기 위해서입니다. 이 기법들은 영상의 시각적 매력을 더하고, 다양한 시각적 경험을 제공하여 브랜드나 개인의 아이덴티티를 돋보이게 만듭니다.

1 팬(Pan) 촬영

팬(Pan)은 카메라가 수평축을 따라 좌우로 회전하는 기법으로, 장면을 넓게 보여주거나 환경을 포괄적으로 표현할 때 자주 사용됩니다. 보통 고정된 위치에서 카메라가 좌우로 부드럽게 회전하며, 풍경, 방 내부, 군중 등 광범위한 장면을 촬영하는 데 유용합니다. 이 기법은 시청자가 공간이나 상황을 넓게 이해하도록 돕고, 화면의 여러 요소를 자연스럽게 연결합니다.

팬 촬영 시 가장 중요한 점은 카메라의 움직임이 부드럽고 일정한 속도로 이뤄져야 한다는 것입니다. 빠르거나 불규칙한 회전은 관객에게 불편함을 줄 수 있으며, 화면이 흔들리거나 급격한 변화가 생길 수 있기 때문입니다. 따라서 카메라의 이동 속도와 회전 각도를 일정하게 유지해야 화면이 자연스럽게 흐르고, 관객이 시선을 따라가기 편해집니다. 팬은 일반적으로 천천히 일정한 속도로 진행되므로 장면을 촬영할 때 긴장감을 유지하거나 공간을 편안하게 탐험하는 느낌을 줄 수 있습니다.

팬을 효과적으로 활용하려면 시작점과 끝점을 미리 설정하는 것이 중요합니다. 카메라는 계획된 경로를 따라 움직여야 하므로 원하는 장면을 완벽하게 담기 위해 팬의 시작과 종료 위치를 신중하게 결정해야 합니다. 이렇게 미리 설정하면 카메라가 지나치게 빠르게 회전하거나 목표 지점을 놓치는 일이 없도록 할 수 있습니다. 예를 들어, 넓은 풍경을 보여주고자 할 때는 카메라가 왼쪽 끝에서 시작해 오른쪽으로 이동하며 풍경의 전반적인 뷰를 제공할 수 있습니다. 이러한 경로는 미리 연습하고, 필요시 가이드라인을 설정해 촬영 중 일관된 경로를 유지하는 데 도움을 줍니다.

2 틸트(Tilt) 촬영

틸트(Tilt)는 카메라가 수직축을 따라 위아래로 움직이는 기법으로, 주로 장면의 높낮이나 특정 피사체를 강조할 때 사용됩니다. 이 기법은 건축물, 타워, 인물 등을 촬영할 때 효과적이며, 특히 인물의 얼굴에서 발끝까지 또는 건물의 상단에서 하단까지 보여줘 크기나 높이를 강조하는 데 유용합니다. 틸트를 사용하면 촬영자가 의도한 방향으로 카메라의 시선을 유도하고, 장면의 분위기를 조절할 수 있습니다.

틸트를 활용하여 피사체를 아래에서 위로 따라가면 그 웅장함이나 위엄을 강조할 수 있습니다. 예를 들어, 큰 건물이나 타워를 촬영할 때 카메라가 아래에서 위로 천천히 틸트하면 건물의 높이를 강조하고 그 위엄을 돋보이게 할 수 있습니다. 이는 관객에게 건물이나 피사체가 거대하고 압도적인 느낌을 전달하는 효과적인 방법입니다. 또한, 인

▲ 웅장한 느낌을 주기 위해 아래에서 위로 틸트 촬영

물 촬영에서 아래쪽부터 위로 틸트하면 인물이 더 크고 중요한 존재로 보이게 하여 시각적인 웅장함을 연출할 수 있습니다.

반대로 카메라를 위에서 아래로 틸트해 촬영할 때는 피사체의 전반적인 모습을 강조할 수 있습니다. 예를 들어, 사람의 전신을 보여줄 때나, 큰 공간이나 풍경을 촬영할 때, 카메라를 위에서 아래로 틸트하면 전체적인 구성이나 장면의 크기를 한눈에 볼 수 있게 하여 장면의 전체적인 맥락을 전달할 수 있습니다. 또한, 위에서 아래로 틸트를 사용하면 피사체의 크기를 축소시켜 작고 가벼운 느낌을 줄 수도 있습니다.

3 롤(Roll) 촬영

롤 촬영은 영상 제작에서 중요한 기법으로, 다양한 콘텐츠에서 그 가치를 발휘합니다. 이 촬영 방식은 연속적인 비디오 클립을 기록하여 흐름을 끊지 않고 자연스럽고 사실적인 장면을 담을 수 있습니다. 롤 촬영은 특히 다큐멘터리, 영화, 뉴스 리포트 등에서 자주 사용되며, 시간의 흐름을 그대로 담는 데 유리한 특성을 지니고 있습니다.

'롤'이라는 이름은 과거 필름 롤을 사용하던 시절에서 유래된 것으로, 당시 필름 카메라는 연속적으로 촬영하는 방식이었기 때문에 이 용어가 붙여졌습니다. 현재는 디지털 카메라에서도 이 용어가 사용되며, 디지털 파일로 연속적인 영상 클립을 기록합니다. 롤 촬영은 주로 시간에 따른 변화나 진행 상황을 포착하는 데 유용하며, 한 번의 촬영으로 중요한 순간을 놓치지 않고 담을 수 있는 장점이 있습니다.

롤 촬영은 자연스러운 흐름을 강조하는 방식으로 인위적인 컷 없이 장면이 이어집니다. 이로 인해 영상은 더 진솔하고 사실적인 느낌을 줍니다. 인터뷰, 스포츠 경기, 다큐멘터리 촬영 등에서는 중요한 순간을 놓치지 않고 바로 촬영할 수 있어 롤 촬영이 적합합니다. 또한, 행사나 공연 기록에도 유용하며, 실시간으로 변하는 상황을 생동감 있게 담는 데 유리한 방식입니다. 이러한 특성 덕분에 롤 촬영은 많은 제작자들이 선호하는 기법으로 자리잡고 있습니다.

▲ 최소한의 컷과 전환을 통해 자연스러운 흐름을 유지하며 촬영하는 롤 영상

스페셜 페이지_03

포토샵으로 인스타그램 사진 비율 조정하기

인스타그램에서 4:5(1080×1350px) 비율이 가장 좋은 이유는 피드에서 가장 많은 화면을 차지하기 때문입니다. 세로형 비율은 모바일 환경에서 더욱 눈에 잘 띄며, 가로형(1.91:1)이나 정사각형(1:1)보다 크기가 커서 사용자의 주목을 더 오래 받을 수 있습니다. 또한, 4:5 비율은 인스타그램 광고에서도 지원되므로 브랜드 마케팅이나 콘텐츠 제작에도 최적화되어 있습니다. 가로 형태의 사진일 경우에는 포토샵을 이용하여 간단하게 4:5 비율로 조정할 수 있습니다.

1. 기존 사진 영역에서 4:5 비율 사진 만들기

01 가로 형태의 사진을 포토샵에서 연 다음 자르기 도구를 선택합니다. 상단의 옵션바에서 변경할 사진 비율을 선택합니다. 여기서는 '4:5'를 선택합니다.

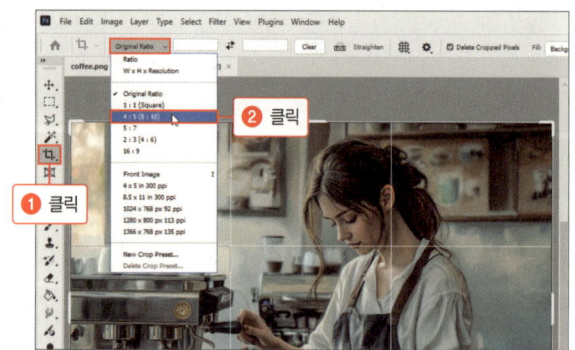

02 가로 비율의 사진에 4:5 비율로 자를 영역이 표시됩니다. 이동 도구로 자를 영역을 이동하고 Enter를 눌러 이미지를 자릅니다.

2. 이미지를 생성하여 4:5 비율 사진 만들기

01 세로사진을 포토샵으로 불러온 다음 자르기 도구를 선택하고 상단 옵션바에서 가로 비율을 '4', 세로 비율을 '5'로 설정합니다. 자르기 영역을 드래그하여 이미지를 확장합니다.

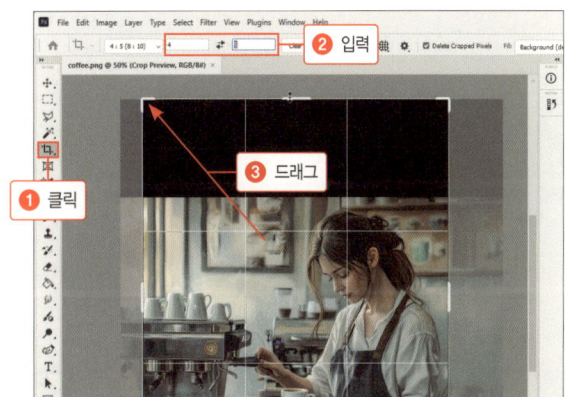

02 기존 사진에서 4:5 비율로 자를 경우 세로 영역을 확장하면 빈 영역이 표시되는 경우가 발생합니다. 옵션바에서 [Generative Expand]를 선택하고 Enter를 누릅니다.

03 상단의 빈 영역에 배경 이미지가 생성되어 4:5 비율의 사진으로 만들어진 것을 확인할 수 있습니다.

4 Part

성공 비즈니스를 위한
브랜드 인스타그램 마케팅

오늘날 브랜드의 성공은 온라인에서의 인지도와 존재감에 달려 있습니다. 그중 인스타그램은 강력한 마케팅 도구로 자리 잡으며, 단순한 사진 공유를 넘어 브랜드와 고객이 직접 소통하고 가치를 나누는 공간이 되었습니다.

하지만 계정을 운영한다고 모든 브랜드가 성공하는 것은 아닙니다. 내 브랜드만의 개성을 어떻게 효과적으로 전달할 수 있을까요? 어떤 콘텐츠가 소비자의 관심을 끌고 구매로 이어질까요? 팔로워를 충성 고객으로 전환하는 방법은 무엇일까요? 이러한 질문에 대한 답을 찾는 것이 인스타그램 마케팅의 핵심입니다.

브랜드를 위한 비즈니스 계정을 만들려면?

SECTION 1

인스타그램은 세 가지 유형의 계정을 지원합니다. 개인 사용자를 위한 개인 계정, 콘텐츠 크리에이터나 인플루언서를 위한 크리에이터 계정, 그리고 브랜드, 회사, 비즈니스를 위한 비즈니스 계정이 있습니다.

인스타그램 비즈니스 계정의 중요성

사업자가 브랜드를 알리고 상품이나 서비스를 효율적으로 판매하기 위해 인스타그램 비즈니스 계정을 만드는 것은 매우 중요한 전략입니다. 인스타그램은 단순한 소셜 미디어 계정을 넘어 비즈니스 성장과 마케팅에 필요한 다양한 기능을 제공합니다. 이를 통해 브랜드는 더 넓은 고객층에 다가가고, 효과적인 마케팅 전략을 세울 수 있습니다.

인스타그램 비즈니스 계정의 가장 큰 장점 중 하나는 게시물에 대한 자세한 인사이트(분석)를 제공한다는 점입니다. 비즈니스 계정을 통해 팔로워와의 상호 작용, 도달 범위, 클릭 수 등 중요한 데이터를 실시간으로 확인할 수 있습니다. 이러한 데이터는 어떤 콘텐츠가 더 많은 반응을 얻고 있는지, 그리고 어떤 타깃층이 브랜드와 상호 작용하고 있는지 파악하는 데 유용합니다. 이 정보를 기반으로 브랜드는 더욱 효과적인 콘텐츠와 마케팅 전략을 세울 수 있습니다.

광고 및 프로모션을 통한 브랜드 노출 증가

또한, 인스타그램 비즈니스 계정은 광고 및 프로모션 기능을 활용하여 더 많은 사람에게 브랜드와 상품을 노출할 기회를 제공합니다. 비즈니스 계정을 통해 광고 캠페인을 설정하고, 타깃 고객에게 직접적으로 접근할 수 있는 맞춤형 광고를 진행할 수 있습니다. 광고 타깃팅 옵션은 매우 정교하여 특정 연령대, 성별, 지역, 관심사 등을 바탕으로 광고를 설정할 수 있어 광고 예산을 효율적으로 사용할 수 있습니다. 프로모션 기능은 팔로워 증가, 상품 판매 증진, 이벤트 참여 등을 유도하는 데 매우 효과적입니다. 이러한 광고와 프로모션 기능은 브랜드 인지도와 매출 증진에 중요한 역할을 합니다.

비즈니스 계정의 또 다른 강점은 페이스북 페이지와 연결할 수 있다는 점입니다. 인스타그램과 페이스북은 같은 플랫폼 내에 있기 때문에 두 채널을 동시에 운영하면서 광고를 관리하고 분석할 수 있습니다. 페이스북 광고 관리자 도구를 사용하면 인스타그램 광고를 더 효과적으로 설정하고 최적화할 수 있습니다. 이를 통해 광고의 효과를 극대화하고, 더 많은 고객에게 도달할 수 있으며, 여러 플랫폼에서 동시에 캠페인을 진행할 수 있어 광고 효과를 높이는 데 큰 도움이 됩니다.

비즈니스 계정 운영 비용과 광고 예산 계획

비즈니스 계정을 만드는 데는 별도의 비용이 들지 않지만, 광고나 프로모션을 진행할 때는 예산이 필요합니다. 광고 비용은 광고의 범위, 타깃팅, 기간, 콘텐츠 유형 등에 따라 달라지기 때문에 예산을 잘 계획하고 조정하는 것이 중요합니다. 효율적인 예산 운영을 통해 광고가 효과적으로 진행되면 제품 판매나 브랜드 인지도 향상에 큰 도움이 될 수 있습니다. 또한, 광고 캠페인에서 얻은 데이터 분석을 통해 지속적으로 최적화 작업을 진행하면 더 나은 광고 성과를 얻을 수 있습니다.

광고 캠페인이 잘 진행되면 브랜드의 인지도 상승과 제품 판매 증가에 중요한 역할을 합니다. 따라서 비즈니스 계정을 운영할 때는 캠페인 후에도 지속적으로 데이터를 분석하고 최적화하는 작업이 필요합니다. 이를 통해 광고 효과를 더욱 극대화할 수 있으며 소비자와의 관계를 강화할 수 있습니다. 인스타그램 비즈니스 계정을 적극적으로 활용하면 브랜드는 경쟁에서 유리한 위치를 차지할 수 있습니다.

01 인스타그램 계정이 개인 계정이라면 프로필 화면에서 상단의 '설정(≡)' 아이콘을 탭한 후 [설정]을 탭합니다.
설정 메뉴에서 [계정]을 탭하고 [비즈니스]를 선택한 다음 〈다음〉 버튼을 탭합니다. 또는 [전문 계정으로 전환]을 탭한 후 비즈니스 계정을 선택할 수 있습니다.

02 6자 이상의 비밀번호를 입력하고 〈다음〉 버튼을 탭합니다. 가입이 완료되었다는 메시지가 표시되면 〈가입 완료하기〉 버튼을 탭합니다.

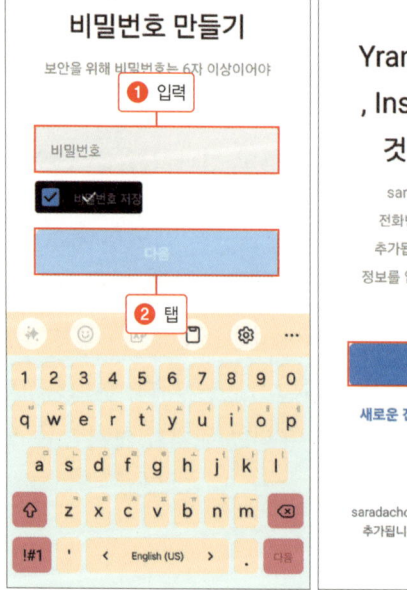

03 | 프로필 사진을 추가하라는 안내가 표시되면 〈사진 추가〉 버튼을 탭하고 휴대폰 갤러리에서 로고 이미지를 선택한 후 [다음]을 탭합니다. 여기서는 Yranidro 로고를 프로필 사진으로 추가했습니다. '이 사진을 게시물로 공유'를 활성화하고 〈다음〉 버튼을 탭합니다. 프로필 사진이 첫 번째 게시물로 등록됩니다.

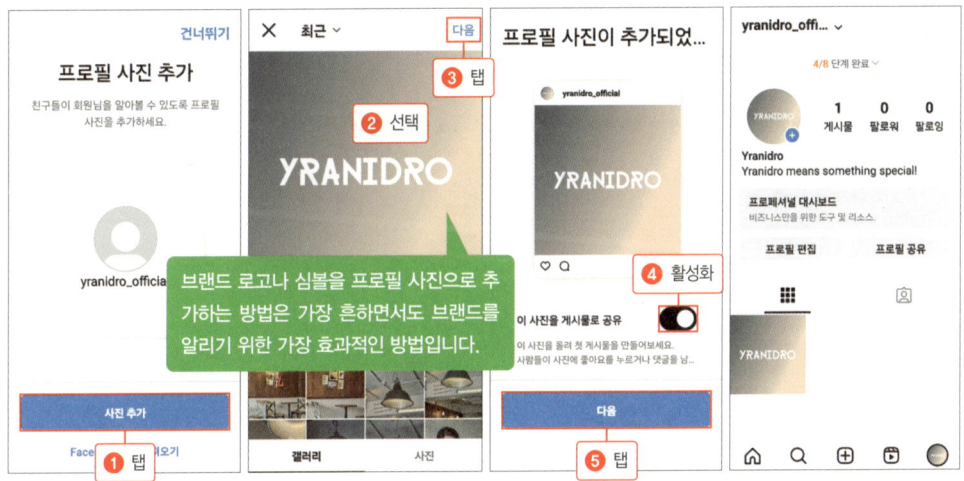

04 | 프로필을 편집합니다. [소개]를 탭한 다음 브랜드 슬로건을 입력하고 '체크' 아이콘을 탭합니다. 여기서는 'Yranidro means something special!'을 추가했습니다.

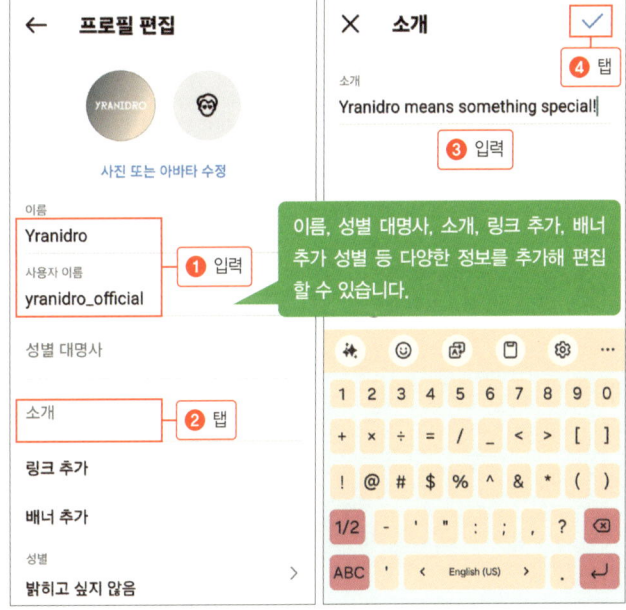

05 프로페셔널 도구 이용하기 및 기타 안내가 표시됩니다. 더 많은 사람에게 도달하기, 팔로워에 대해 알아보기 및 새로운 연락처 옵션을 이용해 보세요 같은 내용이 차례대로 표시됩니다.

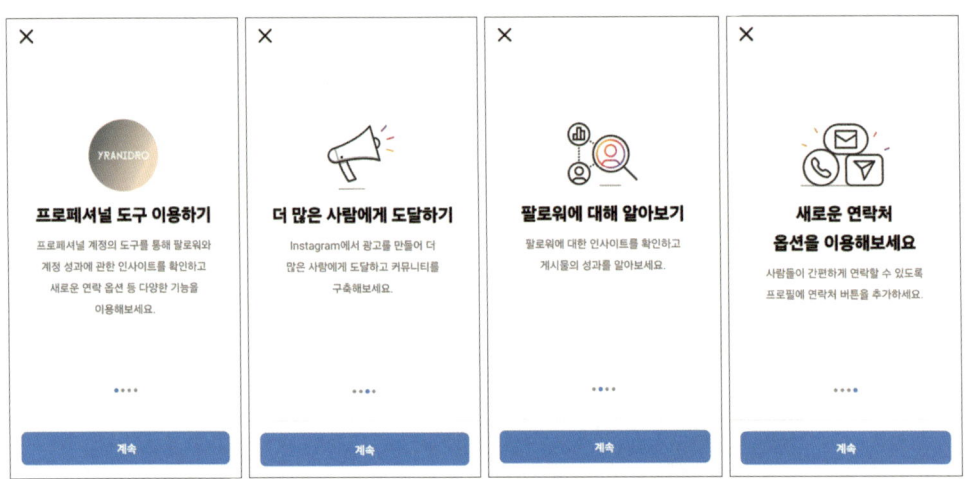

06 이어서 브랜드 카테고리를 결정해야 합니다. 여기서는 '의류(브랜드)'를 카테고리로 선택하고 〈완료〉 버튼을 탭합니다.

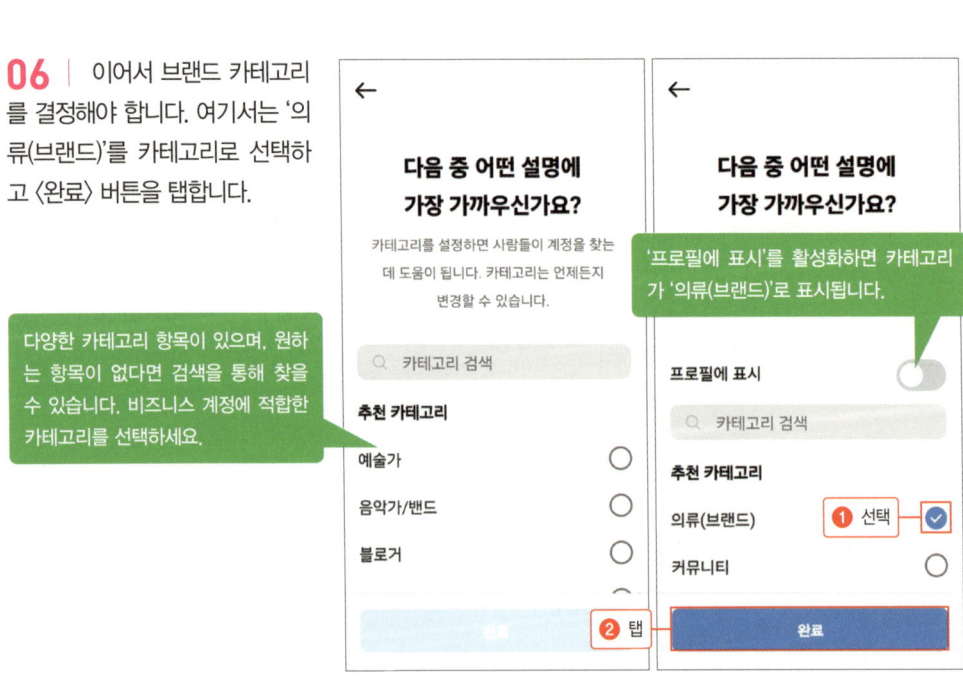

07 비즈니스 계정인지를 묻는 화면이 표시되면 브랜드 계정을 운영할 계획인 경우 [비즈니스]를 선택합니다.

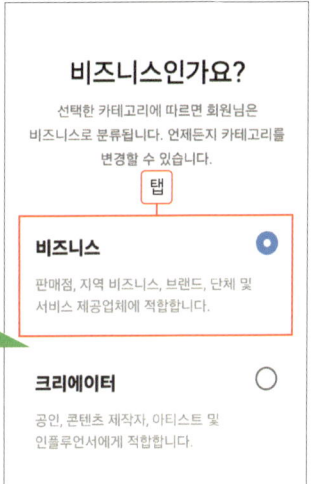

> 인스타그램을 사용하는 목적에 따라 비즈니스 계정이나 크리에이터 계정을 선택할 수 있습니다.

08 비즈니스에 대한 연락처 정보(이메일, 전화번호, 주소 등)를 입력한 후 〈다음〉 버튼을 탭합니다.

> 페이스북 페이지 연결(선택 사항)이 필요할 경우 비즈니스 계정을 페이스북 페이지와 연결할 수 있습니다. 만약 페이스북 광고 기능 등을 사용할 계획이 있다면 연결하는 것이 좋습니다.

비즈니스 계정 설정을 위한 프로페셔널 도구를 사용하려면?

SECTION 2

프로페셔널 도구는 비즈니스 운영에 필요한 다양한 기능을 제공합니다. 이 도구들을 활용하면 팔로워와의 상호 작용을 분석하고, 광고를 최적화하며, 효율적인 마케팅 전략을 실행할 수 있습니다. 비즈니스 계정으로 전환한 후 아래 절차를 따라 프로페셔널 도구를 활성화하고 사용할 수 있습니다.

비즈니스 계정으로 전환한 후, 인스타그램 앱에서 프로페셔널 대시보드에 접근할 수 있습니다. 이 대시보드는 모든 프로페셔널 도구에 대한 접근을 제공합니다. 여기에서 계정 분석, 광고 관리, 팔로워 통계 등의 다양한 도구를 사용할 수 있습니다.

프로페셔널 도구는 비즈니스 계정의 목적에 맞게 설정할 수 있으며, 인스타그램은 각 목표에 적합한 전략을 제시해 효과적인 마케팅 활동을 지원합니다. 계정의 특성과 목적에 맞게 설정해 인스타그램을 효과적으로 활용하면 좋은 결과를 얻을 수 있습니다.

01 먼저 사람들이 이 계정에 대해서 알 수 있도록 프로필 사진, 비즈니스 이름, 소개 및 웹사이트를 추가합니다. 프로필 화면 중간에 있는 [프로페셔널 대시보드]를 탭하고 프로페셔널 계정을 자세히 설정합니다.

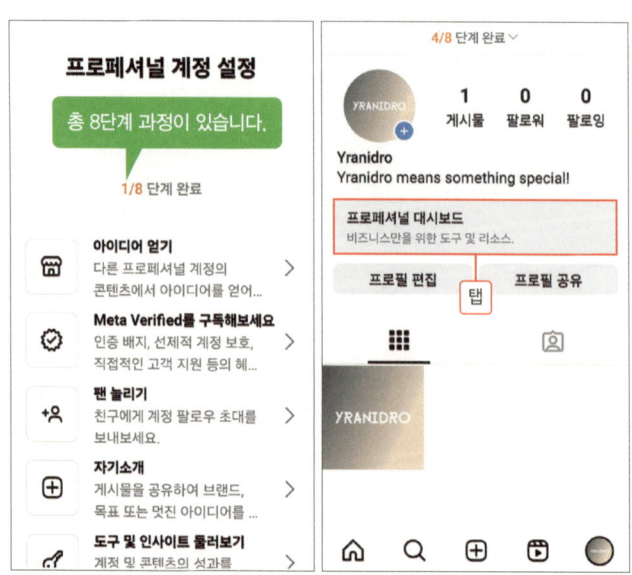

02 다른 비즈니스 또는 크리에이터를 팔로우해 콘텐츠를 공유하고 타깃 참여를 유도하는 방법을 참고합니다. 인스타그램의 알고리즘을 바탕으로 사용자에게 맞춤형 콘텐츠 아이디어를 추천합니다. 이 기능을 활용하면 더 창의적인 콘텐츠를 제작하고, 팔로워와의 소통을 강화할 수 있습니다.

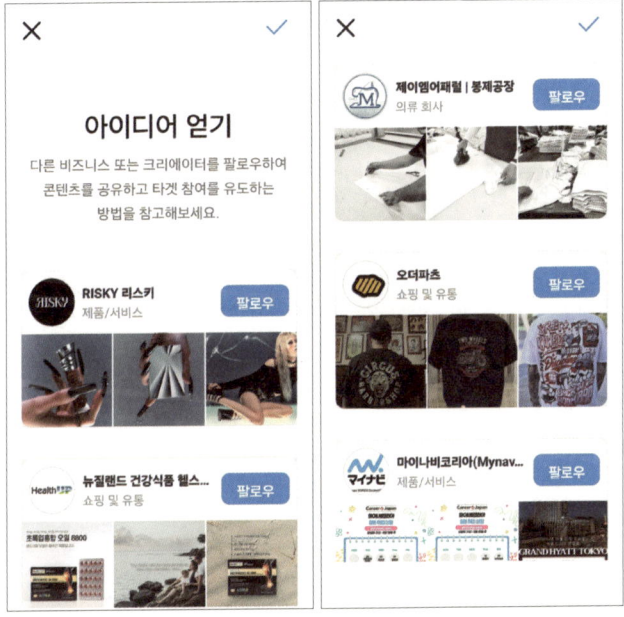

03 인스타그램 인증 배지(일명 파란 딱지)라고 불리는 유료 구독 서비스인 Meta Verified 대기 명단에 등록할 수 있습니다. 신규 사용자의 경우 바로 인증을 받을 수 없고 대기 명단에 등록해야 합니다. 〈대기 명단에서 나가기〉 버튼을 탭하고 〈확인〉 버튼을 탭할 수도 있습니다.

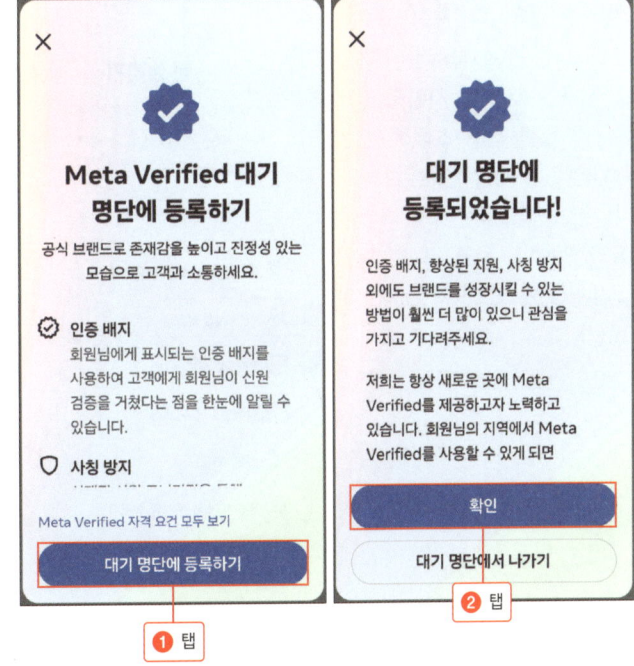

> **알아두기** Meta Verified 구독 혜택과 신청 조건

Meta Verified는 월 약 2만 원의 구독료로 4가지 혜택을 제공하는 유료 서비스입니다. 사용자 이름 옆에 파란색 체크 표시가 나타나며, 이는 계정 보호, 향상된 지원, 업그레이드된 프로필 기능 등을 포함합니다. 구독 조건은 만 19세 이상이어야 하며, 얼굴이 선명하게 나온 프로필 사진과 Meta Verified의 이름 규정에 맞는 프로필 이름을 사용해야 합니다. 또한, 정부에서 발급한 신분증(주민등록증, 운전면허증, 여권 등)을 등록하고, 2단계 인증 기능을 활성화해야 합니다. 비즈니스 특성에 맞게 신청하세요.

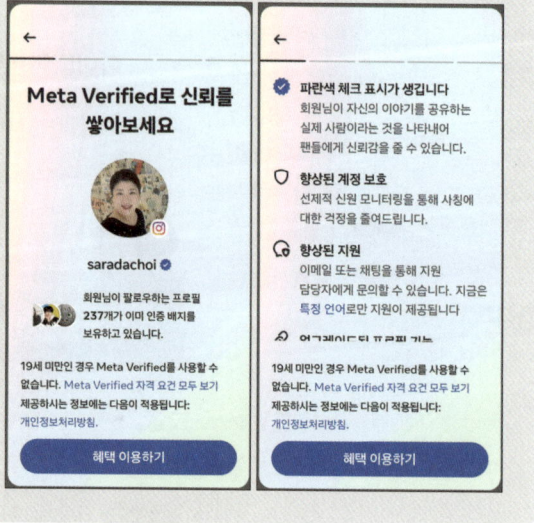

04 인스타그램 친구를 초대할 수 있습니다. 계정 팔로우, SNS로 친구 초대하기, 이메일로 친구 초대하기, 사이트 주소 공유를 통한 친구 초대하기, 연락처에 있는 사람 팔로우하기 등 다양한 방법으로 친구를 초대할 수 있습니다. 적극적으로 팬을 늘려서 인스타그램을 활성화해야 합니다.

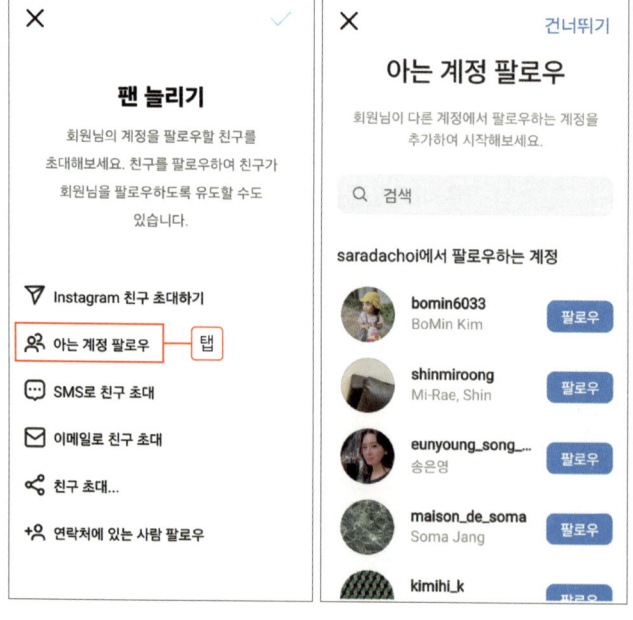

05 〈게시물 만들기〉 버튼을 탭해 갤러리에서 사진을 선택하고 [다음]을 탭합니다.

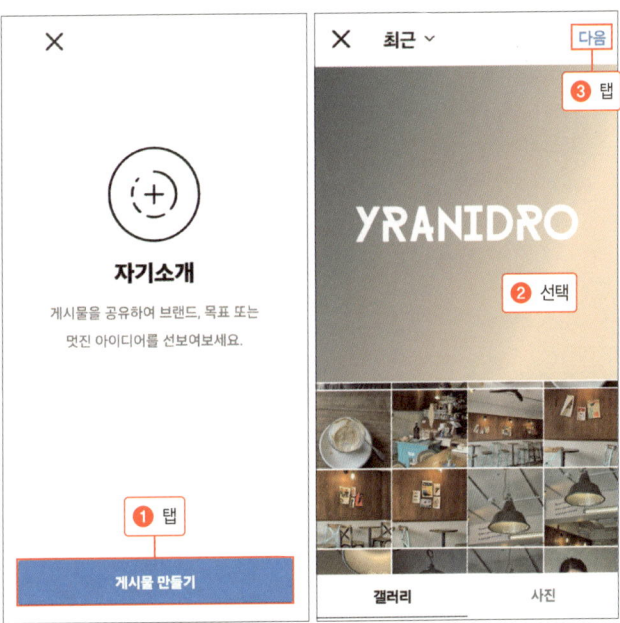

06 소개 글을 작성합니다. 필요에 따라 위치 표시, 사람 태그, 음악 추가 등을 할 수도 있습니다.

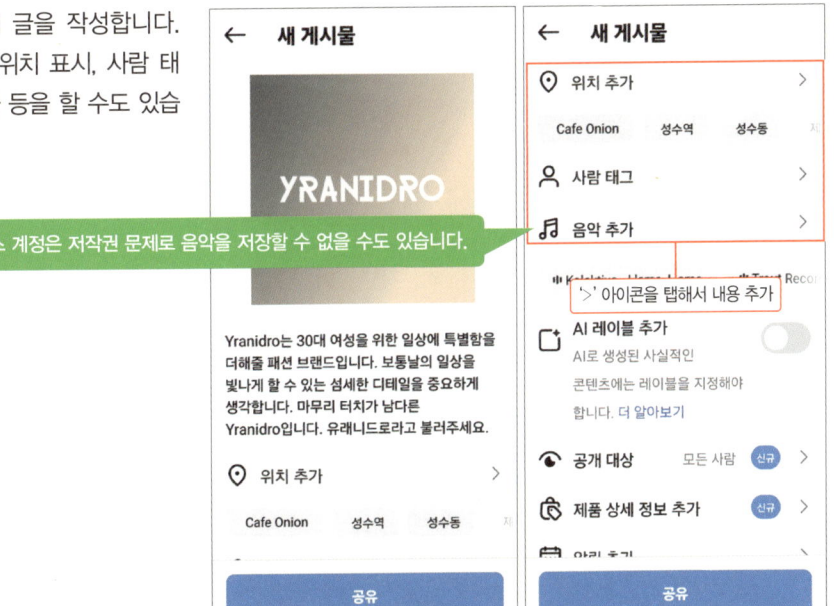

비즈니스 계정은 저작권 문제로 음악을 저장할 수 없을 수도 있습니다.

07 〈게시물 홍보하기〉 버튼을 탭하면 다른 인스타그램 계정, 스레드나 페이스북에 공유할 수 있습니다.

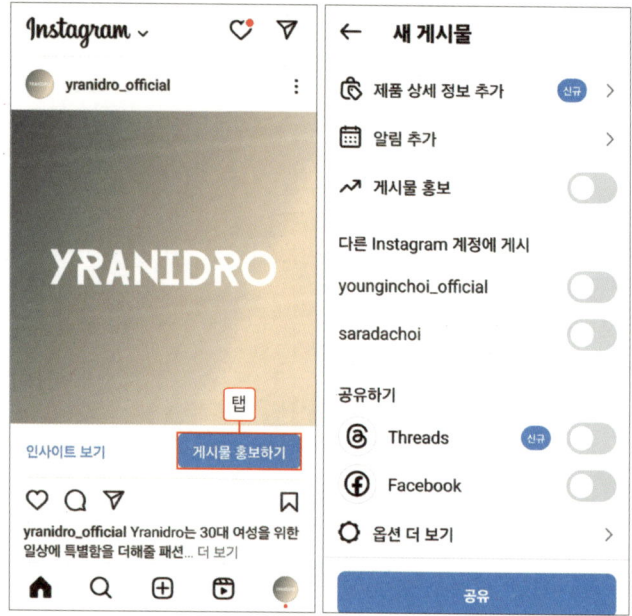

08 새로운 도구가 추가돼 인스타그램의 기능이 한결 강화되었습니다.

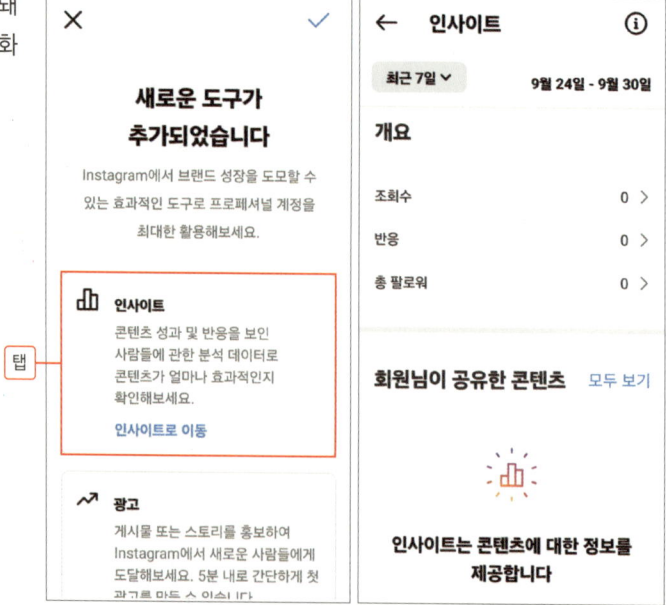

인사이트로 계정 성과 분석하기

인사이트는 게시물, 스토리, IGTV 등 다양한 콘텐츠의 성과를 분석할 수 있는 기능입니다. 팔로워의 연령, 성별, 위치, 활동 시간 등을 분석해 타깃을 더 정확하게 파악할 수 있습니다. 또한 게시물의 도달률, 상호 작용 수, 클릭 수 등을 확인할 수 있습니다.

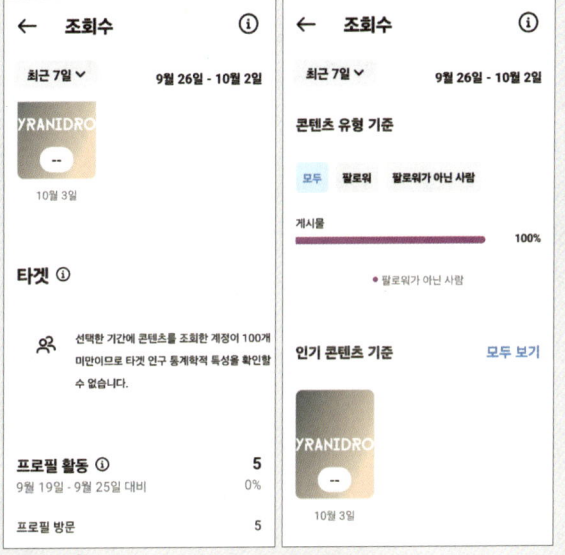

팔로워 증가 또는 감소 추세, 인기 콘텐츠 등의 분석해 계정 성장을 모니터링할 수 있습니다. 인스타그램 계정에 대한 자세한 정보를 확인하고 이를 활용할 수 있는 유용한 데이터입니다.

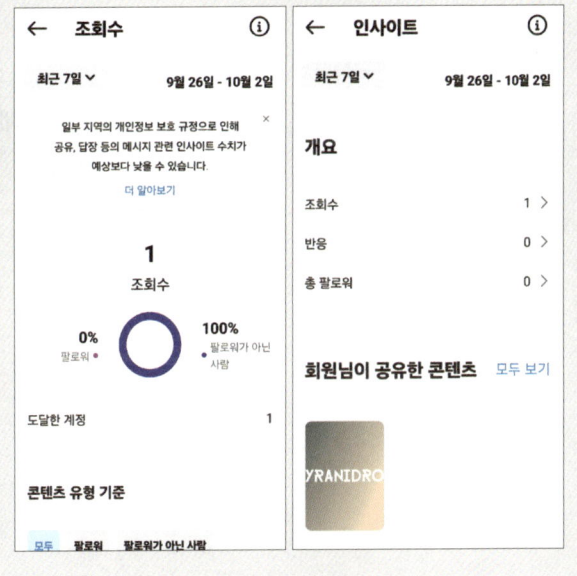

09 비즈니스 계정에서는 광고 기능을 활용해 게시물이나 스토리를 유료 광고로 전환할 수 있습니다. 먼저 홍보 가이드가 표시되며, 〈게시물 홍보하기〉 버튼을 탭하면 광고를 시작할 수 있습니다. [게시물], [스토리], [릴스] 중 원하는 피드를 선택한 후 〈다음〉 버튼을 탭합니다.

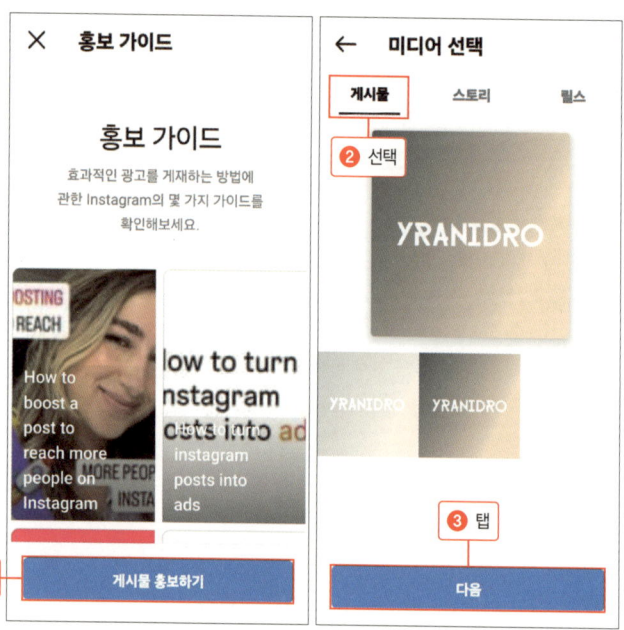

10 광고를 본 사람들이 피드백을 받을 방식을 선택할 수 있습니다. 추천하는 '프로필 방문'을 선택한 후 〈다음〉 버튼을 탭합니다. 광고를 누구에게 보여줄지 묻는 화면이 표시되면 '추천 타겟'을 선택하고 〈다음〉 버튼을 탭합니다.

11 광고의 일일 예산을 최소 5달러부터 설정할 수 있으며, 광고 기간도 자유롭게 설정할 수 있습니다. 사업 예산에 맞춰 광고를 계속 게재하거나 원하는 기간만큼만 광고를 유지할 수 있습니다.

> 예를 들어, 일일 5달러씩 광고비를 집행할 경우 일일 320~840명에게 광고가 도달할 것으로 추산됩니다.

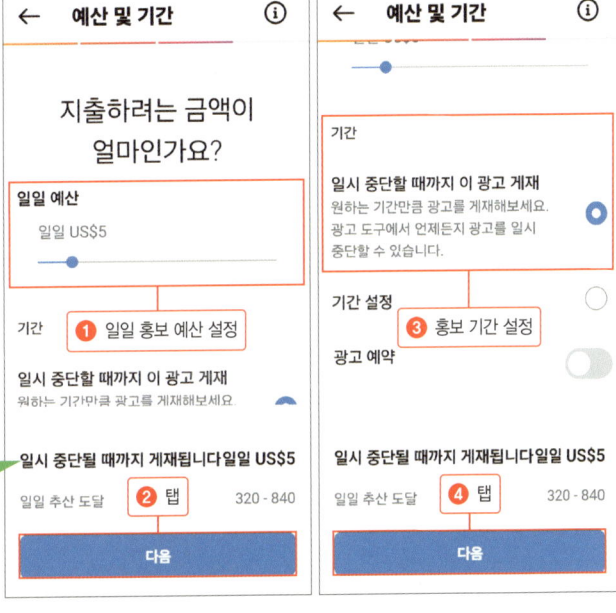

12 광고 예산과 기간이 원하는 대로 설정되었는지 쉽게 확인할 수 있도록 정리되어 표시됩니다. 검토 후 〈게시물 홍보하기〉 버튼을 탭합니다.

> 광고를 집행하기로 했다면 이 부분을 꼼꼼히 확인하는 게 중요합니다.

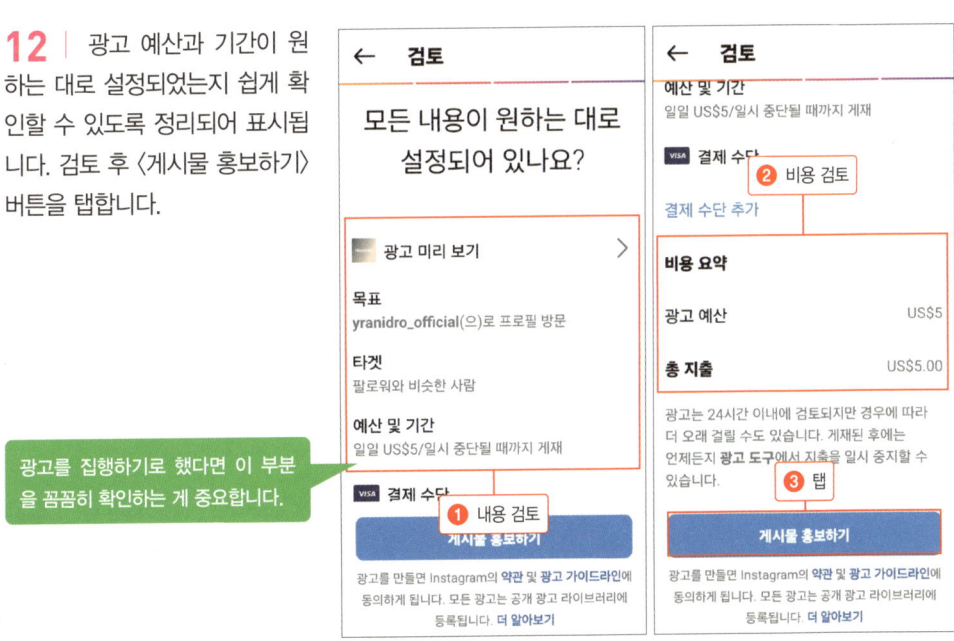

13 인스타그램의 차별 금지 정책에 대한 안내가 표시됩니다. 이 정책에 동의하면 광고를 진행할 수 있으며, 동의하지 않으면 광고를 진행할 수 없습니다.

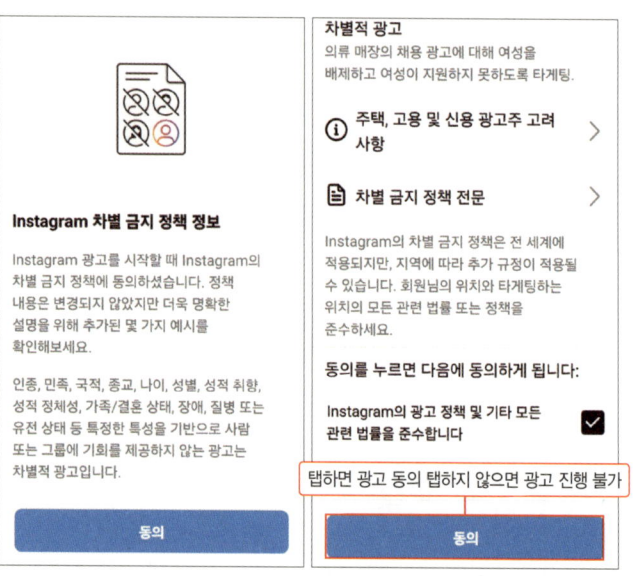

> **알아두기** 효과적인 광고 캠페인 설정 및 실행 전략
>
> 목표에 맞춰 광고를 만들고 예산과 타깃을 설정해 집행할 수 있습니다. 광고 성과는 실시간으로 확인할 수 있으며, 필요 시 타깃 변경이나 최적화를 할 수 있습니다. 광고는 사업 계획에 맞춰 시기, 일정, 예산을 충분히 계획한 후 진행하는 것이 좋습니다.

14 목표를 알려주세요 화면에서 계정 운영 목표를 설정하고, 이에 맞는 전략을 제안받을 수 있습니다. 이를 통해 사용자는 비즈니스 성과를 극대화하거나 팔로워와의 소통을 강화할 구체적인 목표를 설정할 수 있습니다. 원하는 결과를 위한 상위 항목 2개를 선택하고, 소통 방식도 선택한 후 〈완료〉 버튼을 탭하면 설정이 완료됩니다.

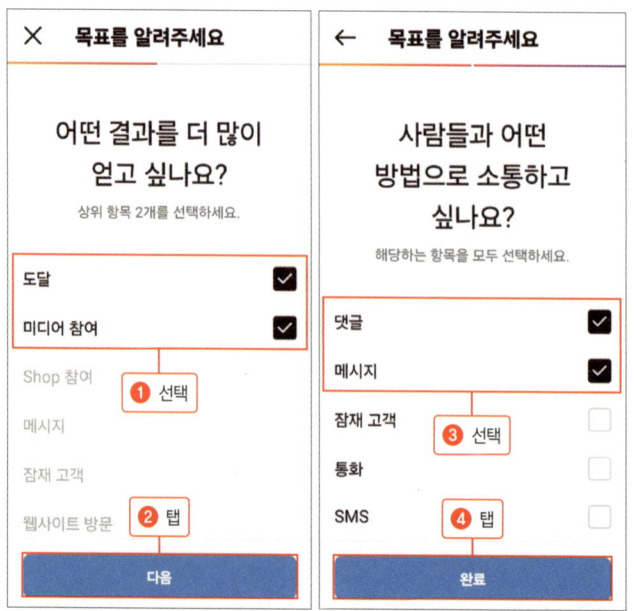

브랜드 컬러와 스타일을 일관되게 만들려면?

SECTION 3

인스타그램 피드는 3×3 그리드로 표시되므로 이를 고려해 콘텐츠를 배치하는 것이 좋습니다. 예를 들어, 특정 색상 패턴을 만들거나 연관된 이미지를 연속 배치해 시각적으로 아름다운 피드를 구성할 수 있습니다.

인스타그램은 SNS 중 가장 직관적이고 시각적으로 영향력 있는 매체이므로 피드를 구성하기 전에 브랜드 콘셉트에 맞는 피드 레이아웃과 디자인을 미리 조사한 후 진행하는 것이 좋습니다. 정교한 계획 없이 급하게 피드를 만들기 시작하면 시각적으로 보기 좋지 않을 뿐만 아니라 브랜드 콘셉트를 제대로 전달하는 데에도 부족할 수 있습니다.

비즈니스 계정에서 피드를 계속 만들었다 지우는 것은 바람직하지 않습니다. 브랜드가 제공하는 상품이나 서비스에 맞게 타사의 피드를 조사하거나 다른 업종의 피드에서 아이디어를 얻는 것도 좋은 방법입니다.

다음 전략을 통해 브랜드 콘셉트에 맞춘 시각적이고 일관된 인스타그램 피드를 구축할 수 있습니다. 일관성 있고 매력적인 피드를 운영하면 팔로워들의 관심을 끌고, 브랜드 인지도를 높이는 데 도움이 됩니다.

브랜드 컬러 일관성 유지하기

브랜드 아이덴티티가 느껴지는 브랜드 컬러와 스타일을 일관되게 유지하는 것이 중요합니다. 피드에서 반복적으로 등장하는 특정 색상이나 테마는 팔로워가 브랜드를 무의식적으로 인식하고 기억하게 만듭니다.

일관된 비주얼 스타일 유지하기

비주얼을 유지하기 위해 계획적인 이미지 편집이 매우 중요합니다. 같은 필터, 밝기, 대비를 사용하여 일관된 비주얼 스타일을 유지하세요. 사진의 느낌이 통일되면 피드가 하나의 큰 작품처럼 보이게 됩니다. 인스타그램의 이미지 편집 도구나 외부 앱을 사용해 일관된 분위기를 만들 수 있습니다.

효과적인 피드 구성하기

테마나 레이아웃을 설정할 때 그리드 방식으로 사진을 배치하거나 일정한 패턴을 유지하며 피드를 구성할 수 있습니다. 예를 들어, 한 줄은 제품 사진, 다른 줄은 인용문 등으로 꾸미거나, 한 칸에 세 개씩 연관된 포스팅을 올려 게시물의 연속성을 부여하는 방법도 보기에 좋고 기억하기에 유효한 방식입니다.

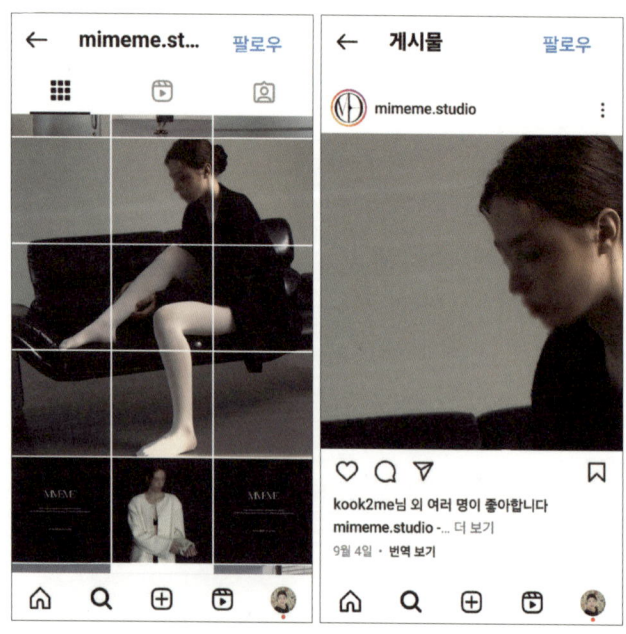

다양한 콘텐츠로 브랜드 공감 얻기

콘텐츠를 다양하게 구성하려면 제품 사진과 라이프 스타일 사진을 조화롭게 배치하는 것이 중요합니다. 단순한 제품 이미지뿐만 아니라, 제품을 사용하는 상황이나 일상 속 모습을 담은 라이프 스타일 사진을 함께 게시하면 팔로워들이 브랜드에 더 쉽게 공감할 수 있습니다. 또한, 고객들이 게시한 사진이나 후기를 리포스트하거나 그들의 경험을 소개하는 것도 신뢰를 쌓는 데 큰 도움이 됩니다.

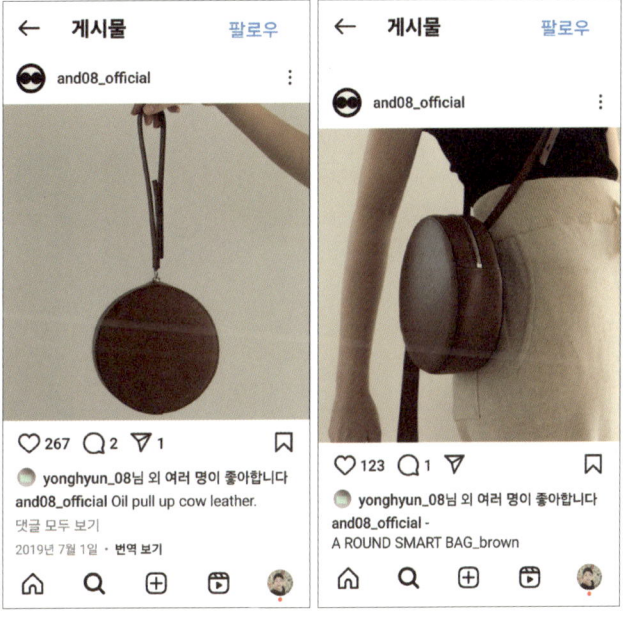

브랜드 스토리 전달하기

브랜드의 가치와 이야기를 진정성 있게 전달하는 것이 중요합니다. 예를 들어, 브랜드의 시작 배경, 제품 제작 과정, 창업자의 철학 등을 시각적으로 표현하면 브랜드에 대한 친밀도와 신뢰도가 높아집니다. 캠페인이나 이벤트와 연계하여 스토리를 전개하면 팔로워들이 브랜드 메시지에 더욱 공감하고, 자연스럽게 바이럴 효과를 불러일으킬 수 있습니다.

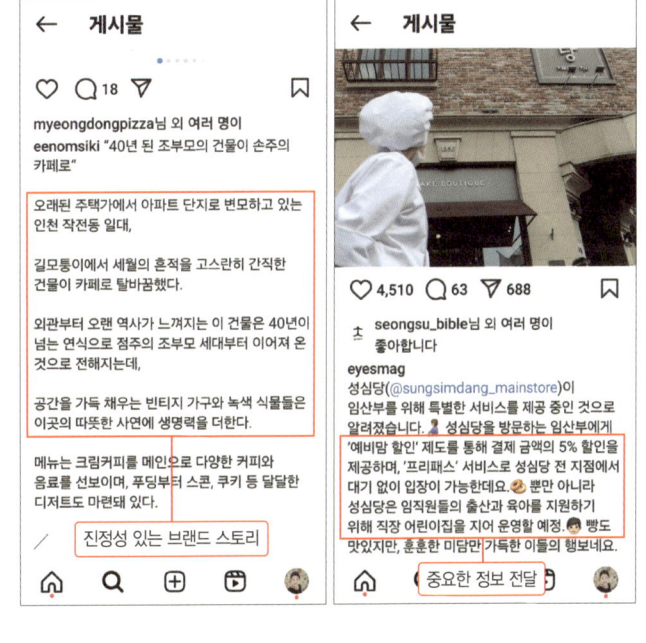

해시태그 활용하기

브랜드 고유의 해시태그를 사용하여 팔로워들이 쉽게 인식하고 활용할 수 있도록 합니다. 예를 들어, 브랜드 이름이나 슬로건을 해시태그로 만들어 다른 사용자들이 관련 게시물을 쉽게 찾을 수 있게 합니다. 또한, 업계나 타깃 고객과 관련된 인기 해시태그를 추가하면 게시물의 도달 범위를 넓히는 데 도움이 됩니다. 다만, 해시태그를 과도하게 사용한다고 해서 효과가 좋은 것은 아니므로 10개 이하가 적당합니다.

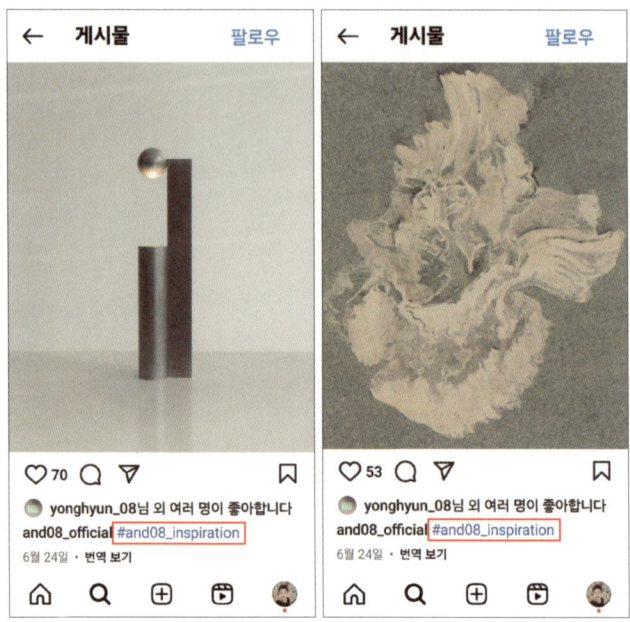

피드 디자인 도구 활용하기

Canva, UNUM, Planoly와 같은 인스타그램 피드 디자인 도구를 사용하면 게시물을 미리 배치하며 피드가 어떻게 보일지 시각적으로 계획할 수 있습니다. 이러한 도구들은 피드의 일관성을 유지하는 데 큰 도움이 됩니다. 앱을 구독하지 않더라도 아이디어를 얻을 수 있는 좋은 사이트들이 많으므로 각자 브랜드에 맞는 앱이나 도구를 찾아보는 것이 좋습니다.

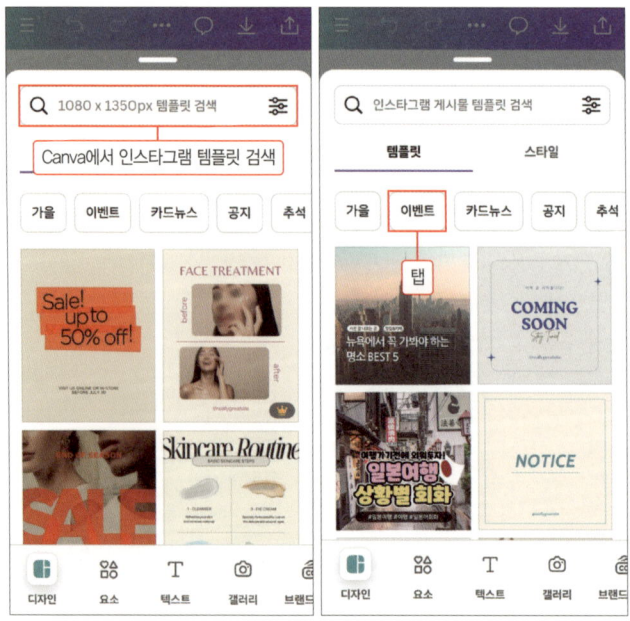

브랜드 콘셉트에 맞게 문구를 작성하려면?

인스타그램은 이미지 중심의 앱이라 사용자들의 시선을 끌 수 있는 사진이나 동영상이 매우 중요하지만, 게시물에 깊은 관심을 갖고 오래 머무르게 만드는 데는 진정성 있는 매력적인 문구가 필요합니다. 브랜드의 진정성과 확실한 정보는 팔로워를 늘리고 교류를 강화하는 데 큰 도움이 됩니다.

게시물에 어울리는 진정성 있는 글을 작성하려면 우선 글의 톤 앤드 매너를 미리 명확하게 정의하는 것이 중요합니다. 브랜드의 성격과 목표를 반영하는 글을 쓰려면 어떤 방식이나 말투로 글을 쓸 것인지 사전에 충분히 고민해야 합니다. 글의 톤과 매너는 브랜드의 이미지와 메시지를 소비자에게 어떻게 전달할지 결정짓는 중요한 요소이기 때문에 이를 잘 설정해두는 것이 필수적입니다.

브랜드의 콘셉트에 맞게 문구를 작성할 때 가장 중요한 것은 메시지를 어떻게 강화할 수 있을지에 대한 고민입니다. 예를 들어, 브랜드가 따뜻하고 친근한 이미지를 강조하고자 한다면 글의 톤도 부드럽고 친근하게 접근해야 합니다. 반면, 전문적이고 신뢰감을 주고자 한다면 정확하고 정보 중심의 글을 작성하는 것이 중요합니다. 이러한 톤은 소비자가 브랜드와 소통할 때 느끼는 감정에 큰 영향을 미치므로 어떤 스타일로 다가갈지에 대한 전략을 미리 세워야 합니다.

또한, 글의 말투와 스타일을 정할 때는 브랜드가 전달하고자 하는 메시지와 목표를 고려해야 합니다. 예를 들어, 제품이나 서비스에 대한 정보를 제공하는 경우 정보 전달이 명확하고 정확해야 하며, 제품의 장점이나 특성을 부각시키는 데 집중해야 합니다. 반면, 브랜드가 친근하고 인간적인 모습을 강조하고자 한다면 지나치게 공식적인 언어나 딱딱한 표현보다는 더 자연스럽고 소비자와의 거리가 좁혀지는 편안한 말투를 사용하는 것이 좋습니다.

혼잣말처럼 자신만의 스타일을 담아내는 것도 효과적인 방법이 될 수 있습니다. 특히 감성적인 브랜드나 창의성을 중요시하는 브랜드라면 고객이 공감할 수 있는 개인적인 이야기나 경험을 녹여낸 글쓰기도 좋은 접근입니다. 이를 통해 브랜드는 소비자와 더욱 친밀감을 형성하고, 그들과 감정적으로 연결될 수 있습니다.

이렇게 글의 톤을 결정할 때 억지로 꾸며내거나 지나치게 화려한 표현을 사용하는 것보다는 자연스럽고 진정성 있는 글을 쓰는 것이 중요합니다. 브랜드의 성격에 맞게 글을 작성하는 것이 장기적으로 더 효과적이고 지속 가능합니다. 지나치게 부자연스럽거나 일관성 없는 톤은 오히려 브랜드의 신뢰성을 떨어뜨릴 수 있기 때문에 글쓰기의 스타일과 톤을 처음부터 신중하게 결정해야 합니다.

효과적인 첫 문장 작성하기

첫 문장에는 가장 중요한 메시지를 핵심으로 담아야 합니다. 인스타그램 게시물의 글은 한두 줄만 보이고, [더 알아보기]를 탭해야 글 전체를 확인할 수 있는 구조입니다. 이 한두 줄의 짧은 글이 읽는 사람들의 호기심을 자극하여 확인하고 싶도록 만들어야 합니다.

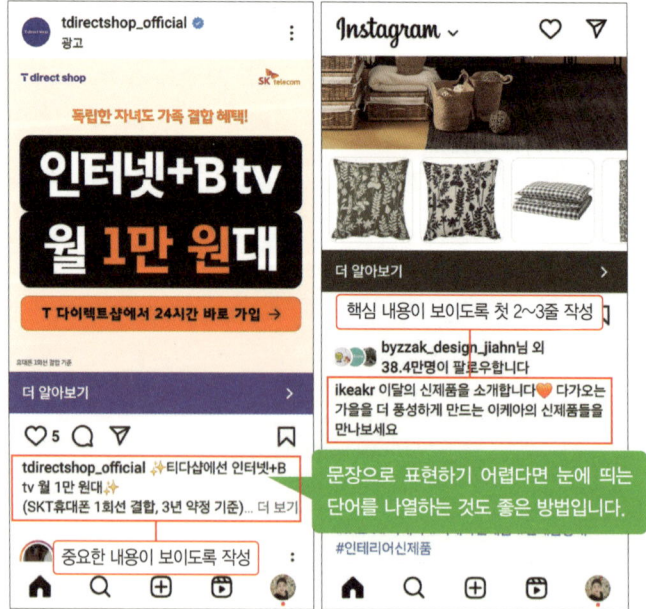

간결하고 시각적인 글쓰기

짧고 간결한 글이 효과적입니다. 문장은 간결하게 유지하고, 이모티콘을 적절히 사용하여 감정을 시각적으로 표현하세요.

인스타그램은 시각 중심의 플랫폼이므로 글이 너무 길면 사람들이 지나칠 수 있습니다.

스토리텔링과 공감 얻기

사진과 글이 자연스럽게 연결되는 스토리텔링이 중요합니다. 이미지에 담긴 의미나 상황을 설명하면 팔로워들이 더 쉽게 몰입할 수 있습니다. 경험이나 실례를 바탕으로 진솔하게 표현하면 팔로워들이 더 큰 공감을 느낄 수 있습니다.

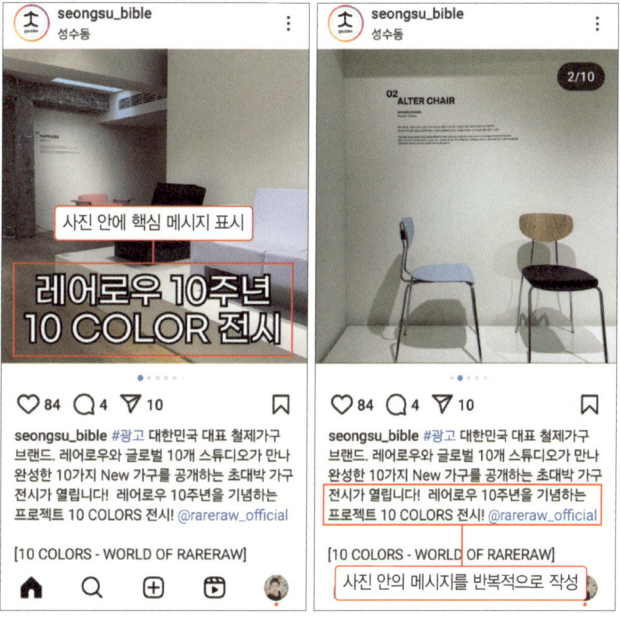

4 · 브랜드 콘셉트에 맞게 문구를 작성하려면? 199

해시태그 활용하기

해시태그를 적절히 활용해 도달 범위를 확장합니다. 인기 있는 해시태그나 포스트와 관련된 키워드를 포함하면 더 많은 사람이 게시물을 발견할 수 있습니다.

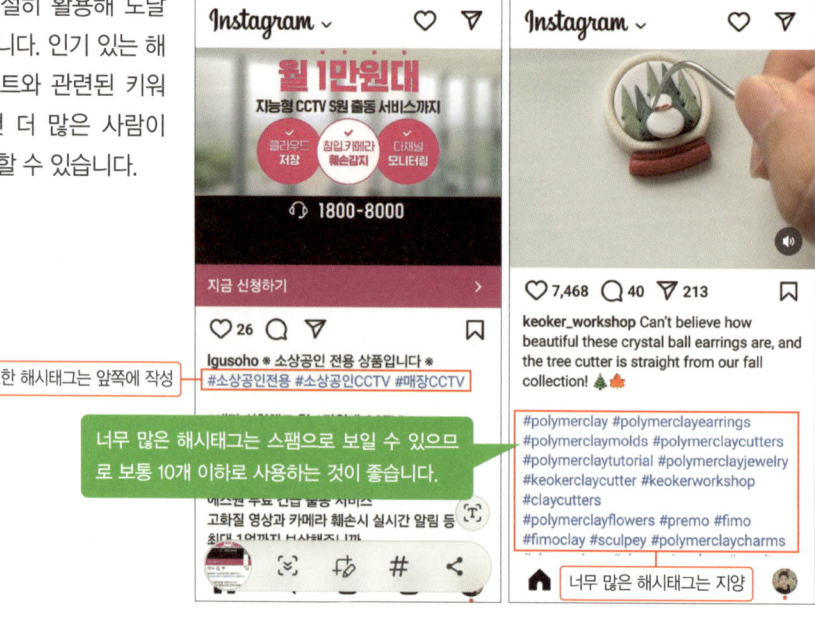

참여를 유도하는 행동 유도 문구 활용하기

CTA(Call to Action, 행동 유도 문구) 문장을 추가합니다. 팔로워들에게 질문을 던지거나 댓글을 남기고 싶도록 유도하는 글을 작성하세요. 답변하기 쉬운 질문일수록 참여율이 높아집니다.

진정성 있는 소통하기

감성적인 톤과 진정성 있는 메시지는 사람들에게 깊은 인상을 남깁니다. 개인적인 이야기나 솔직한 감정을 표현하면 팔로워들과 더 깊이 소통할 수 있습니다.

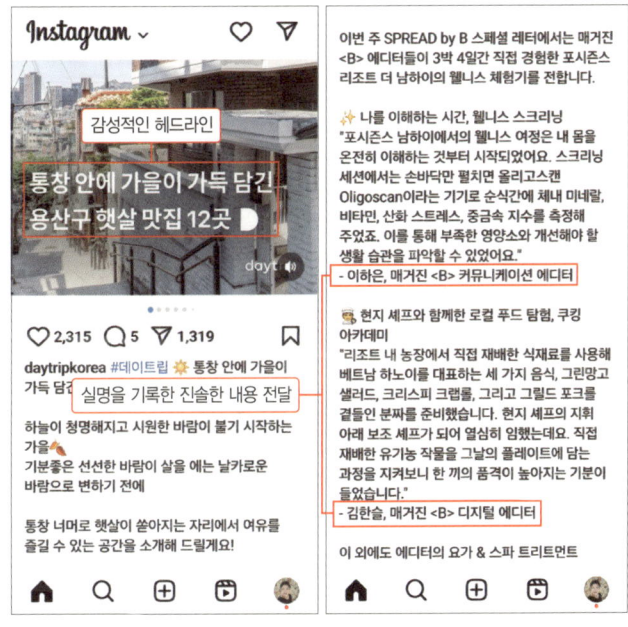

게시 시간과 일관성 유지하기

특정 시간에 게시물을 올리면 더 많은 참여를 끌어낼 수 있습니다. 팔로워의 활발한 시간을 분석해 전략적으로 포스팅하고, 일관된 주제와 톤으로 꾸준히 게시하는 것이 중요합니다.

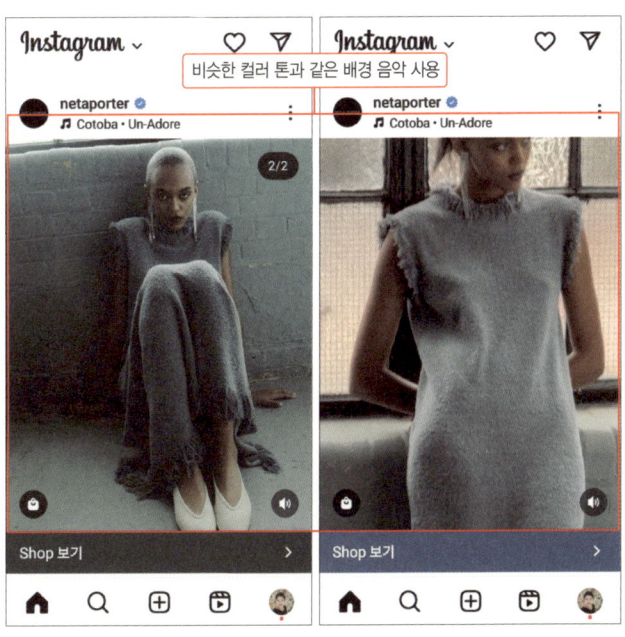

정확성과 신뢰 전달하기

비즈니스 계정을 위한 글쓰기에서는 반드시 맞춤법과 띄어쓰기를 확인해야 합니다. 잘못된 맞춤법이나 과도한 유행어 사용은 브랜드에 대한 신뢰를 떨어뜨릴 수 있습니다.

스토리에 텍스트를 효과적으로 작성하려면?

SECTION 5

스토리는 사진이나 동영상을 올릴 수 있지만, 게시물이나 릴스와는 성격이 분명히 다르다는 점을 먼저 기억해야 합니다. 스토리는 24시간 후 사라지며, 연속으로 올리면 상단에 막대가 표시되어 일명 '박음질'이라고 불리는 구조를 가집니다.

스토리의 가장 큰 특징은 인스타그램 내에서 유일하게 화면을 확대할 수 없다는 점입니다. 게시글이나 릴스는 언제든지 사진이나 동영상을 확대할 수 있지만, 스토리는 확대할 수 없으므로 이에 맞게 텍스트와 그래픽을 추가해야 합니다. 텍스트와 그래픽을 잘 배치해 전달하고자 하는 메시지가 한눈에 들어오도록 만드는 것이 중요합니다. 시각적 요소와 내용이 잘 어우러지도록 화면에 배치하는 것이 핵심입니다.

간결하고 명확한 메시지

간결하고 명확한 메시지가 가장 중요합니다. 글씨 크기를 늘려도 짧은 시간 안에 읽어야 하기 때문에 긴 문장은 눈에 잘 들어오지 않습니다.

> 사람들은 스토리를 빠르게 넘기기 때문에 짧은 문장으로 내용을 바로 파악할 수 있도록 해야 합니다.

폰트 선택과 크기 조정

알맞은 폰트를 선택하세요. 다양한 기본 폰트가 있지만, 상황에 맞는 폰트를 사용하는 것이 중요합니다. 중요한 정보나 내용은 깔끔한 폰트로, 이벤트나 특별한 순간에는 눈에 띄는 폰트를 활용하세요. 또한, 폰트 크기를 적절히 조정하여 중요한 단어는 크게, 설명은 작게 배치하는 것도 효과적입니다.

텍스트와 배경 색상 조합

텍스트와 배경 색상의 조합도 중요합니다. 텍스트가 배경에 묻히지 않고 잘 보이도록, 배경이 밝으면 글씨는 어두운 색으로, 배경이 어두우면 글씨는 밝은 색으로 설정해 정보를 명확하게 전달합니다.

강조를 통한 메시지 전달

중요한 단어나 문장을 강조하는 것이 좋습니다. 굵은 글씨체, 색상 변경, 밑줄 등을 활용할 수 있습니다. 중요한 메시지를 더 눈에 띄게 하려면 글자를 크게 하거나 이모티콘을 함께 사용하는 것도 효과적입니다.

텍스트 배치의 균형

텍스트의 배치 위치도 중요합니다. 사진이나 그래픽의 비어있는 부분에 텍스트를 적절히 배치하세요. 중요한 내용은 이미지 중심에 가까이, 부가 정보는 상하단에 배치해 균형을 맞추면 시각적으로 더 보기 좋습니다.

애니메이션 활용

텍스트나 스티커에 애니메이션을 추가할 수 있습니다. 텍스트에 움직임을 더하면 시선을 끌 수 있지만, 너무 많은 애니메이션을 사용하면 산만해 보일 수 있으므로 적당히 활용하는 것이 좋습니다.

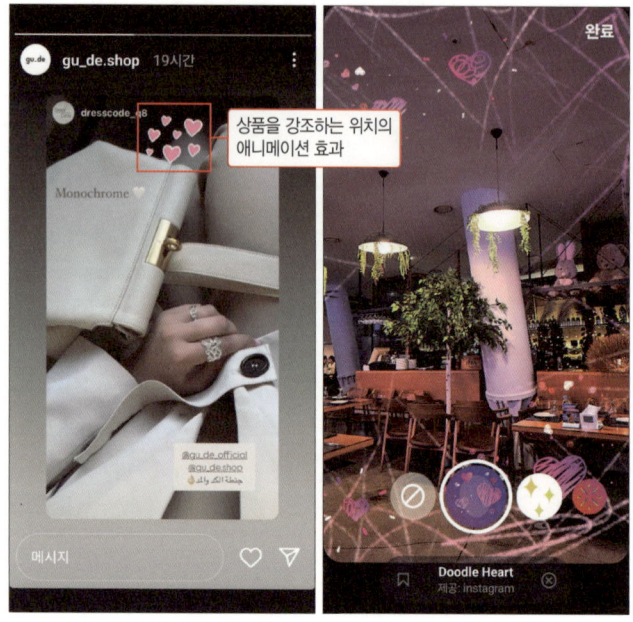

스티커로 참여 유도

스토리에서 스티커나 이모티콘을 적절히 활용하면 텍스트만으로는 전달하기 어려운 감정이나 상황을 표현할 수 있습니다. 특히 위치, 해시태그, 질문, 투표 스티커는 팔로워들의 참여도를 높이는 데 유용합니다.

그래픽 요소 강조

여러 개의 텍스트나 그래픽 요소를 레이어로 겹쳐 사용하면 시각적으로 더 흥미로운 효과를 낼 수 있습니다. 중요한 텍스트는 상단에 배치하고, 덜 중요한 내용은 배경처럼 흐리게 처리하여 깊이감과 입체감을 강조할 수 있습니다.

브랜드 일관성 유지

브랜드 일관성을 유지하는 것이 중요합니다. 색상, 폰트, 그래픽 스타일을 통일하면 사람들이 스토리를 보고 바로 브랜드를 인식할 수 있어 이를 꾸준히 유지하는 것이 좋습니다.

텍스트와 이미지의 조화

사진, 그래픽과 조화를 이루도록 배치합니다. 텍스트가 사진의 주요 포인트를 가리지 않도록 배치하고, 텍스트가 잘 보이도록 반투명 배경을 추가하는 것도 효과적입니다.

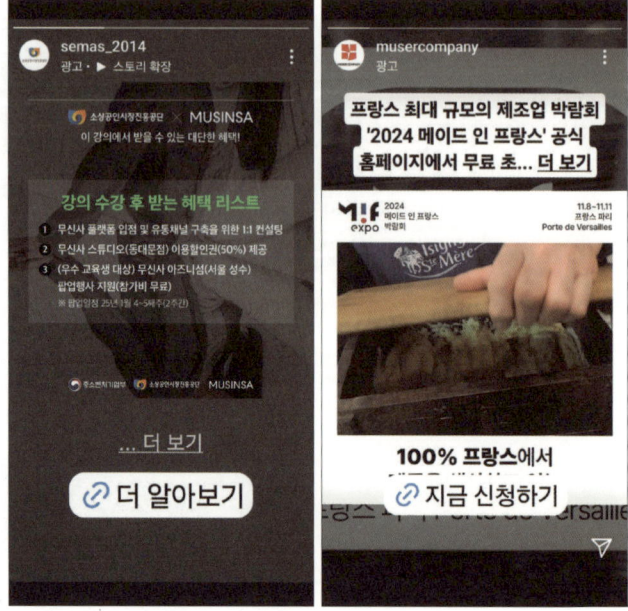

유행어 활용

때때로 유행하는 밈을 활용해 눈길을 끄는 것도 좋은 방법입니다. 적절한 유행어는 브랜드가 시대에 맞춰 가고 있다는 인상을 줄 수 있습니다. 다만, 너무 자주 사용하는 것은 피로감을 주고 브랜드를 가볍게 보이게 할 수 있으므로 주의하는 것이 좋습니다.

 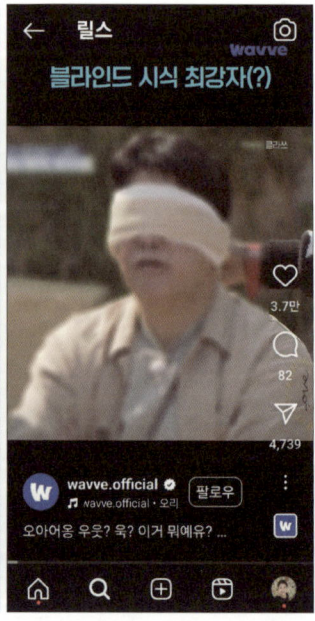

SECTION 6
릴스에 텍스트를 어울리게 **작성**하려면?

인스타그램 릴스에서 텍스트를 잘 작성하려면 짧은 시간 안에 메시지를 효과적으로 전달하면서 시각적인 흥미를 유발해야 합니다. 릴스는 빠르게 스크롤하며 소비되는 콘텐츠이기 때문에 텍스트를 활용해 주목을 끄는 것이 매우 중요합니다. 릴스 텍스트를 효과적으로 작성하는 방법을 알아봅니다.

릴스에서 텍스트는 단순한 설명을 넘어서 다양한 역할을 할 수 있습니다. 감각적이고 전략적으로 텍스트를 활용해 더 매력적이고 시선을 끄는 콘텐츠를 만들어 보세요.

주목성 있고 간결하게!

릴스는 짧은 영상이므로 텍스트도 간결해야 합니다. 한눈에 이해할 수 있는 짧은 문장을 사용하는 것이 좋습니다. 복잡한 문구보다는 핵심적인 단어로 임팩트를 주는 게 더 효과적이에요. 예를 들어, "Try this now!", "꿀팁 대공개!", "Before & After!"처럼 주목을 끌 수 있는 방식으로 작성해 보세요.

 릴스 영상에 텍스트 입력 시 유의점

핵심 메시지는 빠르고 간결하게 전달해야 합니다. 긴 문장은 피하고, 요점을 간결하게 표현하세요. 중요한 정보는 큰 폰트로 눈에 띄게 배치하고, 모바일 화면에 잘 보이도록 적당한 크기로 설정하세요.

중요한 정보 먼저!

중요한 정보는 처음에 배치하는 것이 좋습니다. 릴스는 자동으로 재생되므로 초반 몇 초가 가장 중요합니다. 시작하자마자 텍스트로 핵심 정보를 전달하면 시청자들이 계속 볼 확률이 높아집니다. 예를 들어, "놀라운 결과를 확인해 보세요!"처럼요.

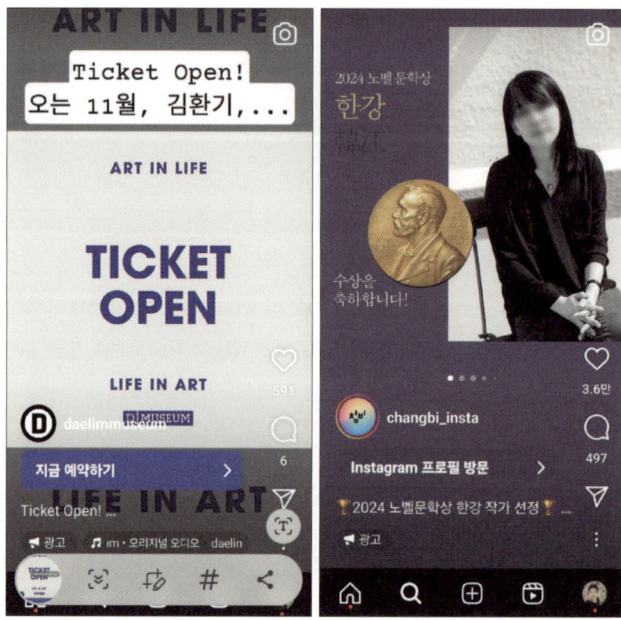

흐름에 맞게!

동영상 흐름에 맞춰 텍스트를 배치합니다. 텍스트가 너무 오래 나오면 지루해지고, 너무 짧으면 읽기 어렵습니다. 빠른 컷 편집에는 짧은 텍스트가 잘 어울리고, 특정 장면에서는 강조할 텍스트를 조금 더 천천히 보여주는 것이 좋습니다.

콘텐츠에 맞는 폰트 사용하기

텍스트의 폰트와 크기는 릴스의 분위기와 내용에 맞춰야 합니다. 밝고 활기찬 릴스에는 생동감 있는 폰트를, 차분한 분위기에는 깔끔한 폰트를 사용하는 것이 좋습니다. 또한, 폰트 크기도 중요한데 너무 작으면 시청자가 읽기 어렵고, 너무 크면 영상의 주제가 가려질 수 있으므로 여러 번 시도해 보세요.

 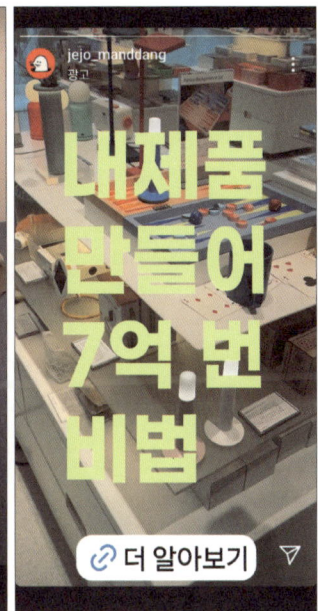

색상 대비로 가독성 높이기

텍스트가 배경과 잘 구분되도록 색상 대비를 활용합니다. 배경이 밝으면 어두운색 글씨, 어두운 배경일 경우 밝은색 글씨를 사용해 텍스트가 잘 보이도록 해야 합니다. 또한, 텍스트에 그림자 효과를 주거나 반투명 배경을 추가하면 가독성을 높일 수 있습니다.

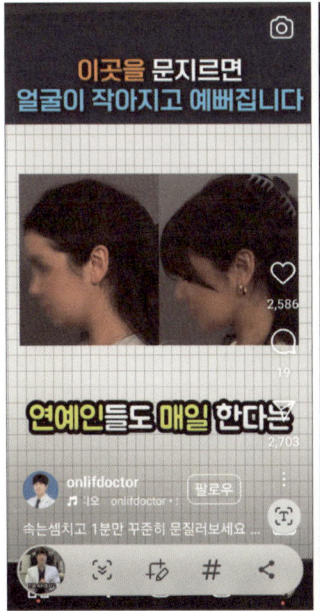 

자막으로 메시지 전달하기

릴스를 소리 없이 보는 사용자도 많으므로 대화나 중요한 설명이 포함된 경우 자막 추가는 필수입니다. 자막은 영상의 주요 메시지를 전달하며, 시청자가 소리를 듣지 않더라도 내용을 쉽게 이해할 수 있게 도와줍니다.

동작에 따라 텍스트 입력하기

릴스에서 텍스트는 영상의 동작이나 장면과 잘 맞아야 합니다. 예를 들어, 특정 행동이 일어나면 그에 맞춰 텍스트가 등장하거나, 동작에 맞춰 텍스트가 사라지도록 연출하면 콘텐츠가 더 흥미롭고 몰입감 있게 느껴집니다.

이모티콘 사용하기

이모티콘은 감정을 전달하거나 텍스트를 보강하는 데 유용합니다. 릴스에서 적절히 사용하면 콘텐츠가 더 가볍고 재미있게 느껴지지만, 너무 많이 사용하면 메시지가 흐려질 수 있으므로 유의합니다.

행동 유도 문구 추가하기

시청자에게 원하는 행동을 명확히 안내하는 CTA(Call to Action, 행동 유도 문구)를 추가합니다. '더 알아보기', '구독하기', '링크 클릭'과 같은 문구를 넣어 시청자의 반응을 유도할 수 있습니다.

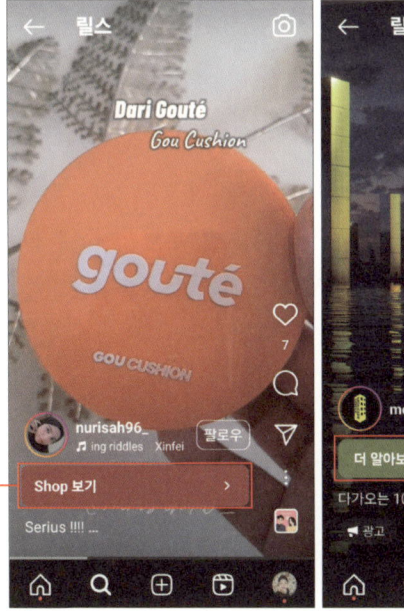

CTA 행동 유도 문구 넣기

인스타그램 스토리를 잘 활용하려면?

인스타 스토리는 사진이나 동영상을 일시적으로 공유할 수 있는 플랫폼입니다. 스토리는 24시간 후 자동으로 사라지며, 일상적인 순간이나 특별한 이벤트를 친구들과 빠르게 공유하는 데 유용합니다. 텍스트, 스티커, 음악, 필터 등을 추가하여 더욱 창의적으로 꾸밀 수 있습니다. 다음 팁들을 활용하면 더 많은 팔로워와 소통하고, 콘텐츠에 대한 반응도 높일 수 있습니다.

1 팔로워와의 상호 작용을 위한 참여 유도

브랜드가 팔로워와 적극적으로 상호 작용하려면 단순히 콘텐츠를 소비하는 것에 그치지 않고, 팔로워들이 실제로 참여하고 반응할 수 있도록 유도하는 것이 필요합니다. 예를 들어, 스토리 기능 중 설문조사나 퀴즈와 같은 인터랙티브한 요소를 활용하는 방법이 있습니다. 이를 통해 팔로워에게 질문을 던지거나, 그들의 의견을 묻고, 피드백을 즉각적으로 받을 수 있습니다. 이러한 방식은 팔로워가 브랜드와의 관계에서 더욱 중요한 역할을 느끼게 해주며, 브랜드가 팔로워의 목소리에 귀 기울이고 있다는 인상을 전달할 수 있습니다.

설문조사나 퀴즈를 통해 팔로워의 의견을 묻는 것 외에도 질문 스티커를 활용하여 팔로워들에게 직접적인 피드백을 요청할 수 있습니다. 이러한 참여 유도 방식은 팔로워들이 스토리 콘텐츠에 대해 더욱 관심을 가지게 만들며, 브랜드와의 관계를 더욱 강화하는 데 큰 도움이 됩니다. 특히, 투표나 퀴즈와 같은 인터랙티브한 요소를 자주 사용하면 팔로워들의 참여도가 자연스럽게 높아지고, 브랜드와의 상호 작용이 더욱 활발해집니다.

2 콘텐츠 다양화 및 반복적인 노출 전략

인스타그램 스토리는 24시간이라는 짧은 시간 동안만 노출되기 때문에 팔로워들이 자주 스토리를 확인하도록 유도하려면 콘텐츠의 다양성이 중요합니다. 한 가지 유형의 콘텐츠만 반복적으로 노출되면 팔로워들은 지루함을 느끼고 스토리 확인을 하지 않게 될 수 있습니다. 따라서 제품 소개, 고객 후기, 프로모션, 이벤트 안내, 일상적인 비하인드 씬 등 다양한 콘텐츠 유형을 믹스하여 균형 있게 게시하는 것이 중요합니다.

또한, 인기 있는 콘텐츠를 반복적으로 노출시키는 전략도 효과적입니다. 예를 들어, 특정 제품이나 서비스에 대한 관심이 높다면 해당 콘텐츠를 여러 차례 스토리에 노출시키는 것이 좋습니다. 같은 콘텐츠를 여러 번 보여줌으로써 팔로워들이 자연스럽게 브랜드와 관련된 정보를 지속적으로 접할 수 있게 됩니다. 이 방법은 팔로워들의 기억에 브랜드를 각인시키는 데 도움을 주며, 관심을 유도하는 데 매우 효과적입니다.

3 스토리의 목적을 명확하게 설정

인스타그램 스토리를 활용할 때는 그 목적을 명확하게 설정하는 것이 중요합니다. 스토리를 통해 팔로워들과 일상적인 순간이나 가벼운 소통을 할 것인지, 신제품 출시나 이벤트, 할인 등을 홍보할 것인지, 아니면 팔로워들과 직접적으로 소통할 수 있는 콘텐츠를 제작할 것인지를 먼저 정의해야 합니다. 스토리의 목적을 명확히 설정하면 콘텐츠의 방향성이 결정되고, 팔로워들에게도 어떤 종류의 콘텐츠를 기대할 수 있을지 알리게 됩니다. 예를 들어, 할인과 이벤트를 홍보하는 스토리는 유도하는 방식이 다를 수 있으며, 고객과의 소통을 목적으로 하는 스토리는 더욱 친근하고 자연스러운 톤을 사용할 수 있습니다.

4 특별한 혜택 제공과 인센티브

팔로워들에게 특별한 혜택이나 인센티브를 제공하는 것은 참여를 유도하는 강력한 방법입니다. 예를 들어, 스토리 전용 쿠폰 코드를 제공하거나 스토리에서만 볼 수 있는 한정판 제품을 소개하는 방식은 팔로워들에게 특별한 가치를 전달할 수 있습니다. 이런 방식은 팔로워들이 브랜드와의 관계를 더욱 강화하게 하고, 스토리에서만 얻을 수 있는 혜택을 제공하는 느낌을 주어 지속적인 참여를 끌어냅니다.

또한, 경품을 제공하는 이벤트는 참여도를 높이는 데 효과적이며, 팔로워들이 자연스럽게 브랜드의 메시지를 공유하게 만듭니다. "친구를 태그하고 경품을 받으세요."와 같은 방식은 팔로워들의 친구들까지 메시지가 전달되게 합니다.

스토리 목적 설정하기

스토리의 목적을 명확하게 설정합니다. 팔로워들과 가벼운 일상이나 순간을 자연스럽게 공유할 것인지, 신제품, 이벤트, 할인 등을 홍보할 것인지, 또는 팔로워들과 직접 소통할 수 있는 콘텐츠를 제작할 것인지를 먼저 정한 후 시작하는 것이 좋습니다.

브랜드 일관성 유지하기

통일된 색상과 폰트를 사용하여 시각적으로 브랜드 일관성을 유지합니다. 브랜드에 맞는 특정 스타일을 유지해 팔로워가 스토리를 보고 바로 인식할 수 있도록 합니다.

핵심 메시지 전달하기

짧고 간결하게 핵심 메시지를 전달합니다. 적절한 타이밍에 스티커나 이모티콘을 사용해 재미를 더하거나 주의를 끄는 것도 좋습니다.

팔로워 참여 유도하기

질문 스티커, 투표 기능 등을 활용하여 팔로워들이 적극적으로 참여하도록 유도합니다. 팔로워의 피드백이나 응답을 스토리에 공유하면 더 많은 참여를 끌어낼 수 있습니다.

적극적인 피드백은 소통을 이어가는 데 매우 중요합니다.

 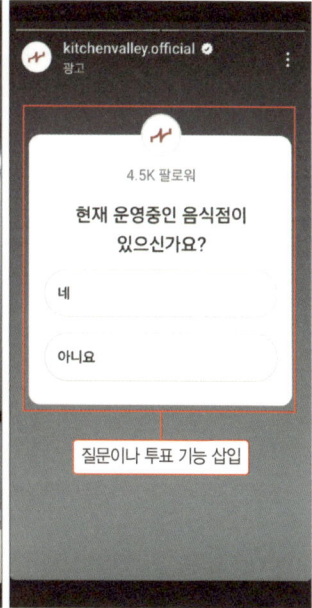

질문이나 투표 기능 삽입

실시간 공유로 생동감 전달하기

실시간 콘텐츠와 이벤트, 현장 상황을 공유해 생동감을 더합니다. 중요한 순간이나 특별한 이벤트를 실시간으로 전달하면 팔로워들이 현실감과 현장감을 느낄 수 있어 브랜드의 활기를 높이는 데 큰 도움이 됩니다.

음악&효과로 감성 연출하기

음악을 추가해 감정과 분위기를 표현합니다. 다양한 필터와 이펙트를 활용하면 콘텐츠를 더 재미있고 창의적으로 연출할 수 있습니다.

해시태그로 노출 극대화하기

관련 해시태그와 위치 태그를 포함하여 더 많은 사람에게 스토리를 노출합니다. 특히 브랜드나 이벤트 관련 해시태그는 중요한 트래픽을 유도할 수 있습니다.

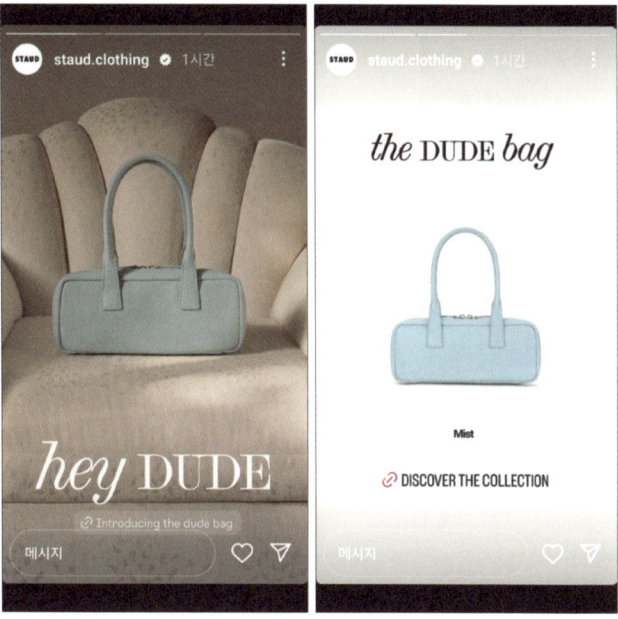

중요 공지 반복 노출하기

중요한 정보나 공지는 여러 번 스토리로 반복하여 전달해 놓치지 않도록 하는 것이 좋습니다.

인스타그램 릴스를 잘 만들려면?

인스타그램 릴스(Reels)는 짧은 동영상을 제작하고 공유하는 기능입니다. 틱톡(TikTok)과 유사하게 15초에서 60초 길이의 영상을 만들 수 있으며, 다양한 음악, 필터, 효과, 텍스트 등을 추가할 수 있습니다.

인스타그램 릴스(Reels)는 그 자체로 매우 강력한 도구로, 탐색(Explore) 페이지에 노출되기 때문에 많은 사람이 콘텐츠를 쉽게 발견할 기회를 제공합니다. 이를 통해 브랜드, 인플루언서, 크리에이터들은 자신들의 제품이나 개인 브랜드를 홍보할 수 있는 중요한 채널을 확보하게 됩니다. 릴스를 잘 활용하면 팔로워를 늘리거나 인기를 얻는 데 큰 도움이 될 수 있으며, 특히 짧고 강렬한 콘텐츠가 소비되는 시대에서 그 효과는 더욱 커지고 있습니다. 그러므로 브랜드나 개인이 릴스를 만들 때는 다음과 같은 요소들을 신경 써야 합니다.

1 콘텐츠의 몰입도

릴스는 빠르게 소비되는 콘텐츠 형식이기 때문에 몰입도가 매우 중요합니다. 첫 3초가 핵심이라는 점을 염두에 두고, 사용자가 영상을 시작하자마자 빠르게 관심을 가질 수 있도록 해야 합니다. 초기 화면에서 시청자의 시선을 끌 수 있는 강렬한 요소를 넣는 것이 중요합니다. 예를 들어, 시각적으로 눈에 띄는 장면이나 호기심을 자극하는 질문을 던지거나, 미리 알려지지 않은 정보를 담아두는 방식으로 시청자의 호기심을 자극할 수 있습니다.

2 시청자와의 소통

릴스를 성공적으로 활용하려면 단순히 콘텐츠를 게시하는 데 그치지 않고, 시청자와의 상호 작용을 유도하는 것이 중요합니다. 릴스 영상의 댓글이나 다이렉트 메시지를 통해 피드백을 받고, 대화를 나누는 것은 팔로워와의 관계를 더욱 강화하는 방법입니다.

브랜드나 인플루언서가 팔로워의 댓글에 직접 답변하거나, 팔로워들의 콘텐츠에 대한 의견을 묻는 방식으로 소통을 유도할 수 있습니다. 또한, 릴스 영상에서 질문 스티커나 투표 기능 등을 활용하여 팔로워들의 참여를 끌어내는 것도 매우 효과적입니다.

첫 3초로 시선 끌기

짧고 강렬한 첫 3초가 가장 중요합니다. 첫 장면에서 흥미로운 장면이나 질문, 강렬한 시각적 요소를 배치해 시선을 사로잡아 눈을 떼지 못하게 만드세요. 강렬한 문구나 재미있는 순간으로 시작할 수 있도록 배치하는 것이 좋습니다.

스토리로 몰입 유도하기

스토리텔링이 있는 콘텐츠로 만듭니다. 15초짜리 TV 광고처럼 시작, 중간, 끝이 명확한 작은 이야기를 짧게 보여주어 시청자가 쉽게 흐름을 따라갈 수 있도록 하세요. 음악과 영상 전환을 적절히 활용하면 몰입도를 높일 수 있습니다.

트렌드로 소통 확대하기

현재 인기 있는 챌린지나 밈을 적절히 활용하면 더 많은 시청자와 소통할 수 있습니다. 트렌디한 음악이나 특정 릴스 포맷을 활용하면 더 자주 노출될 가능성이 높아집니다.

음악으로 감정 극대화하기

인스타그램 릴스의 큰 장점은 다양한 음악을 사용할 수 있다는 점입니다. 콘텐츠의 분위기에 맞는 음악을 선택해 감정 전달을 극대화하고, 짧고 효과적인 사운드 효과로 재미를 더하거나 집중할 부분을 강조할 수 있습니다.

 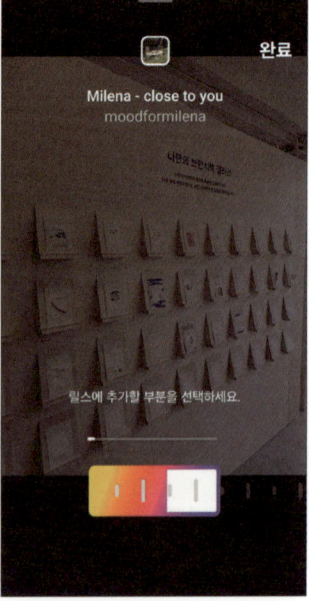

퀄리티 높은 영상 편집하기

높은 퀄리티의 촬영과 편집으로 시청자의 시각적 만족감을 높이세요. 특히 자연광을 활용한 촬영은 영상 퀄리티를 크게 향상시킬 수 있습니다. 다양한 컷 전환과 줌 인/줌 아웃 효과를 적절히 사용해 다이내믹한 영상 편집을 시도하는 것도 좋지만, 편집 기술이 부족하다면 텍스트를 활용해 배치하는 방법도 있습니다.

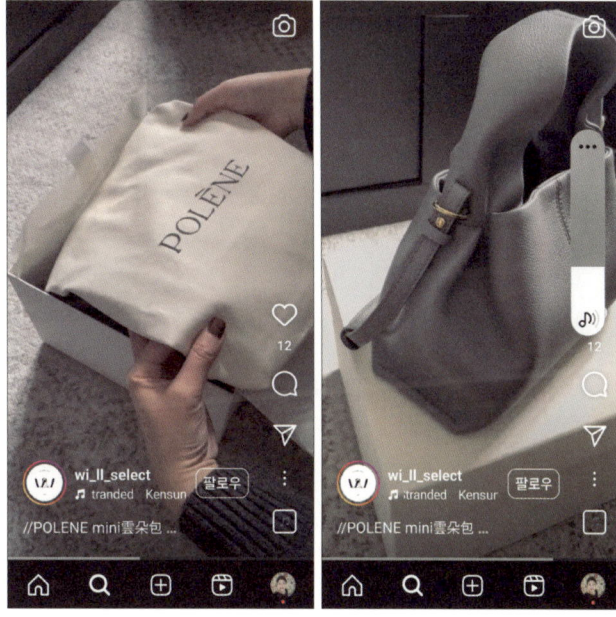

텍스트로 메시지 강조하기

중요한 메시지나 정보는 텍스트로 강조하세요. 자막을 넣어 음소거 상태에서도 이해할 수 있도록 하고, 핵심을 글로 표시하여 메시지를 명확하게 전달하면 시청자가 기억하기 쉽습니다.

자연스럽게 제품 소개하기

단순한 광고보다 자연스럽게 제품이나 서비스를 소개하는 방식이 더 효과적입니다. 예를 들어, 일상에서 제품을 사용하는 장면을 녹여내면 더 친근하고 덜 상업적으로 느껴질 수 있습니다.

> 제품이 어떤 것인지 궁금증을 유발하는 것이 좋습니다.

해시태그로 노출 확대하기

관련 해시태그를 활용해 더 많은 사용자에게 노출합니다. 짧고 강렬한 캡션으로 시청자의 관심을 끌거나 질문을 던져 소통을 유도해 보세요.

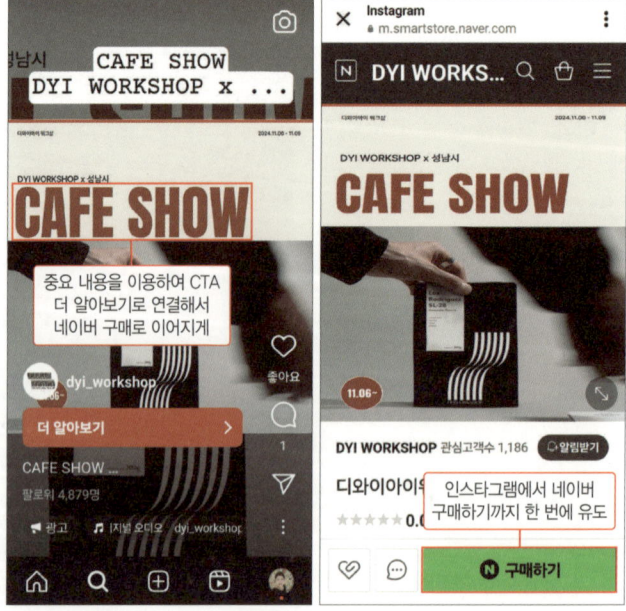

라이브로 고객과 직접 소통하려면?

SECTION 9

인스타그램 라이브는 사용자가 실시간으로 방송할 수 있는 기능입니다. 팔로워들은 이 방송에 실시간으로 참여하고 댓글을 남길 수 있어 즉각적인 소통을 할 수 있습니다. 라이브 방송은 Q&A 세션, 이벤트 중계, 제품 출시, 일상 브이로그 등 다양한 용도로 활용할 수 있습니다. 방송이 끝난 후에는 다시 보기로 저장하여 나중에 다른 사람들과 공유할 수 있습니다.

인스타그램 라이브를 활용하면 실시간으로 팔로워들과 소통하고 브랜드 신뢰도를 높일 수 있습니다. 팔로워들과의 즉각적인 상호 작용은 개인적인 연결을 강화하고 참여도를 높이는 데 효과적입니다. 인스타그램 라이브로 소통하는 방법과 효과적으로 운영하기 위한 팁은 다음과 같습니다.

목표 설정으로 집중하기

라이브 방송 목표를 명확히 설정합니다. 전달하고자 하는 메시지나 목표가 있어야 집중된 내용으로 진행할 수 있습니다. 예를 들어, 새 제품 발표나 프로모션 소개, Q&A 세션을 통한 팔로워와의 소통, 제품 사용법 또는 메이크업 튜토리얼과 같은 교육적 콘텐츠, 이벤트나 추첨 발표 등이 있습니다.

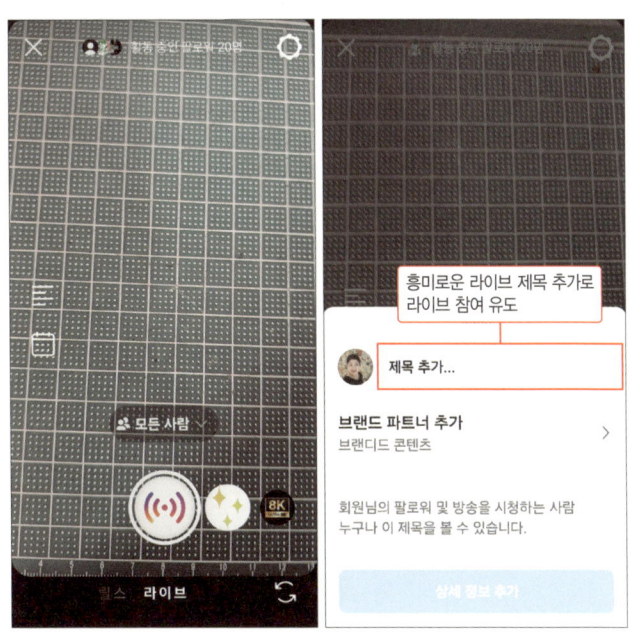

사전 홍보와 알림 설정하기

사전 홍보와 알림 설정을 반드시 합니다. 라이브 방송 전에 스토리나 게시물을 통해 팔로워들에게 방송 시간을 미리 알립니다. '라이브 알림 받기' 기능을 활성화해 팔로워들이 방송 시작 전에 알림을 받을 수 있게 하고, 카운트다운 스티커를 사용해 방송 시간을 공지하며, 팔로워들이 미리 알림을 설정하도록 유도합니다.

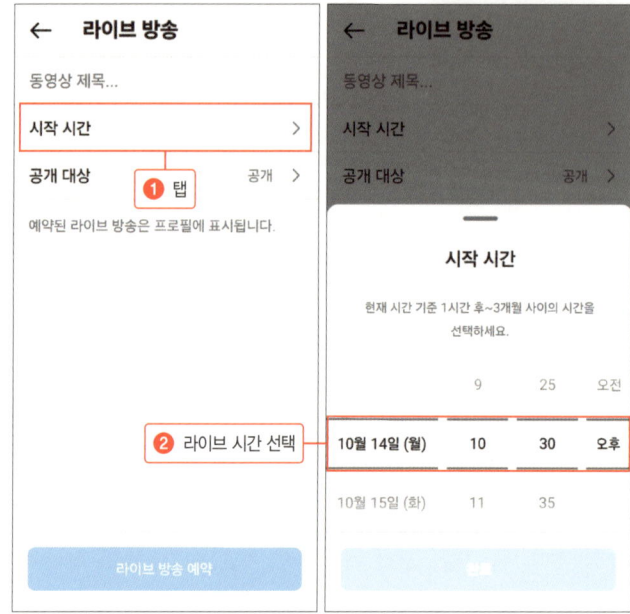

라이브 전 연습하기

라이브 방송 전에 연습할 수 있는 기능도 있습니다. 연습 모드로 설정해 실제처럼 연습한 후 라이브를 진행하는 것도 좋은 방법입니다. 처음 진행한다면 여러 번 연습하고 저장된 영상을 확인하여 수정할 부분을 보완한 후 시작하는 것이 좋습니다.

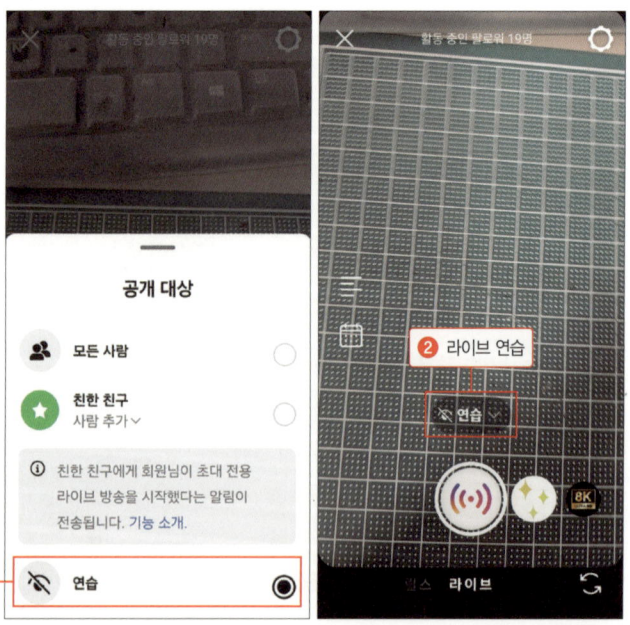

실시간 소통 강화하기

팔로워와의 실시간 소통을 적극적으로 합니다. 라이브 중에는 팔로워들의 댓글과 질문에 즉각적으로 반응하는 게 중요합니다. 실시간 채팅을 통해 팔로워들의 질문에 답하거나, 그들의 이름을 언급하여 참여를 유도하는 것이 좋습니다.

Q&A 세션을 따로 마련해 팔로워들의 자주 묻는 질문을 미리 받아두고 답하는 방식으로 진행할 수도 있습니다.

게스트 초대와 협업하기

게스트 초대와 협업을 통하여 라이브 방송을 더 흥미롭게 만들 수 있습니다. 이를 통해 팔로워들은 새로운 시각을 경험할 수 있고, 게스트의 팔로워도 유입될 가능성이 커집니다.

협업 중인 인플루언서나 다른 브랜드를 초대해 공동 방송을 진행하면 팔로워와의 소통을 더욱 강화할 수 있습니다.

다양한 라이브 형식 진행하기

라이브 방송은 단순한 대화형 콘텐츠뿐만 아니라 다양한 형식으로 진행할 수 있습니다. 예를 들어, 실시간 제품 언박싱, 제품 사용 방법 시연과 사용 소감 피드백, 요리나 DIY 제작 과정 등을 실시간으로 함께 진행할 수 있습니다.

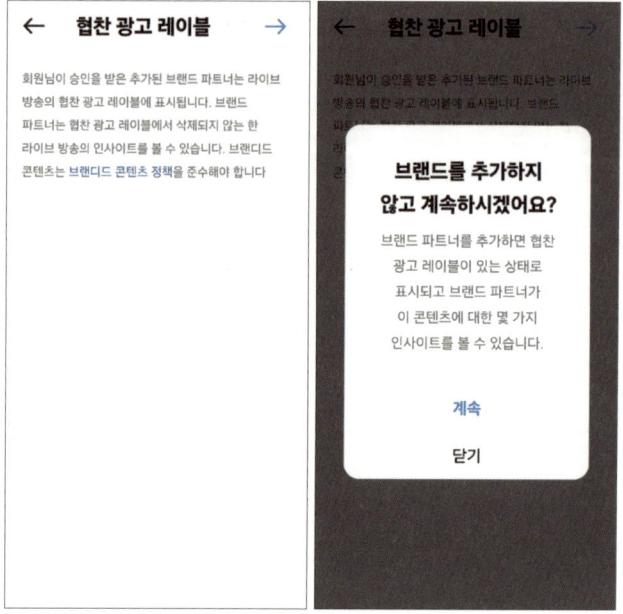

활동 시간에 맞춰 방송하기

라이브 방송 시간은 팔로워들의 활동이 많은 시간대를 고려해 정합니다. 인스타그램 인사이트를 사용해 팔로워들이 가장 활발히 활동하는 시간을 파악한 후 라이브를 진행하는 것이 중요합니다.

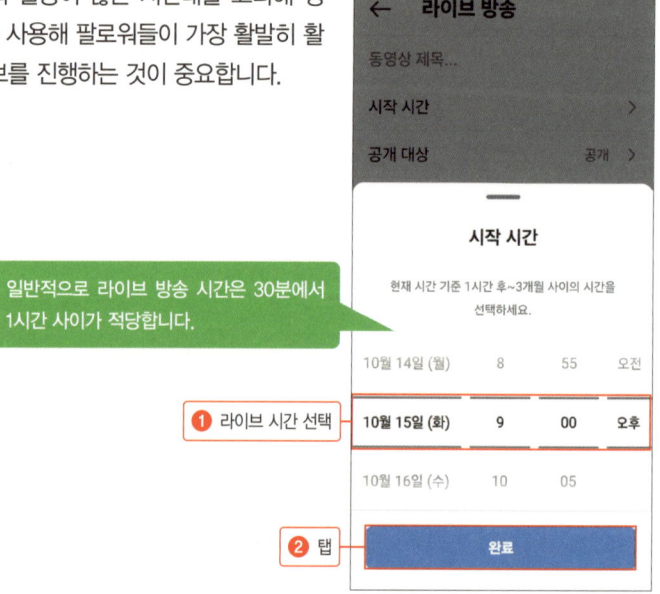

일반적으로 라이브 방송 시간은 30분에서 1시간 사이가 적당합니다.

댓글 관리 및 필터링하기

라이브 도중 댓글이 너무 많거나 부정적인 댓글이 올라올 수 있습니다. 이런 경우를 대비해 댓글 필터링 설정을 하거나, 도우미 역할을 지정해 라이브 중에 댓글을 모니터링하고 관리하는 것이 좋습니다. 필요하다면 부정적인 댓글은 바로 삭제하거나 해당 사용자를 차단할 수 있습니다.

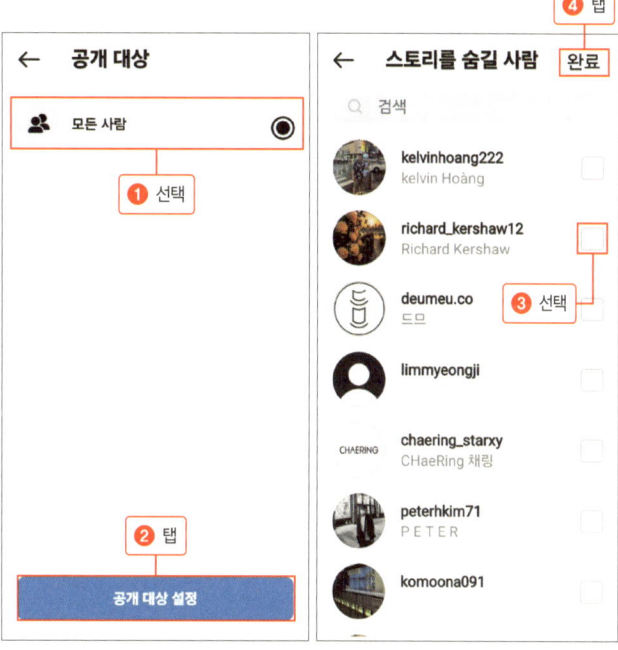

조명과 장비 준비하기

조명과 배경이 잘 준비된 장소에서 라이브를 진행합니다. 자연광을 활용하거나 링 라이트 같은 조명을 사용해 얼굴이나 제품이 잘 보이도록 설정하는 것이 중요합니다. 마이크나 스마트폰 스탠드와 같은 간단한 장비를 활용하면 안정적이고 선명한 방송을 만들 수 있습니다.

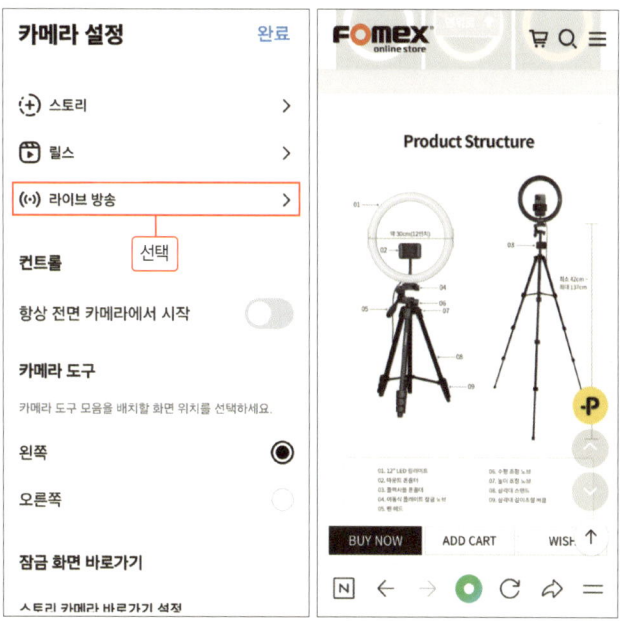

보관함에 라이브 방송 저장하기

라이브 방송 후에는 영상을 IGTV에 저장하거나 스토리 하이라이트에 추가하여 방송을 놓친 팔로워들이 다시 볼 수 있도록 합니다. 중요한 질문이나 정보를 요약하여 게시물이나 스토리로 올려 더 많은 팔로워에게 전달하는 것도 효과적인 방법입니다.

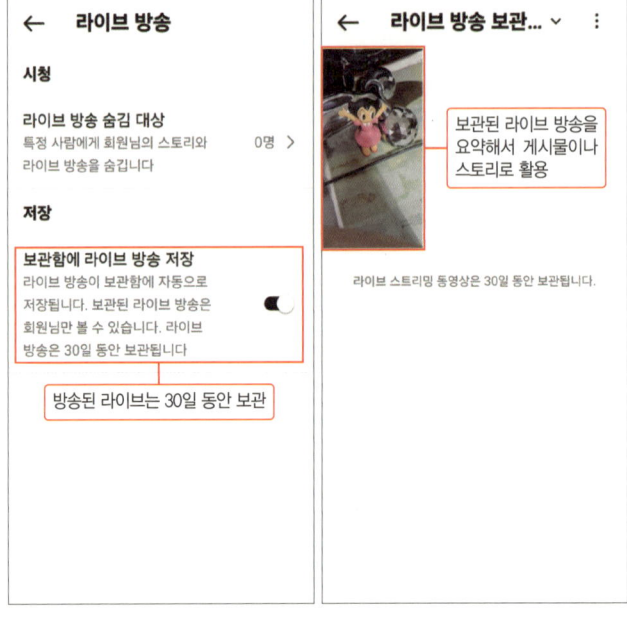

라이브 방송 효과 분석하기

라이브 방송 후 인스타그램 인사이트를 통해 방송을 본 팔로워 수와 참여도를 분석하고, 이를 바탕으로 다음 방송에서 개선할 점을 전략적으로 세웁니다. 이렇게 인스타그램 라이브를 효과적으로 운영하면 팔로워와의 실시간 소통을 강화하고, 브랜드에 대한 신뢰를 높일 수 있습니다.

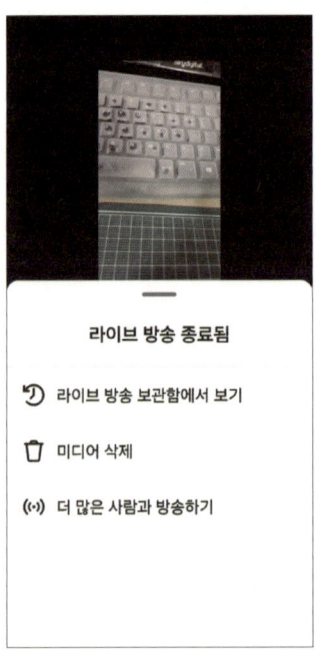

프로필에 브랜드를 제대로 담으려면?

인스타그램 비즈니스 계정 프로필을 잘 꾸미는 것은 브랜드 이미지와 팔로워에게 주는 첫인상에 큰 영향을 미칩니다. 매력적이고 명확한 프로필은 더 많은 팔로워를 끌어들이며, 비즈니스 성공에 중요한 역할을 합니다. 프로필을 통해 브랜드를 효과적으로 나타내려면 각 요소를 전략적으로 구성해 브랜드 정체성을 명확하게 표현하는 것이 중요합니다. 다음 요소들을 활용하여 브랜드 메시지를 잘 전달하는 프로필을 만들 수 있습니다.

인스타그램에서 프로필 아이콘은 계정을 대표하는 이미지로 다양한 기능을 제공합니다. 프로필 아이콘은 사용자가 설정한 프로필 사진으로 표시되며, 앱의 맨 오른쪽 아래에 위치합니다. 이를 클릭하면 내 계정으로 이동하며, 왼쪽 상단에 표시됩니다. 새로운 스토리가 있으면 프로필 사진에 색이 있는 원형 테두리가 나타납니다.

정체성 있는 이미지 사용하기

매력적이고 명확한 프로필 사진을 사용하세요. 브랜드 로고나 브랜드와 관련된 심플하고 직관적인 이미지를 선택하는 것이 좋습니다.

브랜드 프로필 사진

다른 플랫폼도 같은 이미지 사용하기

페이스북, 스레드, X, 블로그, 카톡 채널 등 다른 소셜 미디어 플랫폼에서도 동일한 이미지를 사용하는 것이 중요합니다. 이는 일관된 브랜딩을 유지하며 팔로워에게 강한 인상을 남깁니다.

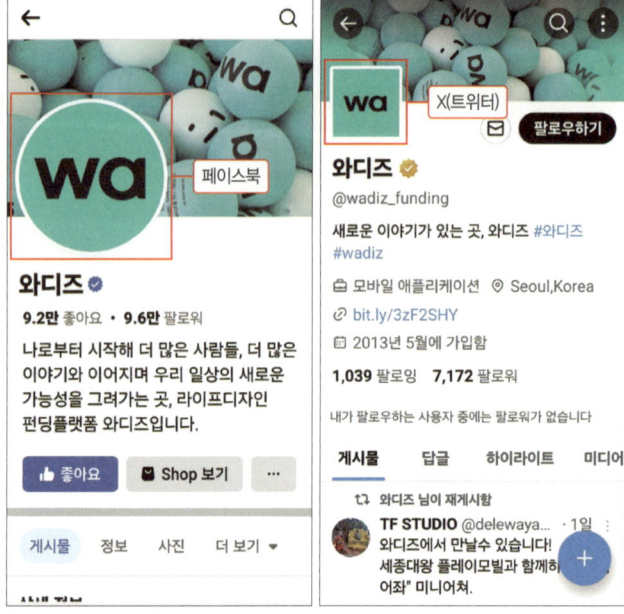

일관성 있는 사용자 이름과 @핸들 정하기

사용자 이름과 @핸들은 브랜드를 쉽게 인식할 수 있도록 간결하게 설정합니다. 브랜드명을 그대로 사용하거나 관련된 짧고 기억하기 쉬운 이름을 선택하세요.

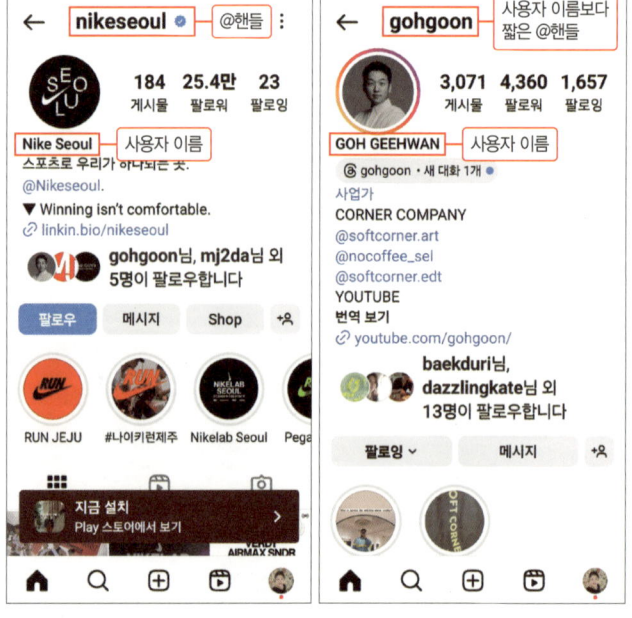

직관적인 브랜드 소개 문구 정하기

간결하고 매력적인 소개 문구를 150자 이내로 작성합니다. 사람들이 한눈에 브랜드의 가치를 파악할 수 있도록 주요 서비스와 가치를 간결하게 담는 것이 중요합니다.

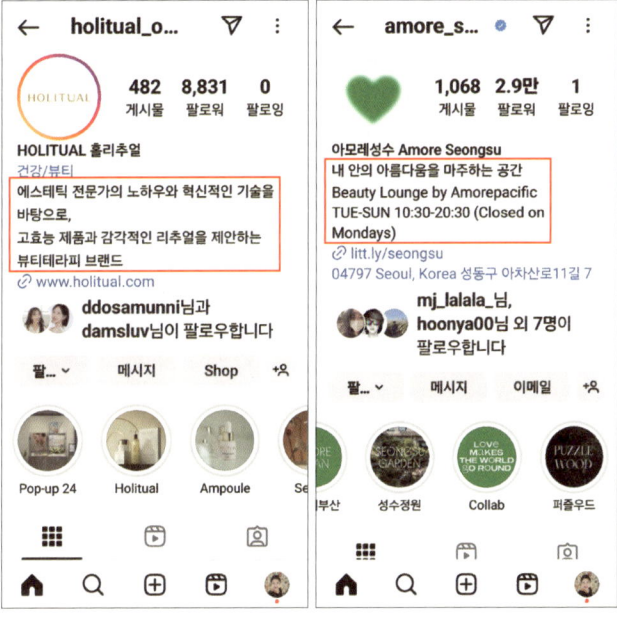

소개글에 관련 키워드나 해시태그 걸기

프로필 소개에 관련 키워드를 적절히 포함하면 사람들이 검색을 통해 쉽게 찾을 수 있습니다. 또한, 브랜드 고유의 해시태그를 프로필에 넣으면 더 쉽게 검색할 수 있습니다.

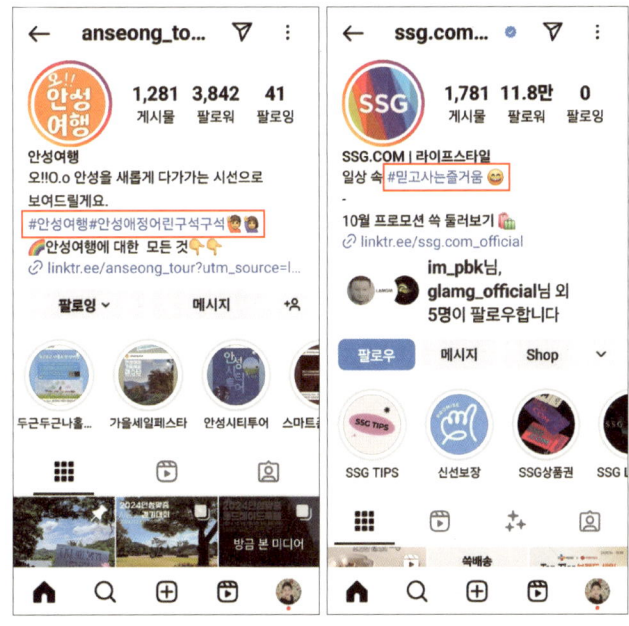

행동 유도 문구 삽입으로 클릭 유도하기

CTA(Call to Action, 행동 유도 문구)를 프로필에 추가하는 것이 중요합니다. '지금 쇼핑하기', '뉴스레터 구독하기', '할인 코드 받기'와 같은 문구로 클릭을 유도할 수 있습니다. '더 많은 소식 보기'를 탭하면 다양한 콘텐츠에 쉽게 접근할 수 있습니다.

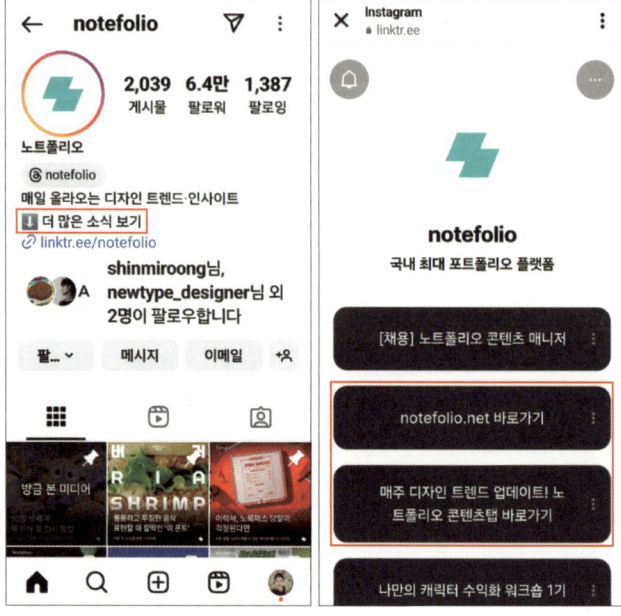

외부 링크 연결하기

웹사이트, 쇼핑몰, 최신 이벤트 링크 등을 프로필에 추가하세요. 인스타그램은 프로필에 한 개의 외부 링크만 허용하므로 링크트리(Linktree)와 같은 도구를 사용해 여러 링크를 연결하는 것이 좋습니다. 이를 통해 팔로워가 쇼핑, 상담 예약, 이벤트 참여 등 다양한 선택을 할 수 있습니다.

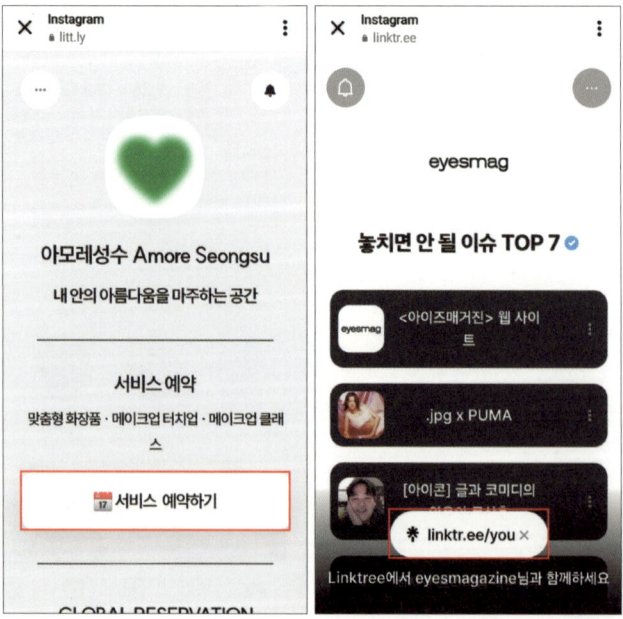

시각적인 효과를 위해 이모티콘 사용하기

이모티콘을 적절히 사용하면 프로필에 개성과 시각적인 요소를 더할 수 있습니다. 브랜드의 톤에 맞는 이모티콘을 활용해 문장을 강조하거나 브랜드의 성격을 표현해 보세요.

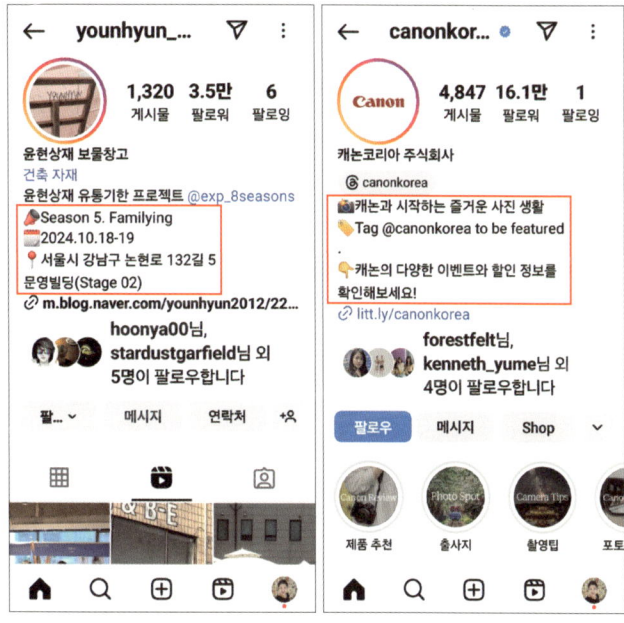

위치나 연락처 정보 추가하기

위치나 연락처 정보를 추가하세요. 매장을 운영하거나 특정 지역을 기반으로 한다면 위치 정보를 넣고, 고객이 쉽게 연락할 수 있도록 이메일이나 전화번호를 설정하거나 '문의는 DM으로 주세요!' 같은 메시지를 바이오에 추가해 팔로워와의 소통을 장려할 수 있습니다.

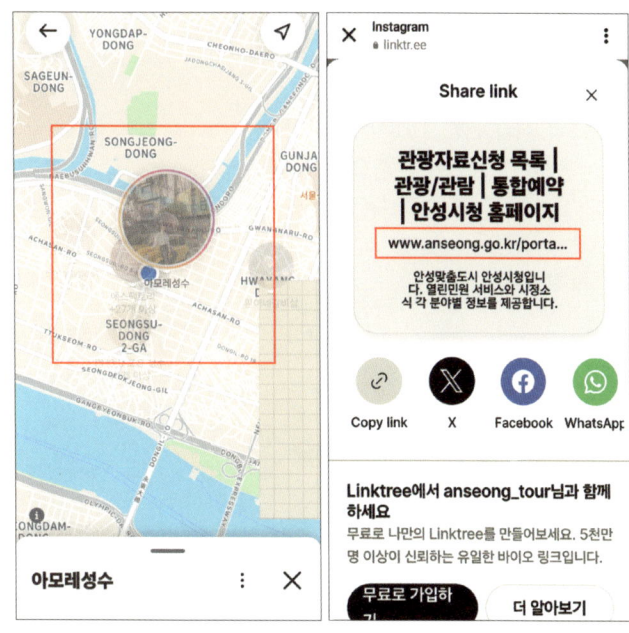

브랜드 해시태그를 잘 활용하려면?

SECTION 11

브랜드 해시태그는 브랜드나 기업이 자신들의 브랜드, 캠페인 또는 특정 제품과 관련된 콘텐츠를 모으고, 팔로워 및 고객과의 소통을 강화하기 위해 사용하는 고유한 해시태그입니다. 브랜드 해시태그는 브랜드 인지도를 높이고, 사용자 생성 콘텐츠(UGC)를 촉진하며, 커뮤니티 형성에 중요한 역할을 합니다. 이런 해시태그 활용 방법을 따르면 인스타그램에서 더 많은 참여와 노출을 끌어낼 수 있을 거예요!

효과적인 해시태그를 사용하는 것은 콘텐츠의 도달 범위를 넓히고, 팔로워와의 상호작용을 늘리는 중요한 전략입니다. 해시태그는 게시물과 연관된 주제나 카테고리를 의미하며, 사람들이 특정 주제에 관심이 있을 때 이를 검색하여 관련 콘텐츠를 발견할 수 있도록 도와줍니다.

해시태그에 관심 있는 주제 정하기

콘텐츠와 직접 관련된 해시태그를 사용하는 것이 가장 중요합니다. 잘못된 해시태그를 사용하면 오히려 반응이 떨어질 수 있습니다.

이 TAG BOOK은 해시태그 검색 전문 앱을 통해 얻은 결과입니다. 앱을 설치한 후 사용하시길 권장합니다.

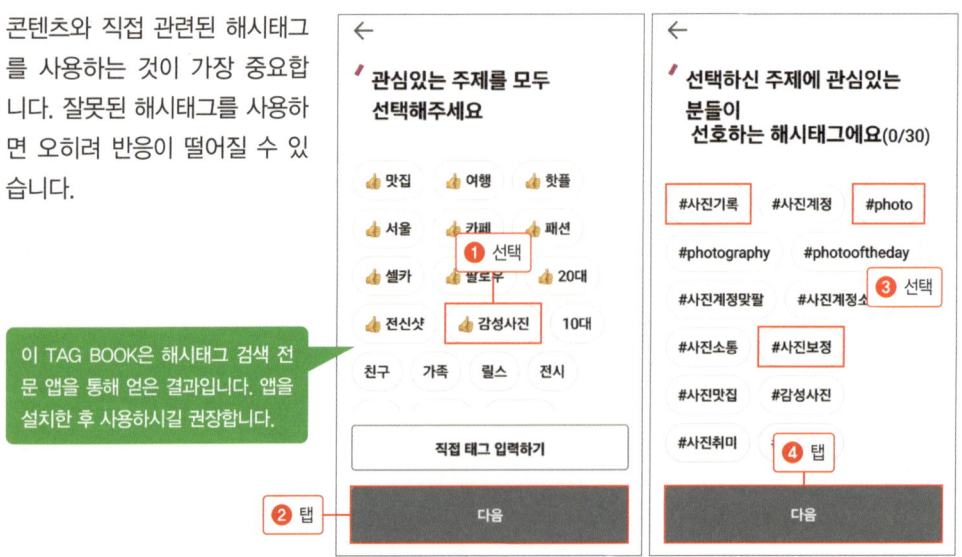

선호하는 해시태그 정하기

인기 있는 해시태그(#love, #instagood 등)는 많은 사람이 검색하지만, 경쟁이 치열합니다. 반면 인기가 많지 않지만, 구체적인 해시태그를 사용하면 관련성 높은 소수의 사용자에게 노출될 가능성이 커집니다.

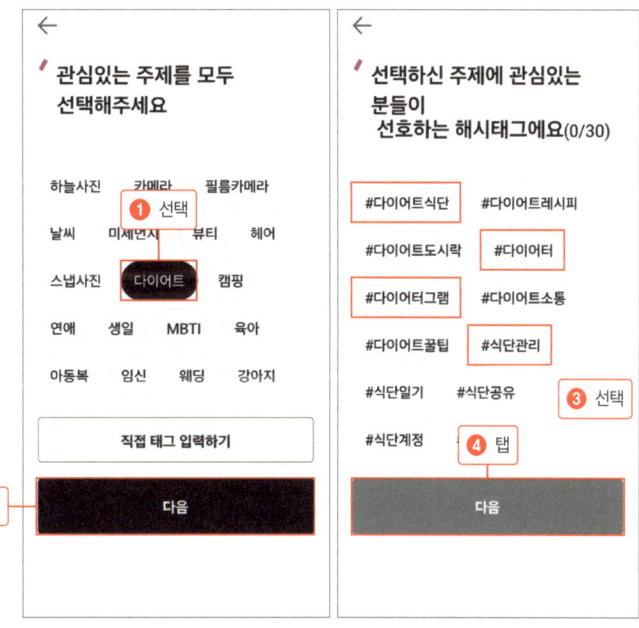

적절한 해시태그 개수 선택하기

적절한 개수의 해시태그를 사용하는 것이 좋습니다. 인스타그램은 최대 30개의 해시태그를 허용하지만, 너무 많은 해시태그를 사용하면 스팸처럼 보일 수 있습니다.

> 최적의 해시태그 개수는 5~10개 정도로, 과하지 않으면서도 중요한 해시태그를 포함하는 것이 좋습니다.

브랜드 고유의 해시태그 만들기

자신의 브랜드를 위한 고유 해시태그를 만들어 팔로워들이 해당 해시태그를 통해 브랜드와 관련된 콘텐츠를 쉽게 찾을 수 있도록 합니다. 예를 들어, 나이키는 #justdoit과 같은 고유 해시태그를 만들어 사용자들이 자발적으로 자신의 콘텐츠에 사용하도록 장려합니다.

애플은 아이폰으로 촬영한 사진이나 동영상을 공유하는 캠페인 해시태그로 #ShotOniPhone을 사용하고 있습니다.

구찌는 홀스빗1953 디자인 캠페인을 위해 #GucciHorsebit1953을 사용하고 있습니다.

댓글에 해시태그 넣기

해시태그를 캡션에 직접 포함하거나, 댓글에 넣어 깔끔한 게시물을 유지할 수 있습니다. 해시태그를 댓글에 넣어도 검색과 노출에는 영향을 주지 않으므로 댓글을 이용하는 것도 좋은 방법입니다.

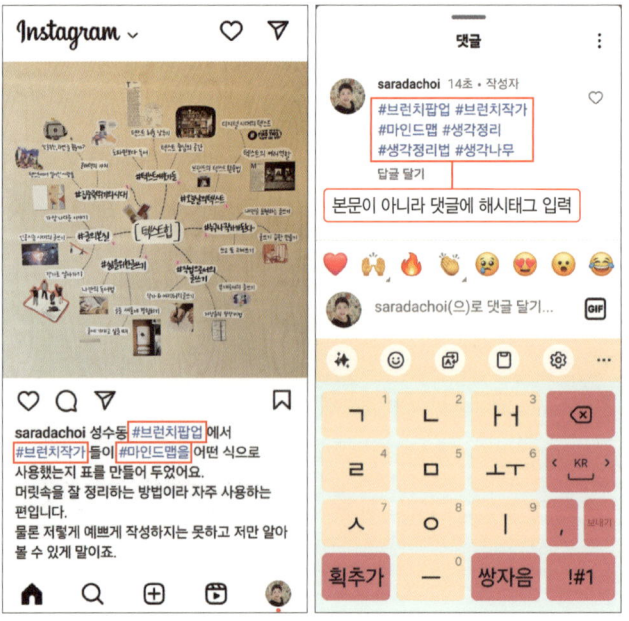

캠페인이나 유행어 관련 해시태그 검색하기

특정 커뮤니티나 그룹에서 사용하는 해시태그에 참여하면 새로운 팔로워를 얻을 기회가 생깁니다. 예를 들어, 유행성 해시태그는 더 많은 참여와 노출을 유도할 수 있습니다.

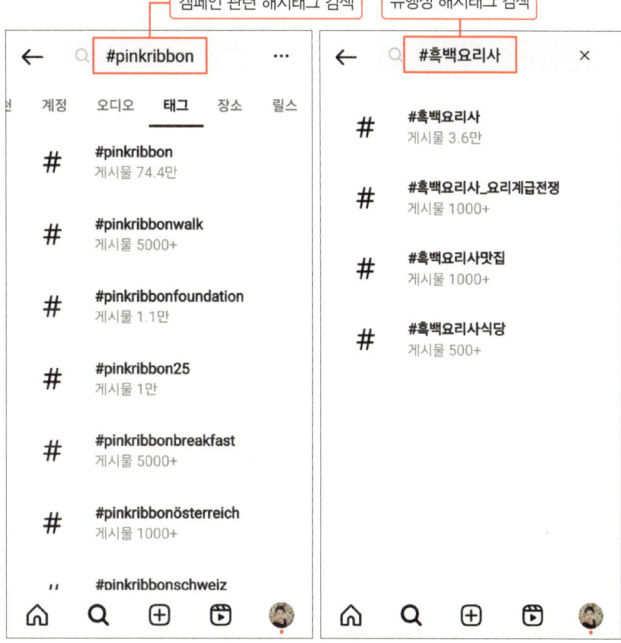

지역+업종 해시태그 사용하기

만약 로컬 비즈니스를 운영하거나 특정 지역과 관련된 콘텐츠를 올린다면 지역 이름을 포함한 해시태그를 사용하는 것이 좋습니다. 예를 들어, #서울카페, #성수맛집, #대전빵집 같은 해시태그가 효과적입니다.

스팸성 해시태그 피하기

지나치게 널리 사용하거나, 스팸성으로 인식되는 해시태그는 피하는 것이 좋습니다. 예를 들어, #follow4follow, #맞팔 같은 해시태그는 인스타그램에서 좋은 평가를 받지 못합니다.

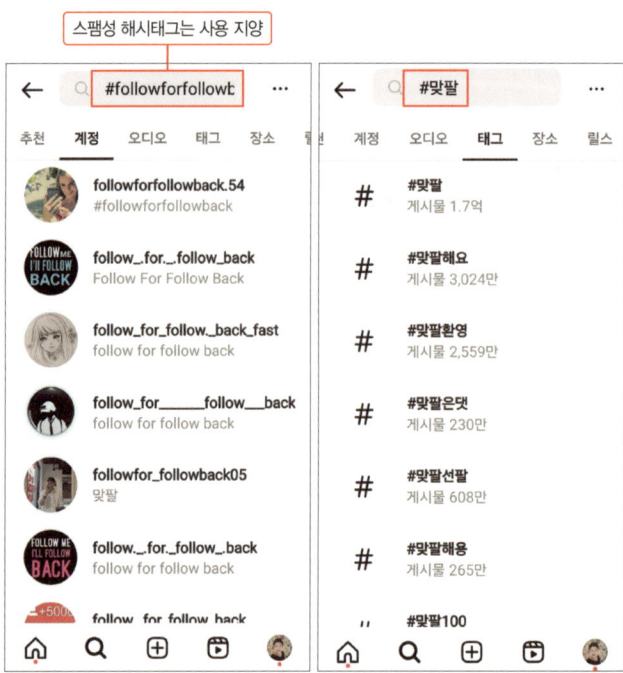

스팸성 해시태그는 사용 지양

자주 사용하는 해시태그 저장하기

자주 사용하는 해시태그나 메모를 목록으로 미리 저장해두면 게시물 올릴 때마다 쉽게 활용할 수 있습니다.

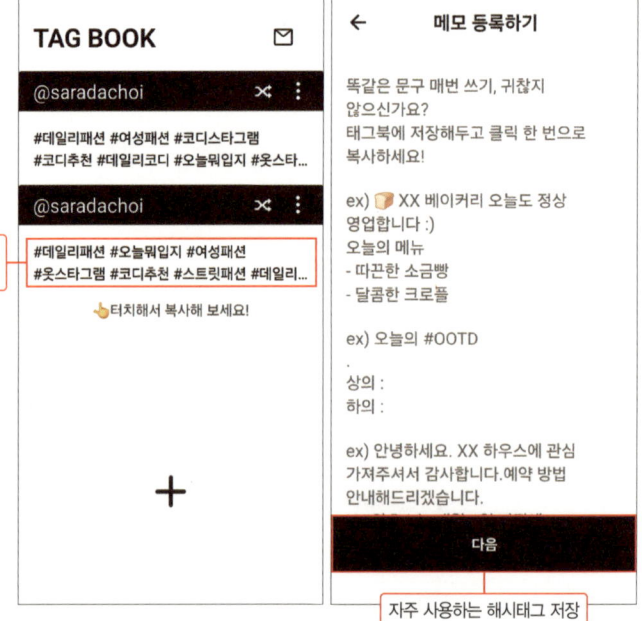

TAG BOOK 앱에 자주 사용하는 해시태그를 복사해 메모로 저장

자주 사용하는 해시태그 저장

해시태그 트렌드를 쉽게 찾는 방법은?

SECTION 12

인스타그램에서 해시태그 트렌드를 쉽게 찾는 방법은 비즈니스 계정 성장과 팔로워와의 상호 작용을 늘리는 데 매우 중요합니다. 인스타그램 알고리즘은 최신 트렌드와 연관된 콘텐츠를 선호하기 때문에 효과적으로 트렌드를 파악하고 관련 해시태그를 사용하는 것이 유리합니다.

인스타그램은 자체 검색 기능을 통해 사용자가 원하는 주제나 관심 있는 카테고리와 관련된 트렌드를 쉽게 파악할 수 있는 강력한 도구를 제공합니다. 특히 해시태그는 트렌드를 추적하고 콘텐츠의 인기도를 확인하는 중요한 지표가 됩니다. 사용자가 특정 해시태그를 검색하면 해당 해시태그와 관련된 인기 게시물과 함께 실시간으로 활동 현황을 확인할 수 있습니다. 이때 검색창에 원하는 키워드를 입력하면 관련된 추천 해시태그들이 자동으로 표시됩니다.

예를 들어, 패션 관련 브랜드가 '#패션스타그램'을 검색하면 해당 해시태그를 사용하는 인기 게시물들을 통해 현재 패션 트렌드나 팔로워들 사이에서 인기 있는 스타일을 빠르게 파악할 수 있습니다. 또한, 상위 게시물들을 분석함으로써 어떤 스타일, 색상, 패턴이 주목받고 있는지를 직관적으로 알 수 있습니다. 이를 바탕으로 비즈니스나 개인 계정에서는 트렌디한 콘텐츠를 기획할 수 있습니다.

또한, 해시태그 검색을 통해 연관된 해시태그를 찾아보는 것도 중요한 전략입니다. 예를 들어, '#여행'을 검색하면 #여행스타그램, #여행일기, #여행지추천 등 다른 관련 해시태그들이 함께 표시되며, 이를 통해 더 많은 사람에게 다가갈 기회를 제공합니다. 또한, 각 해시태그에 포함된 게시물 수를 통해 인기 해시태그를 선별하고, 해당 해시태그가 얼마나 자주 사용되고 있는지 확인할 수 있습니다. 인기 있는 해시태그를 잘 활용하면 콘텐츠 노출을 극대화할 수 있습니다.

검색 탭에서 키워드로 해시태그 검색하기

하나의 해시태그를 검색하면 인스타그램은 관련성이 높은 다른 해시태그를 추천해줍니다. 이를 통해 더 많은 트렌드 해시태그를 찾을 수 있습니다.

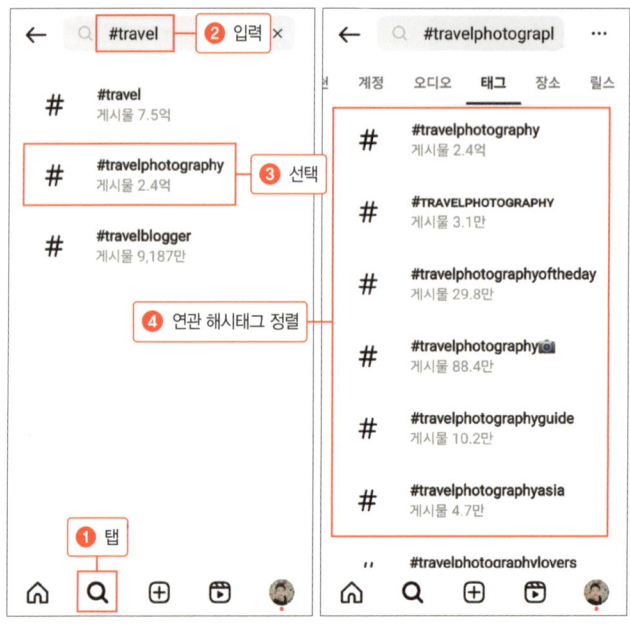

경쟁사 해시태그 분석하기

경쟁사의 계정이나 인플루언서가 사용하는 해시태그는 현재 트렌드를 파악하는 좋은 방법입니다. 그들의 게시물에서 사용된 해시태그를 분석하면 어떤 해시태그가 효과적일지 쉽게 알 수 있습니다.

전문 해시태그 분석 앱 활용하기

전문 해시태그 분석 도구를 사용하면 더 효율적으로 트렌드 해시태그를 찾을 수 있습니다. 이 도구들은 특정 키워드나 해시태그와 연관된 트렌드 및 도달 범위, 경쟁 정도 등을 분석해줍니다. 자세한 분석은 주로 유료 앱에서 가능합니다.

다음의 자료는 해시태그 분석 앱 '해시태그:AI'를 설치 후 사용할 수 있습니다.

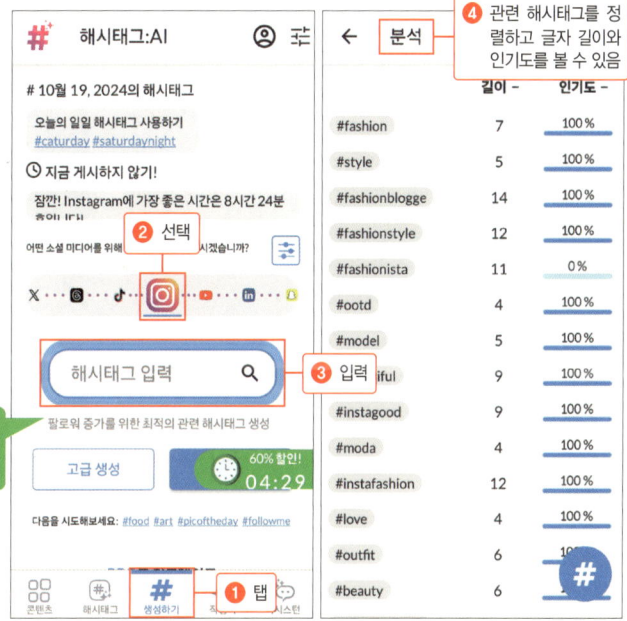

다른 SNS 플랫폼 해시태그 참고하기

트위터와 같은 다른 소셜 미디어 플랫폼에서 트렌드를 모니터링하는 것도 좋은 방법입니다. 트위터의 실시간 트렌드 탭에서 유행하는 주제나 해시태그를 확인하고, 이를 인스타그램 콘텐츠에 반영할 수 있습니다.

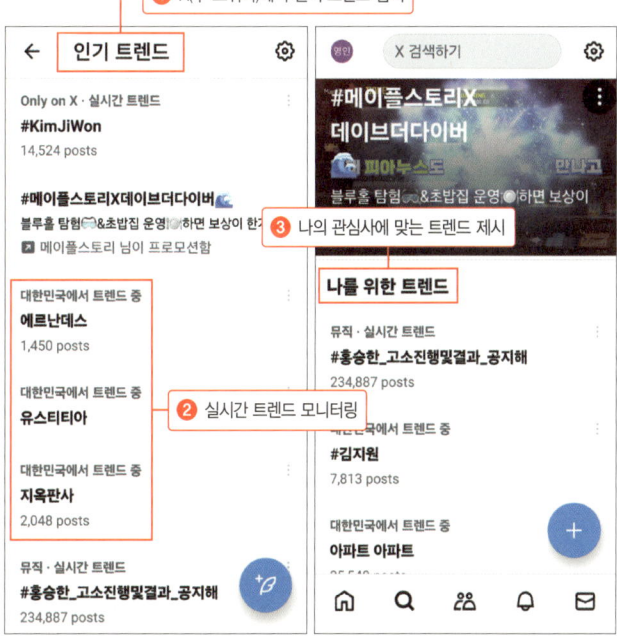

검색 탭에서 해시태그 트렌드 파악하기

인스타그램의 검색 탭(Explore)을 자주 확인합니다. 탐색 탭에서는 사용자의 관심사에 맞춰 인기 있는 게시물과 해시태그를 보여주고 특히 탐색 탭에 올라오는 게시물들은 트렌디한 주제와 연관된 경우가 많으므로 이를 통해 자연스럽게 최신 해시태그 트렌드를 파악할 수 있습니다.

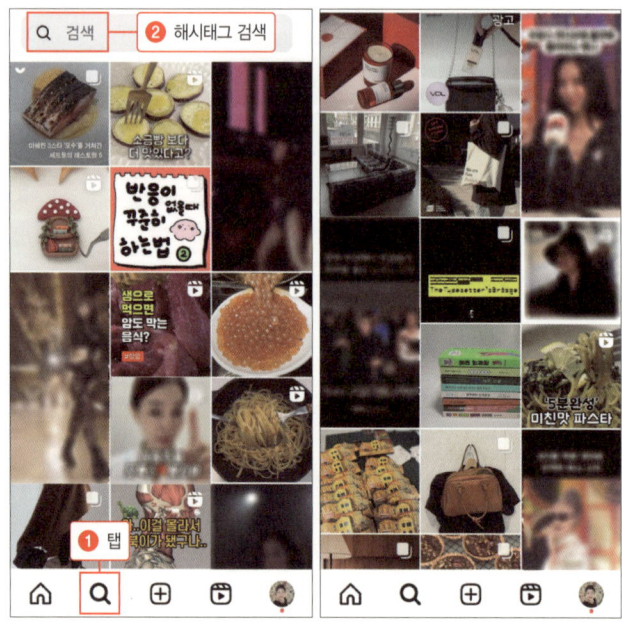

시즌이나 이벤트 관련 해시태그 검색하기

특정 시즌이나 이벤트에 맞춘 해시태그는 인스타그램에서 항상 인기를 끌고 있습니다.

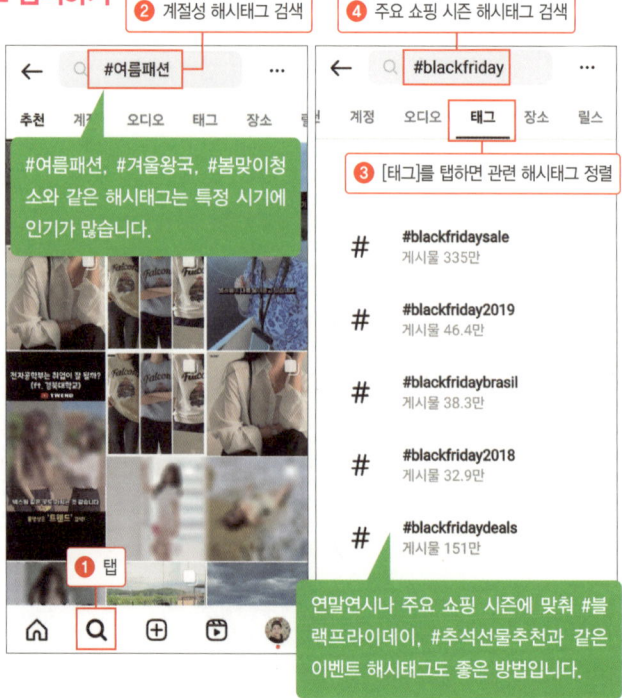

SECTION 13
인스타그램 하이라이트를 인덱스처럼 사용하려면?

인스타그램 하이라이트를 인덱스처럼 활용하면 브랜드의 중요한 정보를 효과적으로 전달할 수 있습니다. 하이라이트는 프로필 상단에 고정되어 있어 잠재 고객이 쉽게 접근할 수 있으며, 비즈니스나 제품을 광고하는 강력한 도구가 됩니다.

스토리 하이라이트는 프로필 상단에 영구적으로 표시됩니다. 이를 통해 팔로워에게 핵심 정보를 공평하게 제공하고, 브랜드 이미지를 강화하는 중요한 역할을 합니다. 하이라이트를 잘 관리하면 방문자가 비즈니스를 한눈에 파악할 수 있습니다.

하이라이트 카테고리 정하기

하이라이트별로 주제를 명확하게 나누어 브랜드의 다양한 요소를 체계적으로 보여줄 수 있습니다. 예를 들어, 제품 또는 서비스 카탈로그, 할인/프로모션, 고객 후기, 이벤트 정보, FAQ 등을 포함할 수 있습니다.

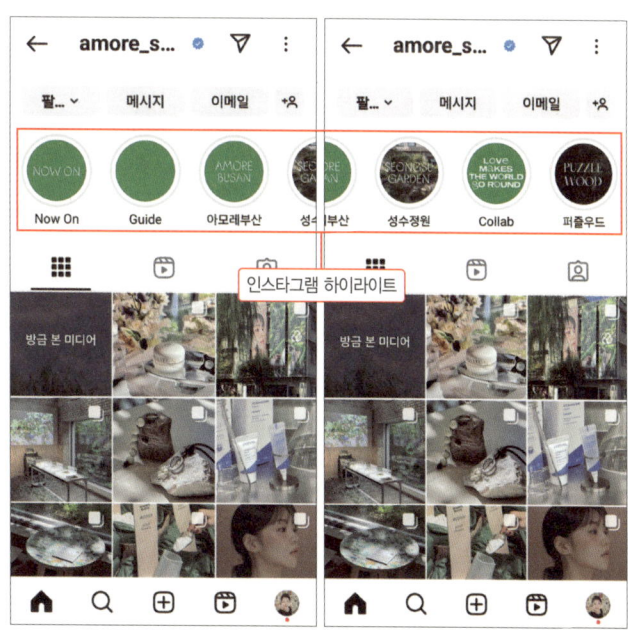

인스타그램 하이라이트

일관성 있는 하이라이트 커버 디자인하기

하이라이트 커버 디자인은 브랜드 컬러 팔레트나 심볼을 사용해 프로페셔널하고 일관된 이미지를 전달하는 것이 좋습니다. 눈에 띄는 아이콘이나 간결한 텍스트를 포함하면 각 하이라이트의 내용을 쉽게 파악할 수 있습니다.

시각적으로 하이라이트 구성하기

하이라이트에 포함된 스토리를 광고판처럼 시각적으로 구성하세요. 단순히 상품 사진을 나열하는 대신, 브랜드 이야기를 전개하는 방식으로 제품이나 서비스를 소개할 수 있습니다. 예를 들어, 신제품을 광고할 때는 제품 소개, 특징, 사용 방법, 후속 이벤트 등의 순서로 정보를 자연스럽게 이어가며 전달합니다.

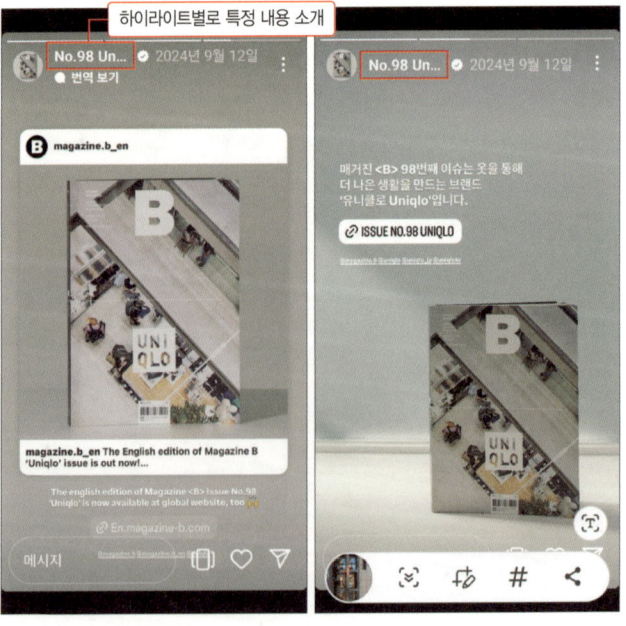

하이라이트에 행동 유도 문구 넣기

하이라이트에 명확한 행동 유도 (CTA)를 추가하세요. '지금 구매하기', '자세히 알아보기', '할인 코드 받기' 등의 문구를 적절히 사용해 팔로워가 원하는 행동을 쉽게 취할 수 있도록 유도합니다.

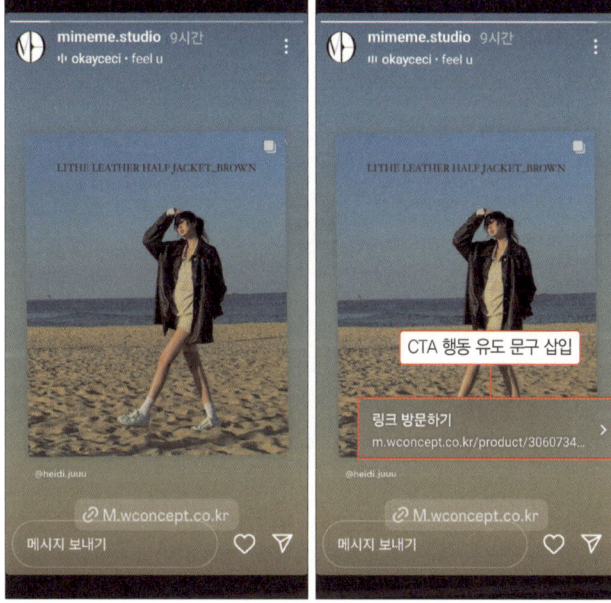

하이라이트에 정보 강조하기

특별 프로모션 및 할인 정보 강조하여 하이라이트로 저장하면 지속해서 관심을 끌 수 있습니다. 프로모션의 마감 시간을 스토리에 포함하거나, 할인 코드를 강조하여 팔로워들이 더 적극적으로 참여하도록 유도할 수 있습니다.

13 · 인스타그램 하이라이트를 인덱스처럼 사용하려면? 247

하이라이트에 소비자 리뷰 저장하기

하이라이트를 통해 실제 고객의 후기나 사용 사례를 보여주면 신뢰도를 높일 수 있습니다. 고객이 인스타그램에서 브랜드를 언급한 스토리나 포스팅을 리포스팅하여 하이라이트에 저장할 수 있습니다. 이는 다른 팔로워들이 구매 결정을 내리는 데 도움을 줄 수 있습니다.

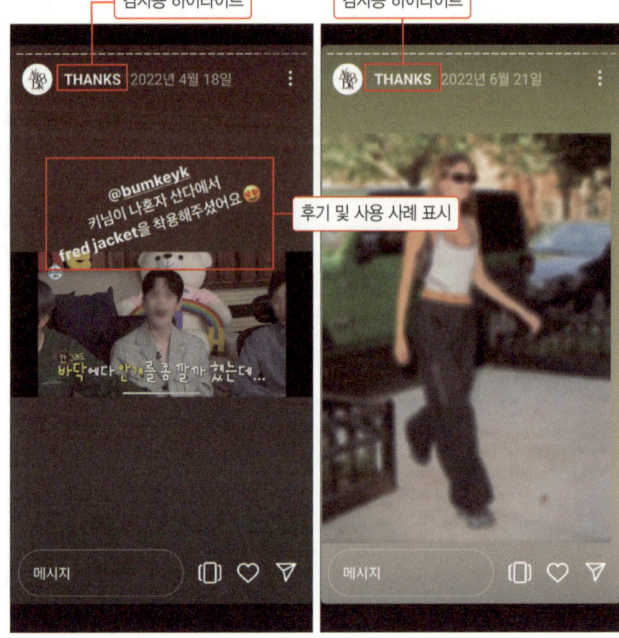

하이라이트에 브랜드 비하인드 스토리 넣기

브랜드의 비하인드 스토리나 제품 제작 과정을 보여주는 것도 매력적인 광고 요소가 될 수 있습니다. 특히 수작업으로 제작된 제품이나 특별한 공정이 있는 경우 이를 하이라이트에 넣어 고객에게 브랜드의 차별화된 점을 알릴 수 있습니다.

하이라이트 항상 업데이트하기

하이라이트는 정기적으로 업데이트되어야 하며, 새로운 제품, 할인, 이벤트 등의 정보를 항상 최신 상태로 유지해야 합니다. 프로모션이 끝나거나 오래된 정보는 즉시 제거하고, 새로운 캠페인이나 제품 정보로 교체하여 팔로워들이 항상 신선한 콘텐츠를 접할 수 있도록 해야 합니다.

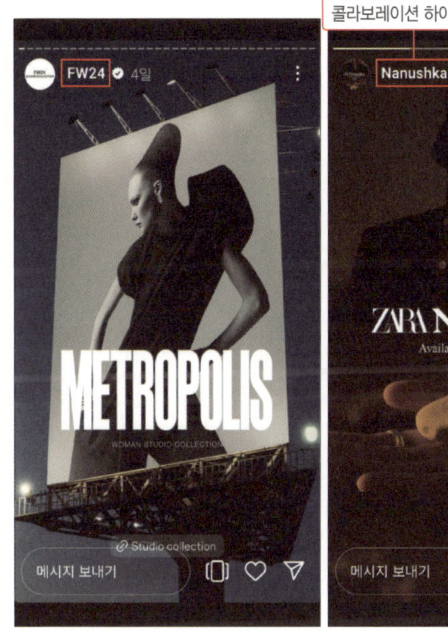

하이라이트에 사용자 생성 콘텐츠 저장하기

팔로워들이 브랜드 해시태그를 사용해 올린 사용자 생성 콘텐츠를 하이라이트에 정리하면 더 많은 참여를 유도할 수 있습니다. 팔로워들은 자신의 콘텐츠가 하이라이트에 등장하는 것을 보고, 더 많은 콘텐츠를 제작할 가능성이 커집니다.

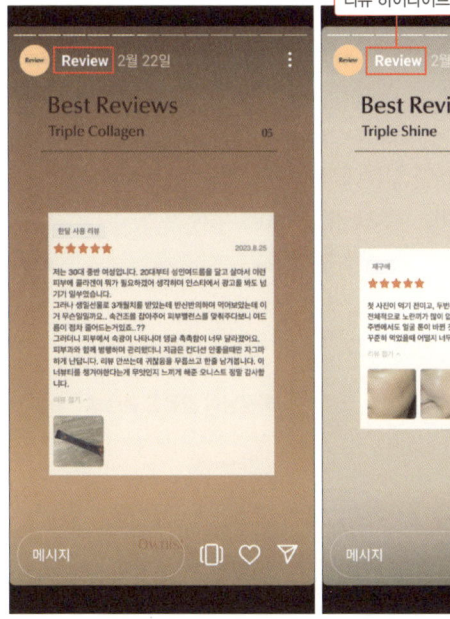

하이라이트에 Q&A 답변 피드백하기

팔로워들의 피드백을 적극적으로 반영해 콘텐츠를 수정하거나 보완하는 것이 좋습니다. 예를 들어, 자주 묻는 질문에 대한 더 명확한 답변을 추가하는 등 개선할 수 있습니다.

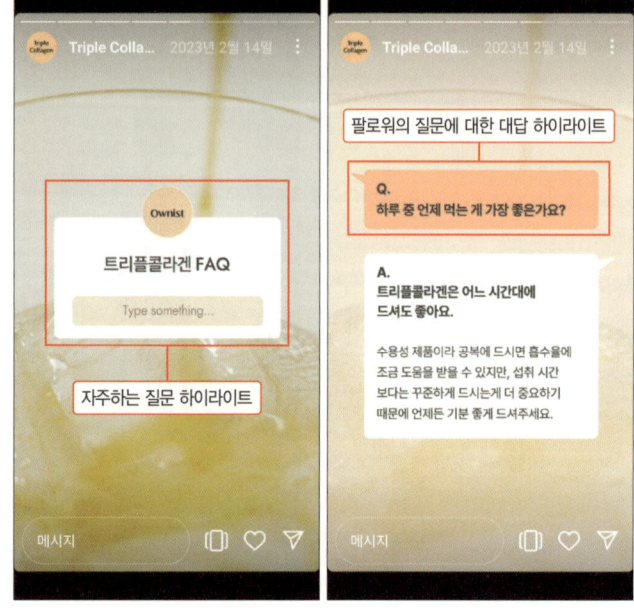

하이라이트 성과 분석하기

인스타그램의 인사이트 기능을 사용하여 하이라이트의 성과를 분석해 봅니다. 각 하이라이트 스토리가 얼마나 많은 뷰를 얻었고, 팔로워들이 어떤 부분에서 더 관심을 보이는지를 파악할 수 있습니다.

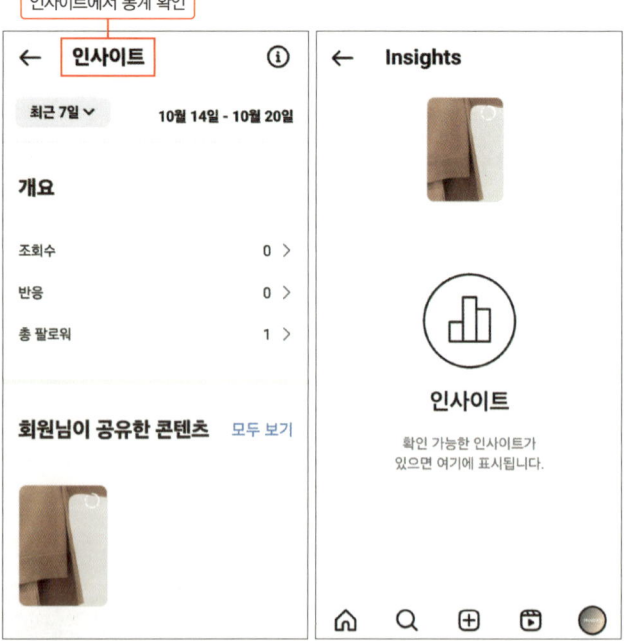

적절한 포스팅 주기와 시간 관리를 잘하려면?

SECTION 14

인스타그램에서 효과적으로 포스팅 주기와 시간을 관리하는 것은 팔로워를 유지하고 성장하는 중요한 전략입니다. 알고리즘이 사용자 참여를 중시하기 때문에 적절한 주기와 시간을 맞추는 것이 필수적입니다.

인스타그램이 가장 강조하는 것 중 하나는 꾸준한 포스팅과 원활한 소통입니다. 하루에 여러 개의 게시물을 올리는 것도 좋지만, 매일 새로운 콘텐츠를 게시하는 것이 중요하고, 팔로워나 방문객과의 직접적인 상호 작용은 더 중요합니다. 따라서 포스팅 주기와 시간 관리를 철저히 해야 합니다.

일관된 주기로 포스팅하기

일관된 포스팅 주기는 팔로워와의 신뢰를 쌓는 데 중요합니다. 비즈니스 계정은 매일 한두 개의 포스팅을 유지하는 게 좋습니다.

> 같은 내용을 반복적으로 올리는 것은 피하고, 게시물, 스토리, 릴스를 적절히 활용하는 것도 좋은 방법입니다.

일관된 포스팅 시간 정하기

인스타그램에서 가장 많은 참여를 끌어낼 수 있는 시간을 선택하는 것이 중요합니다. 일반적으로 이용자들이 가장 많이 접속하는 시간대는 평일 오전 11시~오후 1시, 저녁 7~9시이며, 주말은 오후 12~3시, 저녁 7~10시가 가장 활발한 시간대라고 합니다.

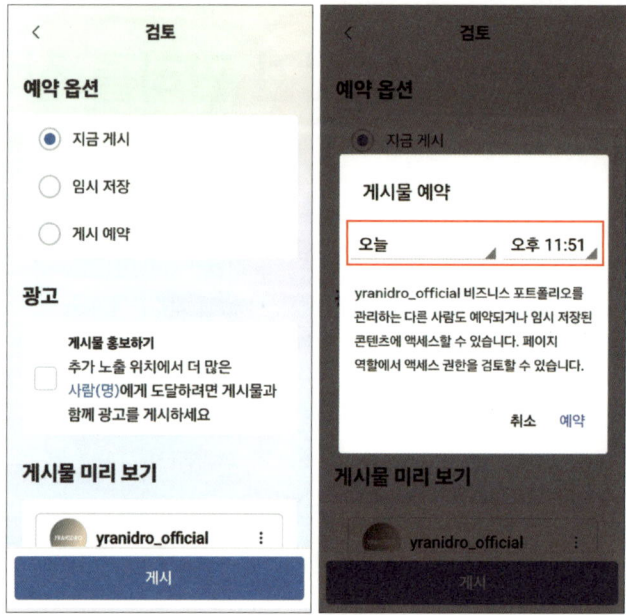

콘텐츠 캘린더로 시간 관리하기

시간을 효율적으로 관리하기 위해 미리 콘텐츠를 제작하면 좋습니다. 일주일 또는 한 달 단위로 콘텐츠 캘린더를 짜두면 시간을 절약할 수 있습니다.

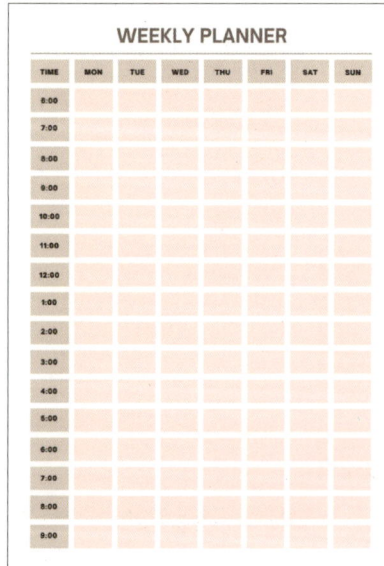
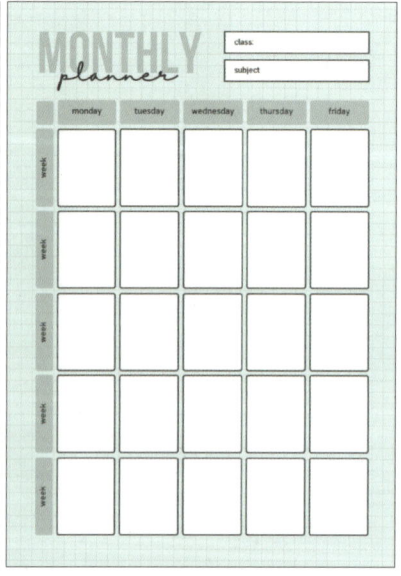

자동 예약 툴로 포스팅하기

자동 예약 툴을 활용하여 미리 포스팅을 예약하면 일일이 시간을 맞춰 올릴 필요가 없습니다. 메타 비즈니스 스위트는 포스팅 예약 기능을 지원해 시간 관리를 도와줍니다.

인스타그램 게시물 예약 가능

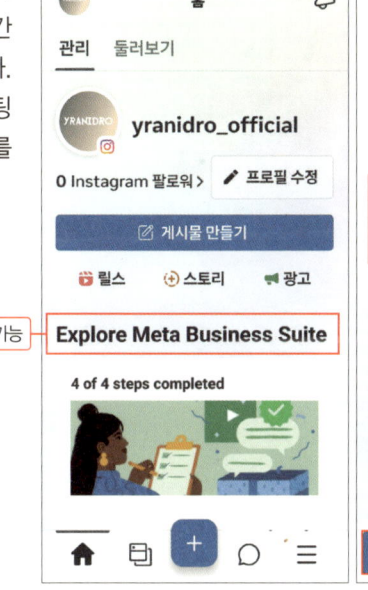

하이라이트 내용 인사이트로 분석하기

특별 프로모션 및 할인 정보를 강조해 하이라이트에 저장하면 지속적으로 관심을 끌 수 있습니다. 프로모션의 마감 시간을 스토리에 포함하거나, 할인 코드를 강조하여 팔로워들이 더 적극적으로 참여하도록 유도할 수 있습니다.

인사이트로 내용 분석

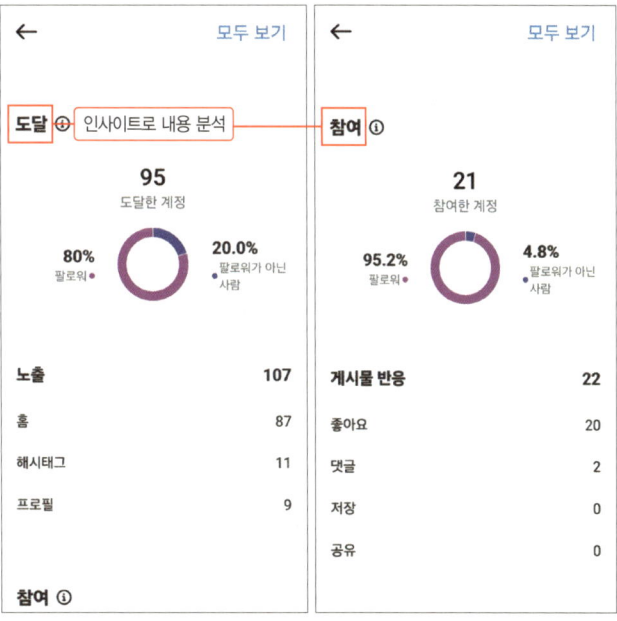

다양한 형태의 콘텐츠로 꾸준히 포스팅하기

콘텐츠 다양성을 유지해 꾸준히 포스팅합니다. 꼭 피드 포스팅이 아니더라도 스토리나 릴스 같은 짧은 형식의 콘텐츠도 꾸준히 올려야 합니다. 이는 팔로워와의 소통을 활발하게 유지하는 좋은 방법입니다.

포스팅 후 댓글 관리하기

댓글과 DM을 통한 팬들과의 상호 작용이 중요합니다. 포스팅 후 1시간 이내에 댓글을 관리하고 답변하면 참여도가 높아져 더 많은 노출을 할 수 있습니다.

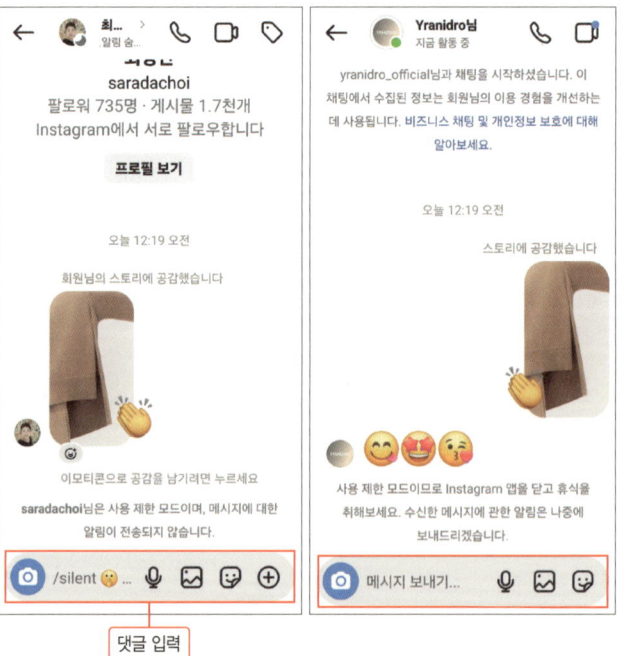

효율적으로 팔로워와 소통하려면?

SECTION 15

인스타그램에서 팔로워와 잘 소통하는 것은 계정을 성장시키고 충성도 높은 커뮤니티를 만드는 중요한 요소입니다. 팔로워들과 효과적으로 소통하려면 단순한 댓글이나 좋아요 이상의 전략적인 접근이 필요합니다.

팔로워는 팬과 비슷한 개념입니다. 브랜드에 관심을 가지거나 호감을 느낀 사람들이 꾸준히 정보를 얻기 위해 계정을 팔로우하는 것입니다. 단순히 숫자만 늘리는 것보다는 상호 작용이 가능한 관계를 형성하는 것이 훨씬 중요합니다. 기계적으로 늘린 팔로워 수는 실질적으로 도움이 되지 않습니다.

성의 있는 댓글 답변하기

팔로워가 댓글을 달면 성의 있게 답변하는 것이 중요합니다. 자동화된 답변 대신 개인적인 관심을 담은 댓글을 남기면 신뢰감을 높일 수 있습니다.

> 공감의 내용을 담아 답변하는 것이 좋습니다.

팔로워 참여 유도하기

콘텐츠에 질문을 포함해 팔로워들이 쉽게 참여할 수 있도록 합니다. 팔로워들에게 의견을 묻거나 간단한 질문으로 소통을 시작할 수 있습니다.

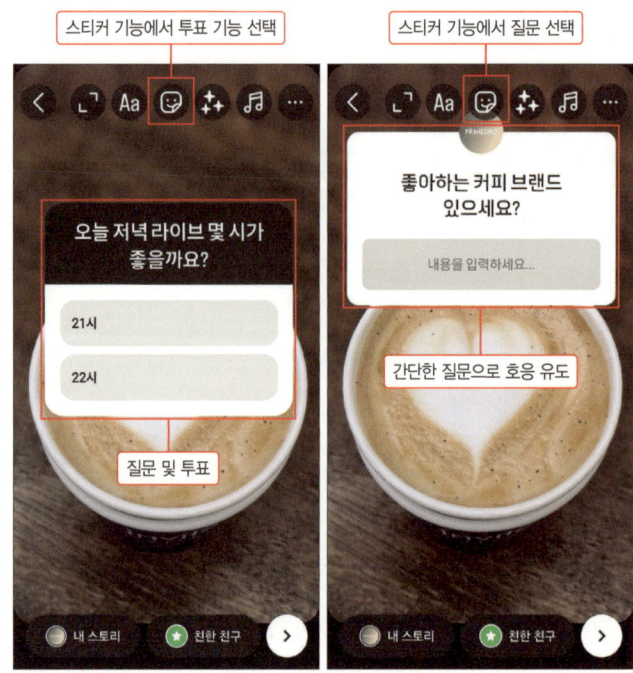

피드백 반영으로 신뢰 형성하기

팔로워들이 남긴 피드백을 실제로 반영하면 팔로워들은 자신이 중요하게 여겨진다고 느낍니다. 예를 들어, 팔로워의 질문에 답하는 콘텐츠를 제작하고 감사 인사를 전하면 깊은 신뢰가 형성됩니다.

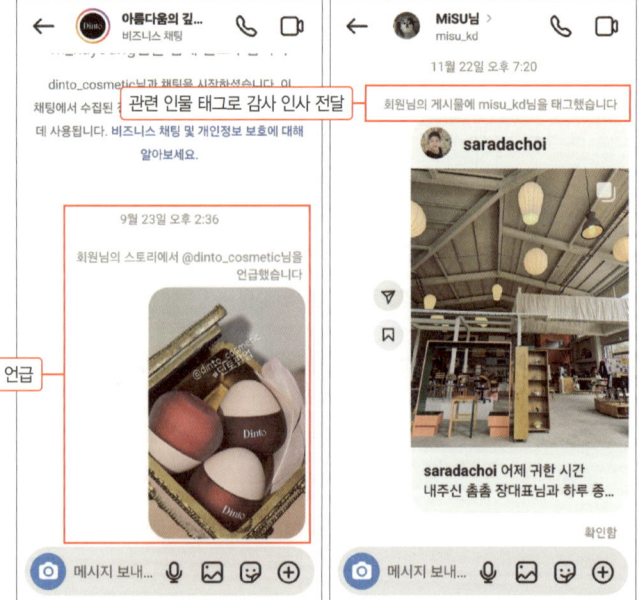

리포스트로 소속감 강화하기

팔로워가 당신의 콘텐츠에 대해 포스팅하거나 관련된 이야기를 공유할 때, 이를 스토리에서 리포스트하면 소속감을 강화할 수 있습니다.

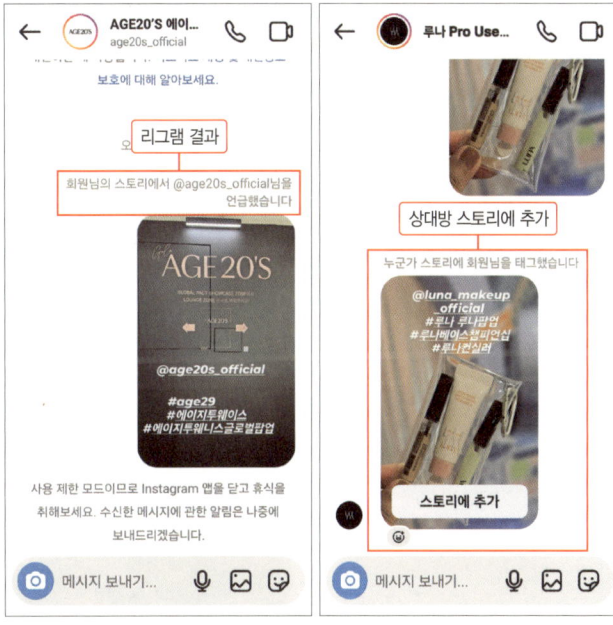

빠른 댓글 반응하기

팔로워가 남긴 댓글이나 메시지에 가능한 한 빠르게 답변하는 것이 중요합니다. 정기적으로 댓글을 확인하고, 모든 댓글에 반응하는 습관을 가지세요.

답변할 말이 없을 때는 이모티콘으로 반응하는 것도 좋은 방법입니다.

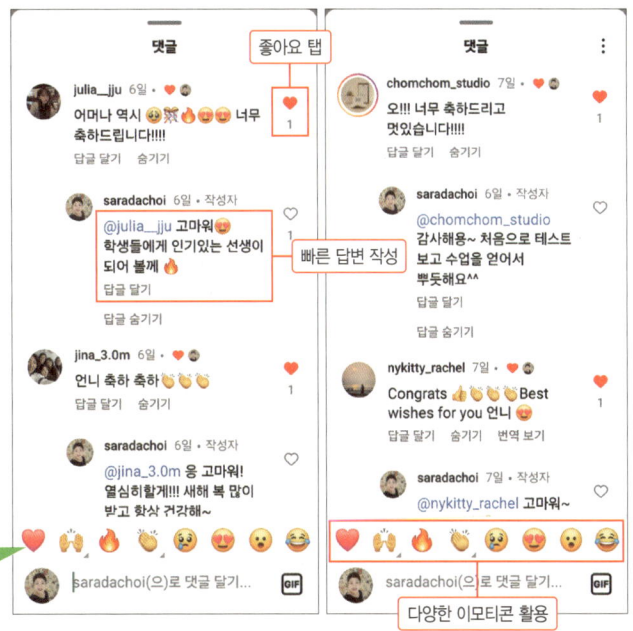

이벤트로 소통 유도하기

팔로워들과 소통할 수 있는 이벤트나 챌린지를 만들어 참여를 유도합니다. 예를 들어, 리그램이나 해시태그가 포함된 사진 및 동영상 챌린지를 통하여 팔로워들과의 상호 작용을 활성화할 수 있습니다.

라이브로 실시간 소통하기

인스타그램 라이브는 팔로워들과 실시간으로 소통할 수 있는 좋은 방법입니다. 팔로워들이 실시간으로 질문하고 답변하며 더욱 가까운 관계를 형성할 수 있습니다.

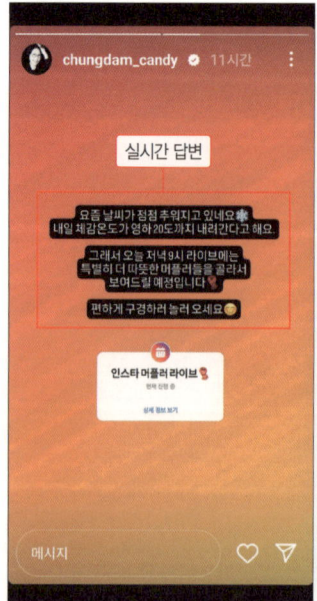

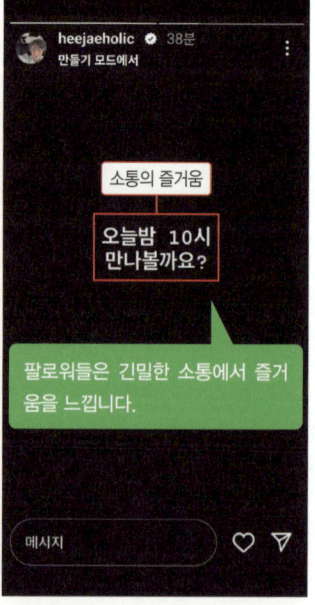

감사의 마음 표현하기

팔로워들에게 감사한 마음을 표현하는 것도 중요합니다. 개인적인 감사 메시지를 보내거나, 팔로워들과 함께한 성과를 축하하는 게시물을 작성해 감사의 마음을 전할 수 있습니다.

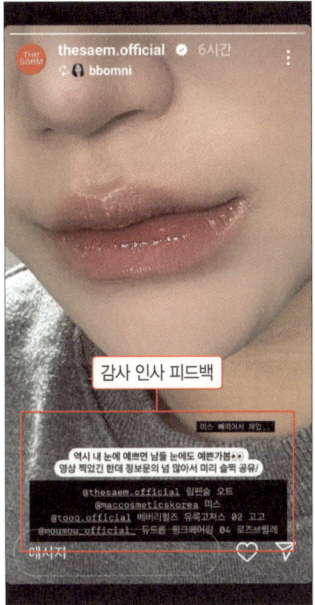 

감사의 이벤트 제공하기

팔로워들에게 감사의 뜻으로 작은 이벤트나 선물을 제공하는 것도 좋은 방법입니다. 예를 들어, 선물을 주거나 초대하는 등 특별한 콘텐츠를 제공할 수 있습니다.

 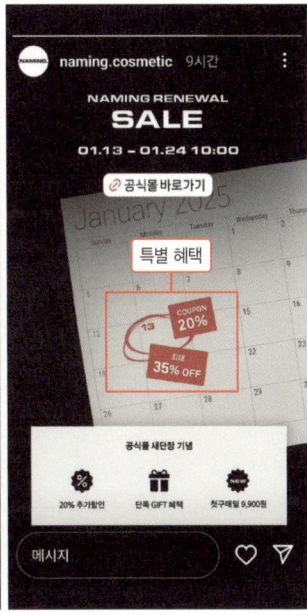

팔로워와 소통 강화하기

적극적으로 팔로워들의 게시물에 좋아요를 누르거나 댓글을 달면 팔로워들도 더 많은 관심을 가집니다. 특히 꾸준한 팔로워들과 이런 방식으로 소통하면 더 깊은 관계를 형성할 수 있습니다.

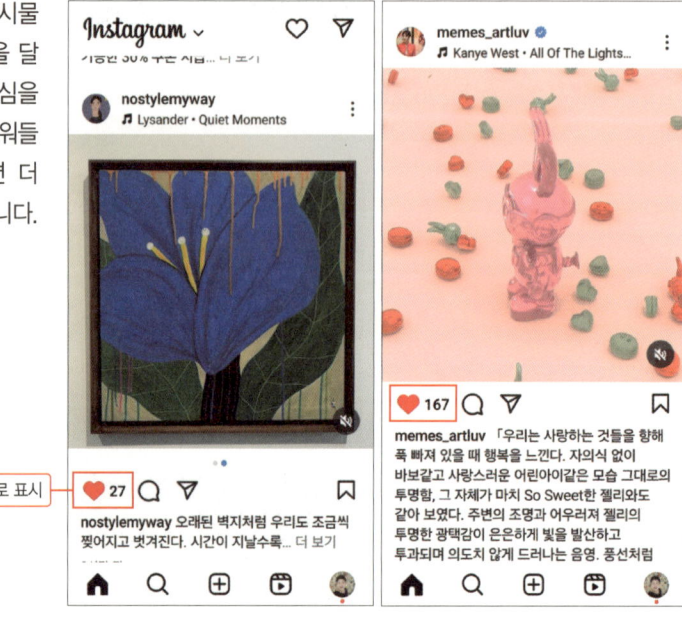

퀴즈로 소통하기

스토리에서 퀴즈 스티커나 투표 기능을 사용해 팔로워들과 재미있는 퀴즈를 풀거나 의견을 수집하며 소통할 수 있습니다.

인간미 있는 소통하기

팔로워들은 브랜드나 유명인이 아닌, 인간적인 면모를 보고 싶어 합니다. 일상 이야기나 고민을 스토리나 피드를 통해 공유하면 팔로워들이 당신과 더 가까운 관계를 느낄 수 있습니다.

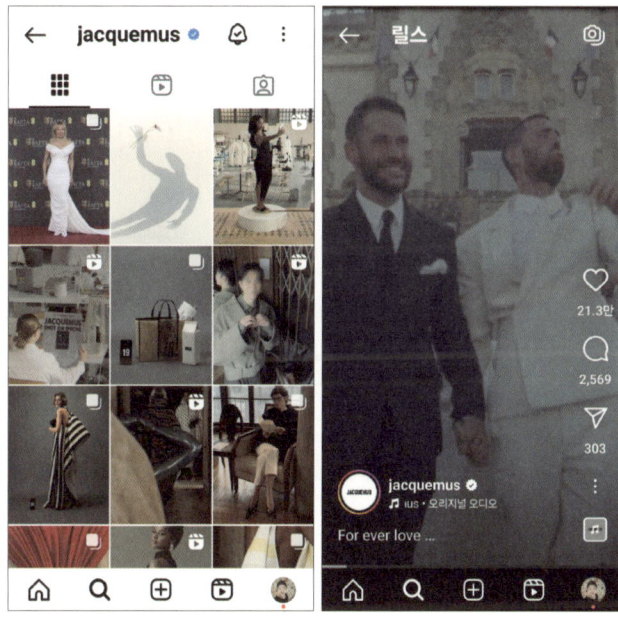

서브 계정 활용하기

공식 계정에서 하기 어렵다면 서브 계정이나 개인 계정을 따로 운영하는 것도 좋은 방법입니다. 예를 들어, 공식 계정은 브랜드 관련 정보만 올리고, 디자이너 개인 계정에서는 비하인드 스토리나 일상을 공유할 수 있습니다.

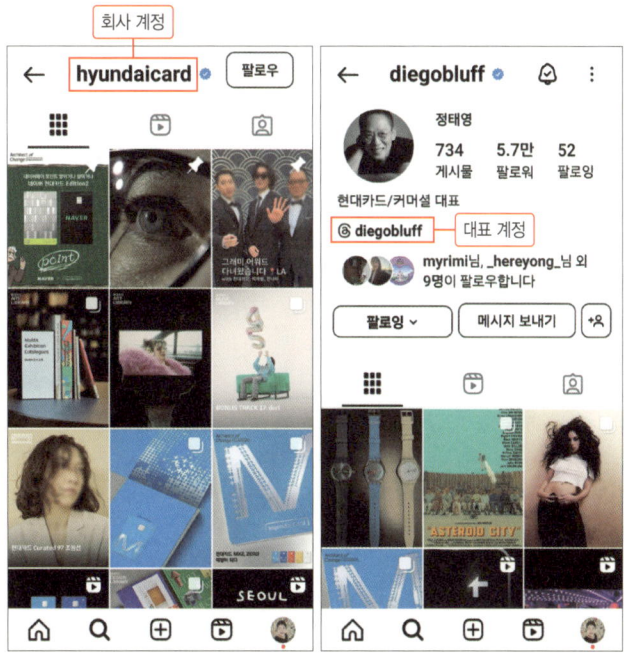

SECTION 16
인스타그램 **팔로워를 빠르게** 늘리려면?

인스타그램에서 팔로워를 빠르게 늘리려면 다양한 전략을 조합해 사용하는 것이 중요합니다. 단순히 숫자를 늘리는 것이 아니라 적극적으로 상호 작용하며 진정한 팬을 확보하는 것이 핵심입니다.

인스타그램 팔로워를 늘리는 방법을 검색하면 수많은 광고나 정보 사이트가 나옵니다. 다양한 방법이 제시되지만, 가장 중요한 핵심은 부지런히 나의 브랜드를 팔로우할 계정을 찾고, 교류를 위한 인사나 댓글을 달아야 한다는 것입니다. 소통 없는 기계적인 숫자 증가는 큰 의미가 없다는 것이 전문가들의 의견입니다. 하루 100개 계정을 팔로우하거나 100개의 댓글을 다는 챌린지가 그 증거입니다.

일관성 있는 콘텐츠 제작하기

매력적이고 일관성 있는 콘텐츠를 만들려면 비주얼과 톤을 일관되게 유지하는 것이 중요합니다. 고품질 이미지와 영상을 일정한 주기나 매일 게시하는 것이 좋습니다.

▶ 일관성 있는 피드 꾸미기

관련 해시태그 활용하기

해시태그는 게시물 노출을 돕습니다. 관련성 높은 해시태그와 인기 및 틈새 해시태그를 적절히 사용해 도달 범위를 확장하세요.

인플루언서 협업하기

인플루언서와의 협업은 빠르게 팔로워를 늘리는 좋은 방법입니다. 인플루언서를 통해 제품 리뷰, 협찬, 이벤트 참여 등을 유도하여 브랜드 계정이나 제품을 홍보할 수 있습니다.

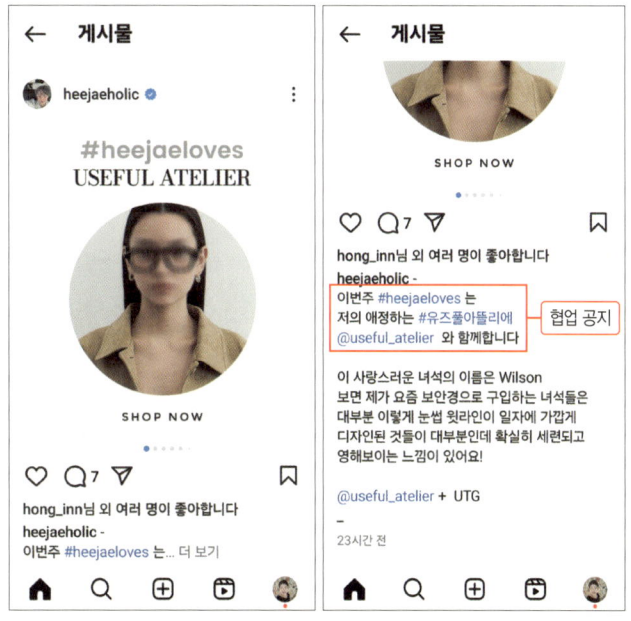

팔로워 참여 유도하기

팔로워 참여 이벤트를 진행하여, 팔로워가 콘텐츠를 생성하고 친구에게 공유하도록 유도합니다.

브랜드 해시태그 챌린지하기

특정 브랜드 해시태그를 활용한 챌린지를 기획하고, 우수 참여자에게 상품을 제공하여 적극적인 참여를 유도할 수 있습니다.

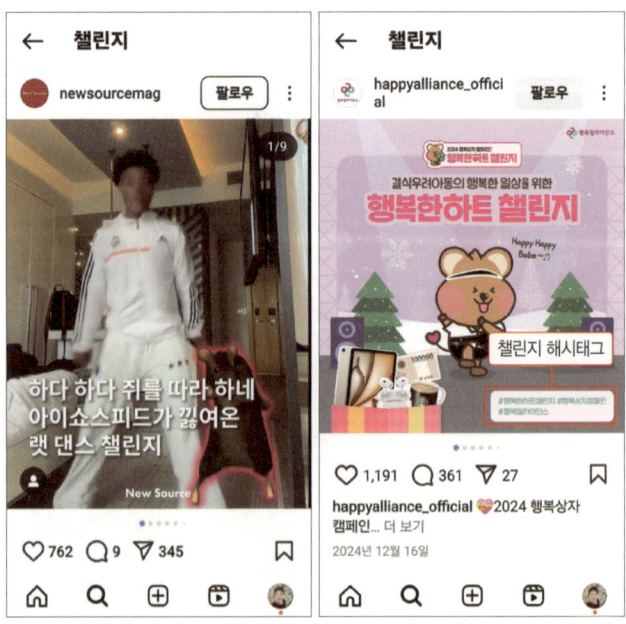

스토리로 참여 유도하기

스토리의 투표, 질문, 퀴즈 기능을 활용하여 팔로워와의 상호 작용을 늘리세요. 팔로워들이 더 많이 참여할수록 관심을 끌 수 있습니다.

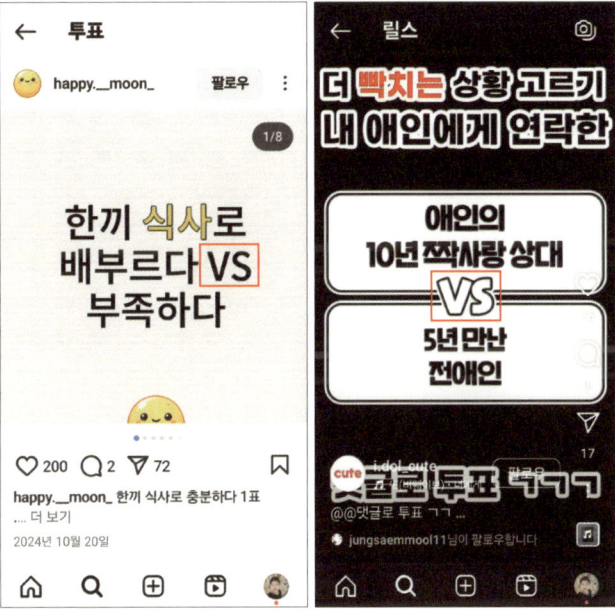

릴스 이용하기

인스타그램 릴스는 짧은 영상으로 빠르게 노출을 확대할 수 있는 강력한 도구입니다. 릴스는 인스타그램 탐색 탭에 자주 노출되므로 흥미로운 콘텐츠를 제작하면 팔로워 수가 급증할 수 있습니다.

트렌드 반영 콘텐츠 만들기

트렌드에 맞춘 콘텐츠를 제작합니다. 계절별 이벤트나 최신 트렌드를 반영한 콘텐츠는 많은 관심을 끌 수 있습니다.

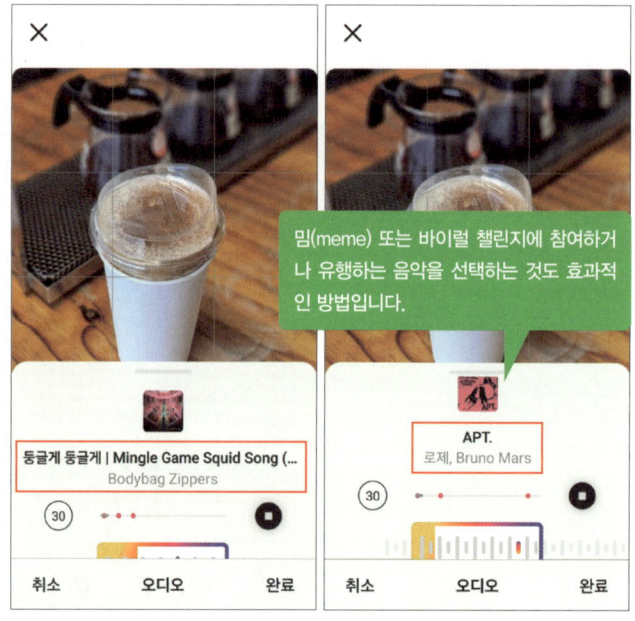

밈(meme) 또는 바이럴 챌린지에 참여하거나 유행하는 음악을 선택하는 것도 효과적인 방법입니다.

타깃 광고하기

인스타그램 타깃 광고를 통하여 빠르게 팔로워를 늘릴 수 있습니다. 관심사, 지역, 나이, 성별 등을 기준으로 적합한 타깃에게 광고를 노출시켜 팔로우를 유도합니다. 광고 후에는 인사이트에서 성과를 분석해 효과적인 캠페인을 파악하는 것이 중요합니다.

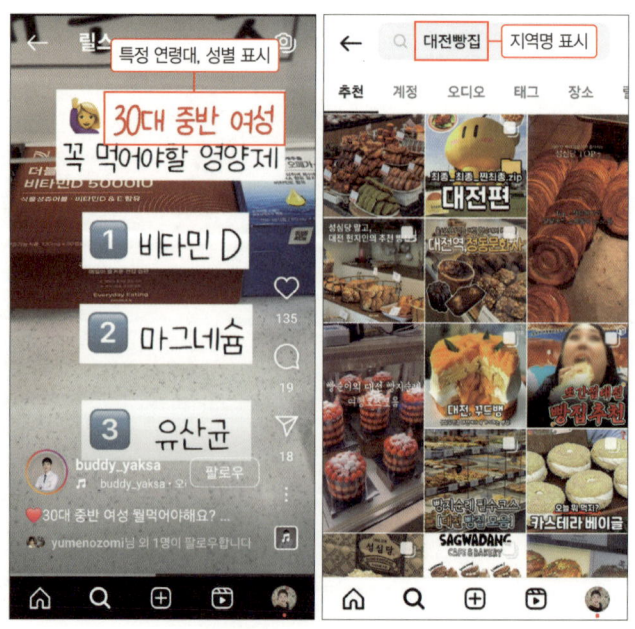

다양한 플랫폼 연동 홍보하기

인스타그램 계정을 페이스북, 유튜브, 트위터 등 다른 소셜 미디어와 연동해 교차 홍보합니다. 여러 플랫폼에서 동시에 홍보하면 더 많은 유입을 기대할 수 있습니다.

링크로 계정 홍보하기

웹사이트나 이메일 서명에 인스타그램 링크를 추가하여 계정을 홍보하는 것도 효과적인 방법입니다.

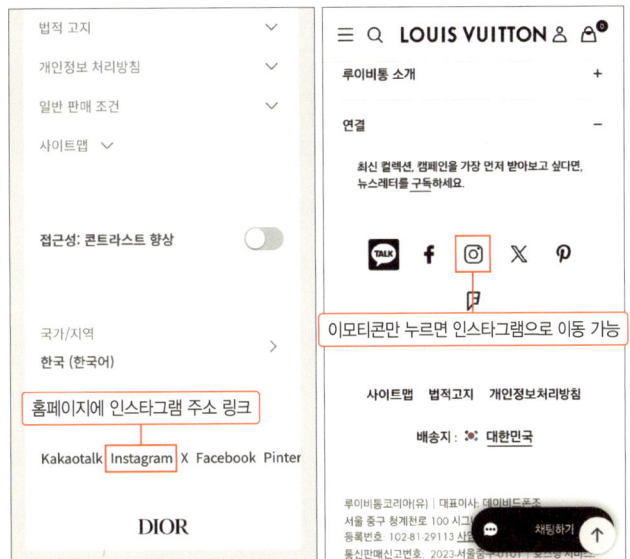

꾸준한 소통으로 노출 증가하기

팔로워와 꾸준히 소통하면 상호 작용이 늘고, 인스타그램 알고리즘이 이를 긍정적으로 반영해 노출이 증가할 수 있습니다. 비슷한 주제나 관심사를 가진 다른 계정에 댓글을 달고 좋아요를 눌러 교류를 늘려보세요.

협업할 인플루언서를 찾는 방법은?

SECTION 17

인플루언서 마케팅에서 협업할 인플루언서를 찾는 것은 캠페인 성공의 핵심입니다. 브랜드와 가치관, 타깃층이 일치하는 인플루언서를 선택하면 브랜드 인지도를 높이고, 더 많은 고객과 신뢰를 쌓을 수 있습니다. 팔로워 수보다는 적합한 인플루언서를 선택하는 것이 중요합니다.

메가 인플루언서(Mega Influencer)는 팔로워 수가 100만 명 이상인 연예인이나 대형 유튜버를 의미합니다. 이들은 영향력이 크지만, 섭외 비용이 높고 팔로워 참여도가 낮을 수 있습니다. 매크로 인플루언서(Macro influencer)는 팔로워 수가 10~100만 명 사이로 특정 주제에 전문성을 가진 경우가 많고, 브랜드 인지도를 빠르게 높이거나 전문성을 강조하고 싶을 때 효과적입니다. 마이크로 인플루언서(Micro influencer)는 팔로워 수가 1~10만 명 사이로 팔로워들의 참여도가 높은 경향이 있습니다.

인플루언서 맞춤 선택하기

브랜드에 맞는 인플루언서를 선택하는 것이 중요합니다. 제품이나 서비스 성격에 적합한 인플루언서를 찾아야 하며, 예를 들어 유아용품을 홍보하고 싶다면 실제로 육아 중인 인플루언서를 선택하는 것이 좋습니다.

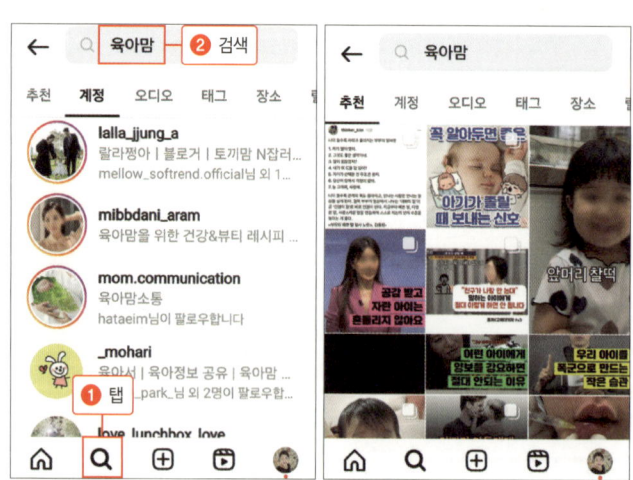

다양한 플랫폼 연동 홍보하기

인스타그램 계정을 페이스북, 유튜브, 트위터 등 다른 소셜 미디어와 연동해 교차 홍보합니다. 여러 플랫폼에서 동시에 홍보하면 더 많은 유입을 기대할 수 있습니다.

링크로 계정 홍보하기

웹사이트나 이메일 서명에 인스타그램 링크를 추가하여 계정을 홍보하는 것도 효과적인 방법입니다.

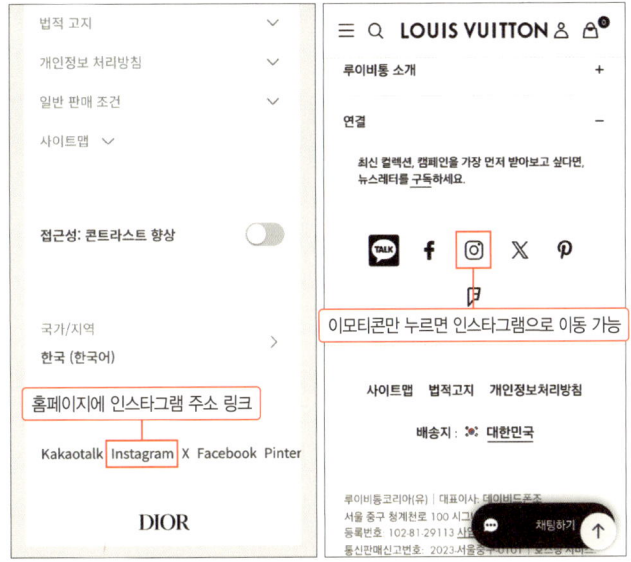

꾸준한 소통으로 노출 증가하기

팔로워와 꾸준히 소통하면 상호 작용이 늘고, 인스타그램 알고리즘이 이를 긍정적으로 반영해 노출이 증가할 수 있습니다. 비슷한 주제나 관심사를 가진 다른 계정에 댓글을 달고 좋아요를 눌러 교류를 늘려보세요.

SECTION 17
협업할 인플루언서를 찾는 방법은?

인플루언서 마케팅에서 협업할 인플루언서를 찾는 것은 캠페인 성공의 핵심입니다. 브랜드와 가치관, 타깃층이 일치하는 인플루언서를 선택하면 브랜드 인지도를 높이고, 더 많은 고객과 신뢰를 쌓을 수 있습니다. 팔로워 수보다는 적합한 인플루언서를 선택하는 것이 중요합니다.

메가 인플루언서(Mega Influencer)는 팔로워 수가 100만 명 이상인 연예인이나 대형 유튜버를 의미합니다. 이들은 영향력이 크지만, 섭외 비용이 높고 팔로워 참여도가 낮을 수 있습니다. 매크로 인플루언서(Macro influencer)는 팔로워 수가 10~100만 명 사이로 특정 주제에 전문성을 가진 경우가 많고, 브랜드 인지도를 빠르게 높이거나 전문성을 강조하고 싶을 때 효과적입니다. 마이크로 인플루언서(Micro influencer)는 팔로워 수가 1~10만 명 사이로 팔로워들의 참여도가 높은 경향이 있습니다.

인플루언서 맞춤 선택하기

브랜드에 맞는 인플루언서를 선택하는 것이 중요합니다. 제품이나 서비스 성격에 적합한 인플루언서를 찾아야 하며, 예를 들어 유아용품을 홍보하고 싶다면 실제로 육아 중인 인플루언서를 선택하는 것이 좋습니다.

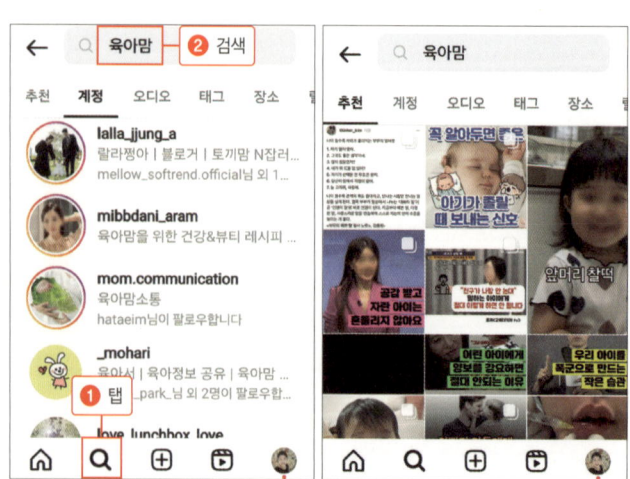

팔로워 분석 후 선택하기

팔로워 수만으로 인플루언서를 선택하는 것은 위험할 수 있습니다. 팔로워의 성격과 참여도를 분석하여 브랜드와의 적합성을 확인하는 것이 중요합니다. 인플루언서의 팔로워가 브랜드의 타깃 고객층과 일치하는지도 점검해야 합니다.

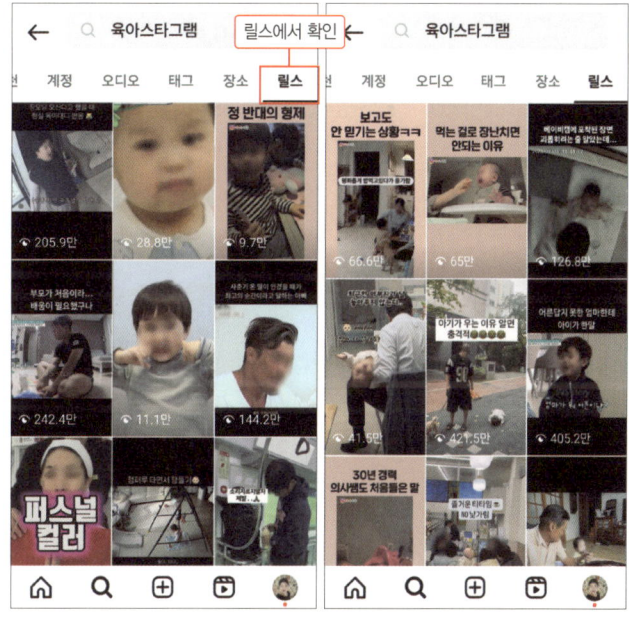

참여율 분석하기

팔로워 수가 많아도 좋아요, 댓글, 공유가 적다면 팔로워들의 참여가 낮을 수 있습니다. 좋아요와 댓글 수를 팔로워 수로 나눈 참여율을 분석하면 팔로워들이 얼마나 활발히 상호 작용하는지 파악할 수 있습니다.

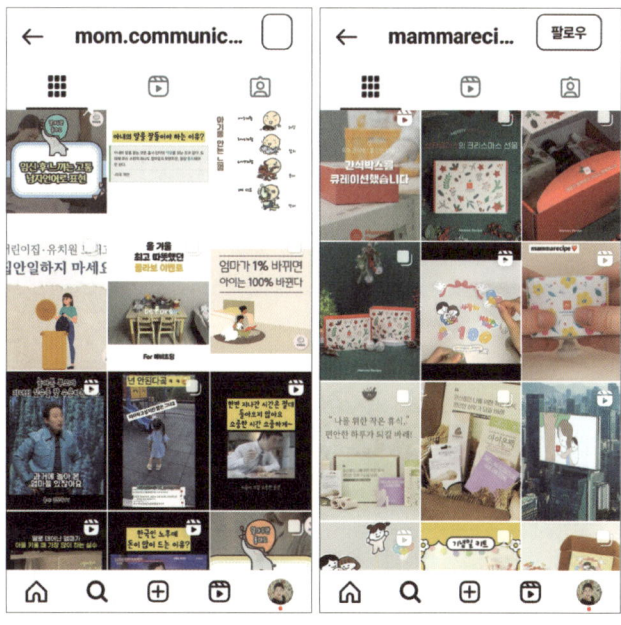

도구로 효율적인 분석하기

인플루언서 검색 도구나 에이전시를 활용하면 더 효율적으로 찾고 분석할 수 있습니다. 다양한 플랫폼을 활용하면 인플루언서의 성과와 팔로워 통계, 관심사 등을 쉽게 확인할 수 있습니다.

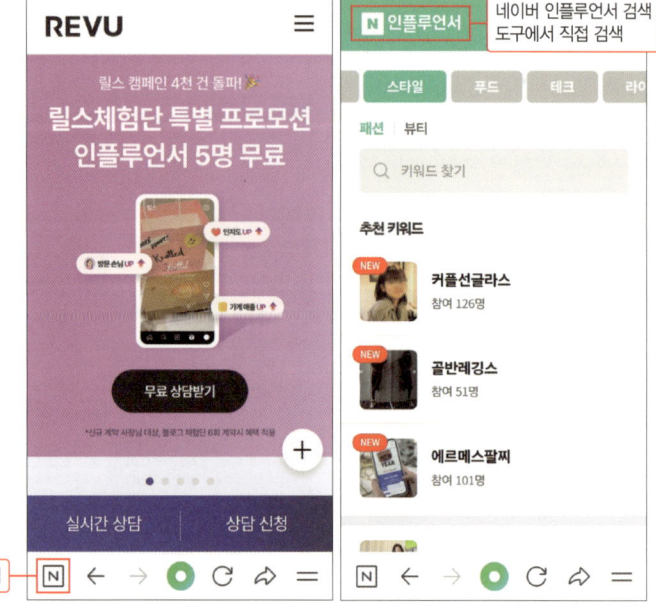

해시태그로 찾기

인스타그램에서 인플루언서를 직접 찾는 것도 좋은 방법입니다. 관련 해시태그나 탐색 탭을 활용하면 브랜드와 맞는 인플루언서를 쉽게 찾을 수 있습니다.

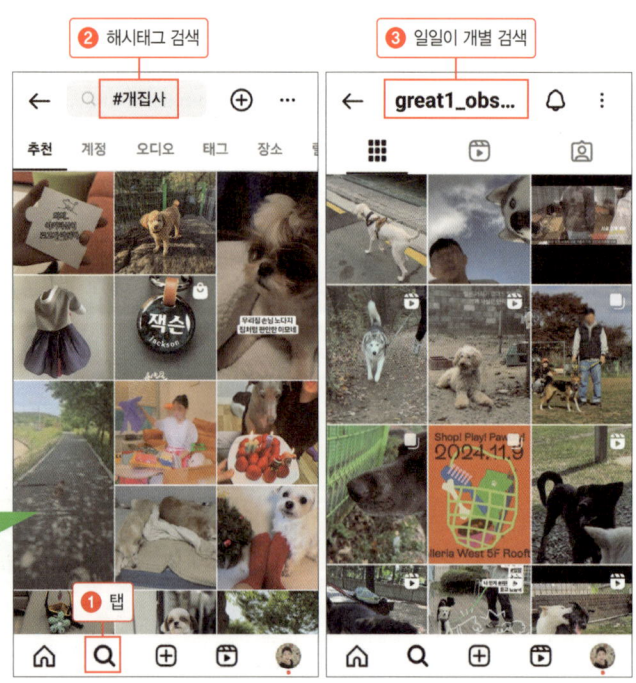

인플루언서 탐색, 인사이트 활용하기

인스타그램 탐색(Explore)에서 브랜드와 관련된 주제나 콘텐츠를 자주 올리는 인플루언서를 찾아보세요. 비즈니스 계정의 인사이트 기능을 활용해 팔로워들이 어떤 인플루언서와 상호 작용하는지도 파악할 수 있습니다.

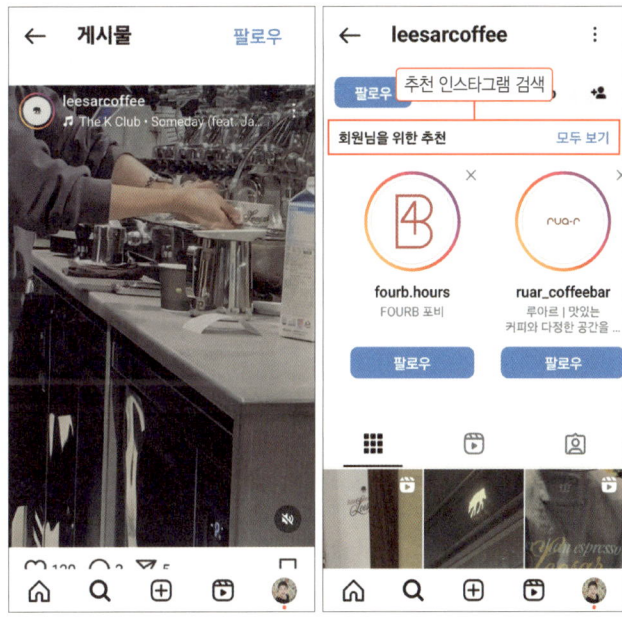

경쟁사 협업 분석하기

경쟁사의 협업 인플루언서를 분석하는 것도 좋은 방법입니다. 성공적인 협업 사례를 살펴보고, 비슷한 성향의 인플루언서와 협업할 전략을 찾아보세요.

팔로워 진위 확인하기

인플루언서의 팔로워 진위를 확인하는 것은 매우 중요합니다. 팔로워의 참여도와 좋아요, 댓글이 자연스러운지 주의 깊게 살펴보세요. 또한, 다른 브랜드와의 협업 사례를 통해 인플루언서의 신뢰성을 검증할 수 있습니다.

명확한 협업 제안하기

인플루언서를 찾은 후에는 DM(다이렉트 메시지)이나 이메일로 협업을 제안합니다. 이때 협업의 목적과 기대 사항, 조건을 명확히 제시하고, 구체적인 보상(예: 제품 협찬, 수수료), 기대하는 콘텐츠 형식, 캠페인 목표 등을 상세히 설명합니다.

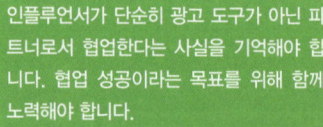

인플루언서가 단순히 광고 도구가 아닌 파트너로서 협업한다는 사실을 기억해야 합니다. 협업 성공이라는 목표를 위해 함께 노력해야 합니다.

인플루언서 **마케팅 성공**을 위한 **예산 책정 방법**은?

SECTION 18

인플루언서 마케팅에서 성공적인 예산 책정은 캠페인 성과를 결정하는 중요한 요소입니다. 예산은 인플루언서의 규모, 협업 방식, 콘텐츠 형식, 캠페인 목표 등에 따라 달라집니다. 예산을 효율적으로 설정하고 활용하면 마케팅 투자 대비 최대의 성과를 얻을 수 있습니다.

예산이 충분하면 좋겠지만, 작은 브랜드는 항상 자금 운용에 여유롭지 않으므로 제한된 예산 내에서 광고 효과를 극대화할 수 있는 아이디어를 고민해야 합니다.

목표별 인플루언서 선정하기

캠페인 목표를 명확히 설정합니다. 브랜드 인지도 향상을 목표로 할지, 제품 판매 증대를 목표로 할지에 따라 필요한 예산과 인플루언서 선택이 달라집니다. 브랜드 인지도를 높이려면 팔로워 수가 많은 인플루언서와 비교적 더 큰 예산이 필요합니다.

 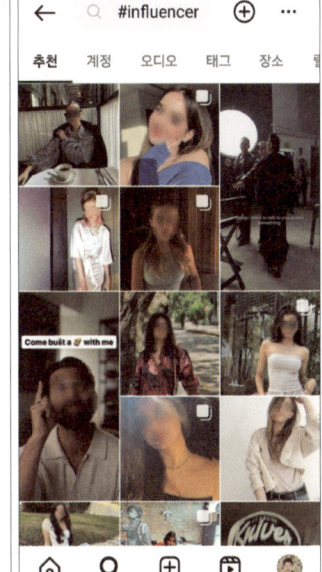

> 반면, 참여도와 판매 촉진을 원한다면 팔로워 수는 적더라도 타깃층과 강한 연결을 가진 마이크로 인플루언서(Micro-Influencer)와 협업하는 것이 효과적입니다.

규모별 예산 책정하기

인플루언서 규모에 따라 예산을 적절히 설정해야 합니다. 일반적으로 팔로워 수가 많을수록 협업 비용도 상승합니다. 인플루언서 에이전시나 인플루언서에게 직접 연락하여 협업 방식에 따른 비용을 문의하는 것이 가장 효율적입니다.

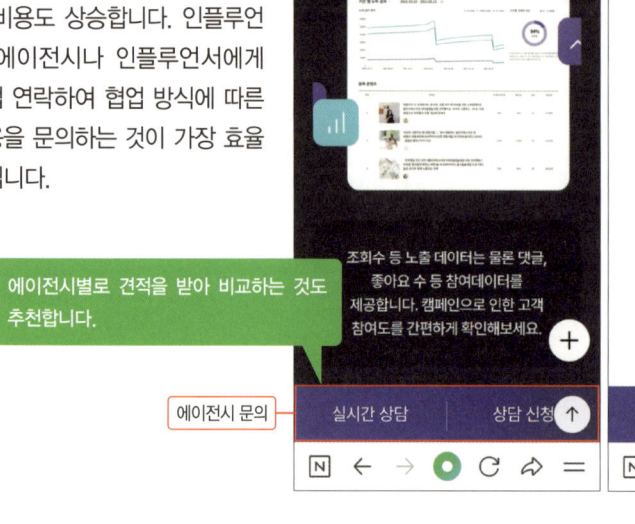

에이전시별로 견적을 받아 비교하는 것도 추천합니다.

에이전시 문의

협업 방식별 비용 확인하기

인플루언서와의 협업 방식에 따라 비용이 달라집니다. 단순 게시물 업로드 외에도 다양한 협업 형태가 있으며, 이에 맞춰 예산을 유동적으로 설정할 수 있습니다. 단순 포스팅, 스토리 협업, 릴스(Reels) 협업, 장기적 파트너십 등을 의뢰할 수 있습니다.

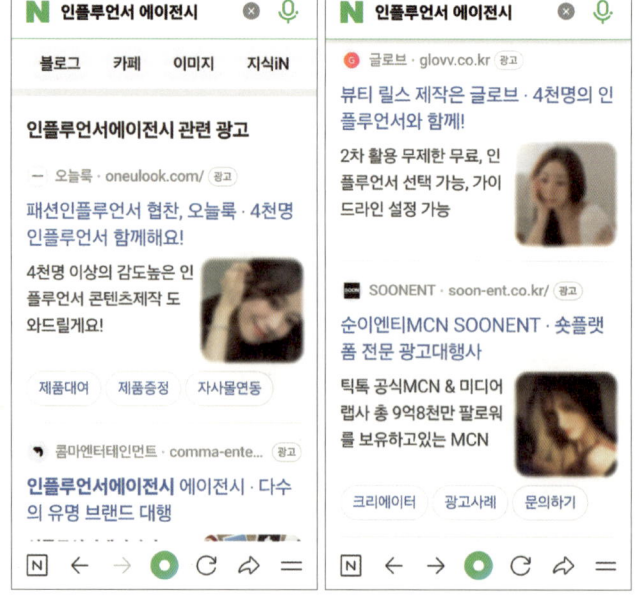

다양한 지급 방식 살펴보기

인플루언서와의 협업 대가는 반드시 현금일 필요는 없습니다. 예를 들어, 상품 무상 제공이나 무료 체험, 또는 현금과 상품을 결합한 방식으로 지급할 수도 있습니다.

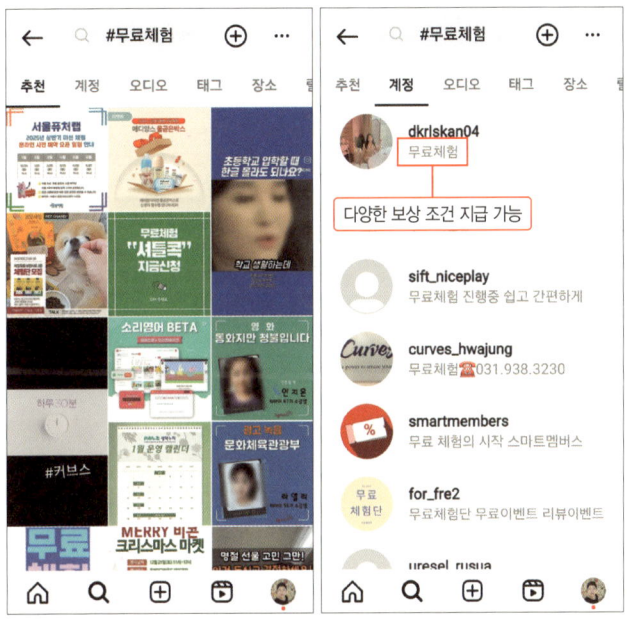

알아두기 | 인플루언서와의 예산별 협업 전략

인스타그램은 이미지와 영상 기반 콘텐츠가 주를 이루므로 다른 플랫폼보다 제작에 더 많은 시간과 비용이 들 수 있습니다. 전문 사진 촬영이나 장소 대관 비용이 추가될 수도 있습니다. 성과 기반 협업(결과 기반 보상)으로 인플루언서와 협업할 수도 있습니다. 예를 들어, 인플루언서가 제품을 판매할 때마다 수수료를 지급하는 방식이며, 이는 파트너십 마케팅에 해당합니다. 성과 연동 보너스는 특정 목표(예: 판매량, 웹사이트 트래픽, 팔로워 증가 등)를 달성했을 때 추가 보너스를 지급하는 방식입니다.

총예산을 설정한 후 이를 어떻게 분배할지 결정합니다. 마이크로 인플루언서 여러 명과 협업하고, 필요에 따라 매크로 인플루언서 한 명과 협업하는 방식으로 예산을 분배할 수 있습니다. 일회성 캠페인 또는 장기 협업을 통한 마케팅 전략을 수립하는 것도 좋습니다.

100만 원 이하의 소규모 예산으로는 마이크로 인플루언서와 제품 리뷰나 팔로워 참여 이벤트를 진행할 수 있습니다. 1,000만 원 정도의 중간 예산은 매크로와 마이크로 인플루언서를 혼합해 다양한 콘텐츠를 제작하고 도달 범위를 확대하는 데 적합합니다. 1억 이상의 대규모 예산은 메가 인플루언서나 유명인과 협업해 브랜드 인지도를 급격히 높이는 데 집중합니다.

협업 계약 필수 사항 확인하기

모든 협업은 반드시 계약서를 작성하고 진행합니다. 협업 내용, 게시 조건, 기간, 보상 금액 및 형태, 협업 방식 등을 자세히 명시합니다. 또한, 계약 해지 조건, 중도 해지, 위약금 등에 관한 내용도 미리 정하고 시작합니다.

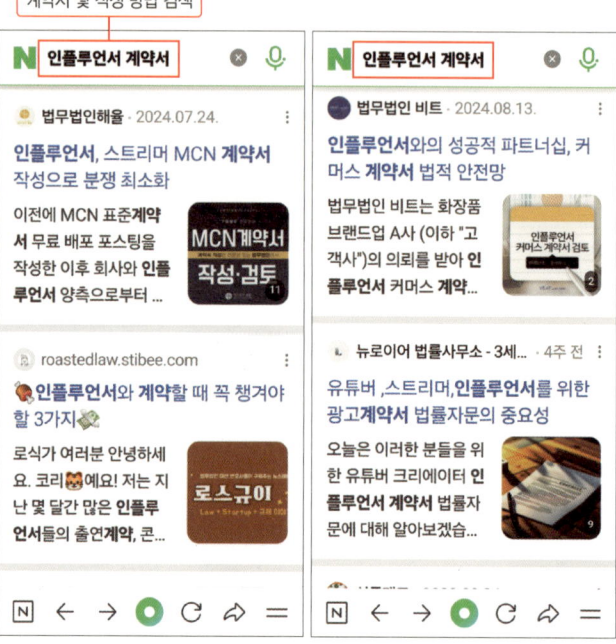

지식 재산권 관리하기

지식 재산권 관리에 관한 내용도 빼놓지 말아야 합니다. 홍보물의 저작권이 누구에게 속하는지, 어떻게 사용할 수 있는지 등을 명확히 해야 합니다. 또한, 게시물 삭제나 수정에 관한 사항도 포함해야 합니다.

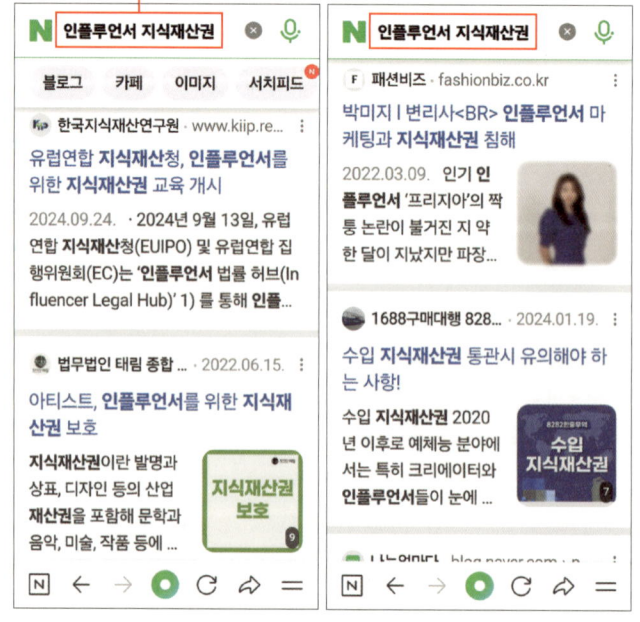

인스타그램 광고 캠페인을 효과적으로 운영하는 방법은?

SECTION 19

인스타그램 광고 캠페인을 효과적으로 운영하려면 단순히 광고를 올리는 것에 그치지 않고, 목표 설정, 타깃팅, 광고 디자인, 예산 관리, 성과 분석 등 여러 요소를 철저히 고려해야 합니다. 이런 요소들이 잘 맞아떨어져야 캠페인의 성공 가능성이 높아집니다. 단계마다 세부적인 전략을 세우는 것이 중요합니다.

인스타그램 광고 캠페인은 목표 설정, 타깃팅, 디자인, 예산 관리, 성과 분석 등 각 단계를 세심하게 계획하고 실행해야 효과를 극대화할 수 있습니다. 이를 통해 브랜드는 고객을 유치하고 판매나 팔로워 증가를 달성할 수 있으며, 캠페인 후 성과 분석을 통해 개선점을 도출하고 최적화를 진행할 수 있습니다.

명확한 목표 설정하기

광고 캠페인의 목표를 명확하게 설정하는 것이 가장 중요합니다. 브랜드 인지도, 트래픽 유도, 앱 설치, 판매 증가 등 목표가 명확할수록 광고 설계와 성과 분석이 쉬워집니다.

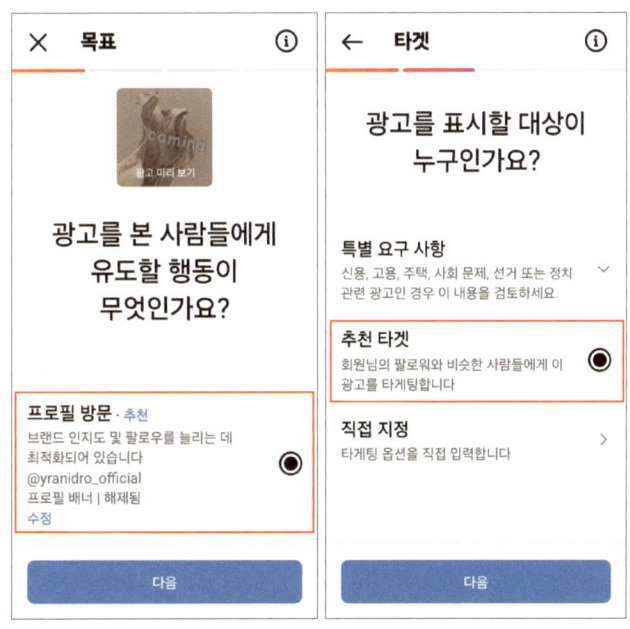

정밀 타깃 설정하기

인스타그램 광고는 페이스북 광고 관리 도구를 통해 설정되며, 여기서 광고 타깃을 세밀하게 설정할 수 있습니다. 기존 고객 데이터를 활용해 비슷한 잠재 고객을 찾는 '맞춤 타깃', 특정 지역의 사용자만 대상으로 하는 '지역 타깃', 인스타그램 사용자들이 좋아하는 주제나 관심사를 기준으로 하는 '관심사 타깃', 그리고 연령, 성별, 직업 등의 인구 통계학적 요소를 고려한 정밀한 타깃 설정을 할 수 있습니다.

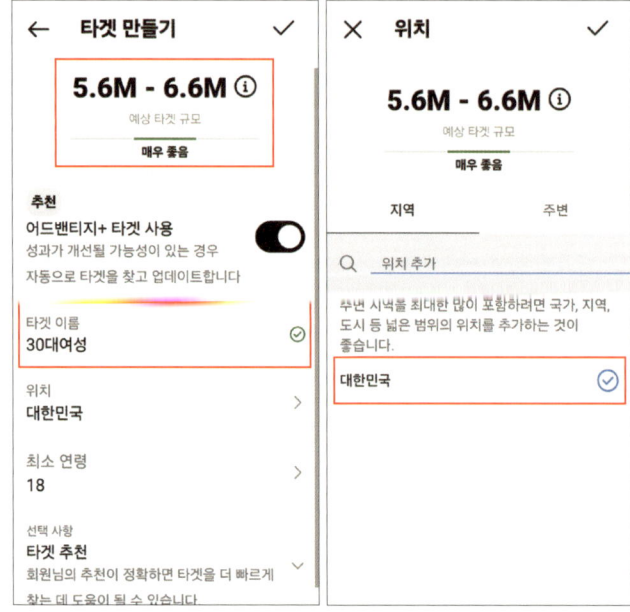

광고 유형 선택하기

광고 유형을 선택합니다. 고품질 이미지를 사용하여 시각적으로 강한 인상을 남길 수 있는 '사진 광고', 짧은 동영상을 통해 제품이나 서비스를 자세히 설명하는 '동영상 광고', '인스타그램 스토리 광고', 여러 이미지를 하나의 게시물에 포함해 다양한 제품을 보여주는 '슬라이드 광고', 상품 카탈로그와 연동하여 여러 제품을 보여주는 '콜렉션 광고' 등이 있습니다.

시선을 끄는 디자인 만들기

광고 디자인에서 가장 중요한 요소는 사용자의 시선을 끄는 것입니다. 시각적으로 매력적이고 브랜드 이미지와 일치하는 디자인이 필요합니다. 강렬한 첫인상을 주는 이미지, 제품이나 서비스 혜택을 간결하게 전달하는 텍스트, 브랜드 색상, 로고, 스타일과의 일관성이 중요합니다.

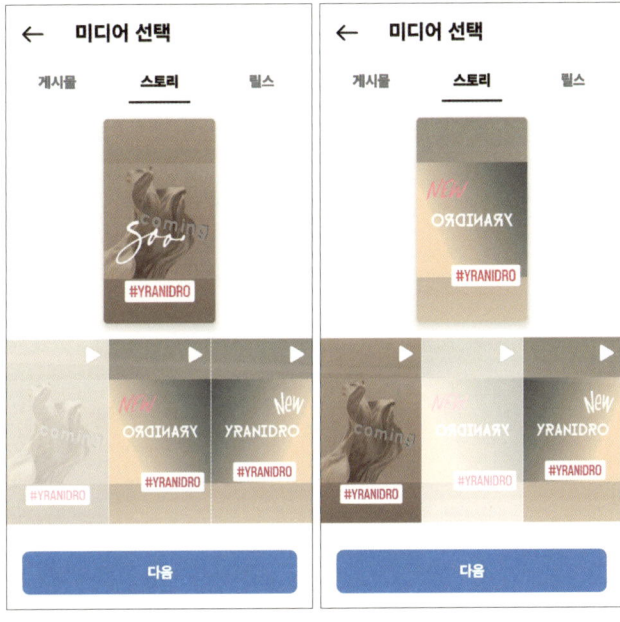

비용 설정 및 입찰하기

인스타그램 광고는 클릭당 비용(CPC) 또는 노출당 비용(CPM)을 기준으로 운영됩니다. 일일 예산과 총예산을 설정해 원하는 만큼만 비용을 지출할 수 있습니다. 자동 입찰 또는 수동 입찰을 선택할 수 있으며, 목표에 맞춰 조정할 수 있습니다.

환율 변동 주의하기

인스타그램 광고는 달러 기준으로 정산되므로 환율 변동에 주의해야 합니다.

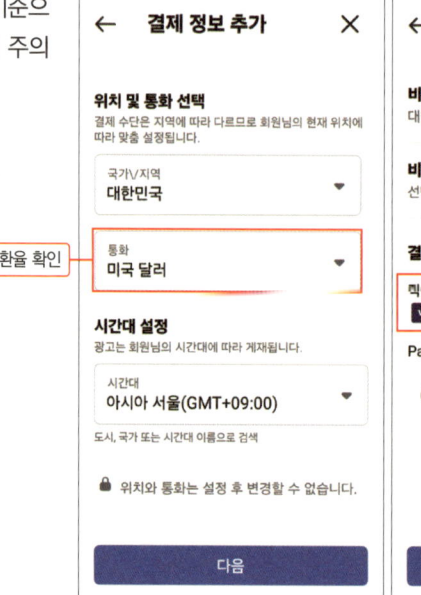 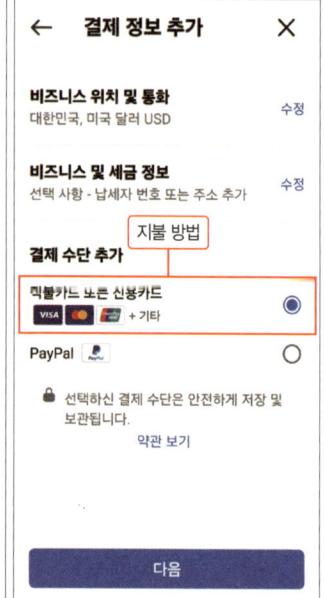

> **알아두기** 광고 집행 후 성과 분석 및 최적화
>
> 광고가 운영된 후에는 지속적으로 성과를 분석하고 결과에 따라 전략을 수정해야 합니다. 인스타그램은 페이스북 광고 관리 도구와 연동되어 다양한 지표를 제공합니다. 광고의 '도달률'을 통해서 얼마나 많은 사용자에게 광고가 노출되었는지, '클릭률(CTR)'을 통해 광고를 본 사용자 중 몇 명이 링크를 클릭했는지 확인할 수 있습니다. 또한, 클릭 후 구매, 다운로드, 회원 가입 등의 행동을 확인할 수 있는 '전환률'도 제공합니다. 캠페인 운영 중에는 성과가 좋은 요소를 강화하고, 부족한 부분은 수정하여 지속적으로 개선할 수 있습니다.
>
> 광고의 여러 요소(이미지, 문구, 타깃 설정 등)를 테스트하여 가장 효과적인 조합을 파악하는 것이 중요합니다. 다양한 광고 소재와 메시지를 실험하여 최적화할 수 있습니다. 또한, 특정 시즌이나 트렌드에 맞춰 광고를 기획하는 것도 효과적입니다. 예를 들어, 연말, 블랙프라이데이, 월드컵 등과 관련된 광고는 해당 시기에 적합한 콘텐츠와 메시지를 사용해 더 높은 반응을 얻을 수 있습니다.

비즈니스 계정의 상점과 쇼핑 기능 활성화 방법은?

SECTION 20

인스타그램에서 직접 쇼핑을 할 수는 없지만, 비즈니스 계정의 상점과 쇼핑 기능을 활성화하면 쉽게 판매로 연결할 수 있습니다. 상품 구매 페이지로 바로 연결되는 상점과 쇼핑 기능을 활용하면 단순 광고나 홍보를 넘어서 적극적으로 매출을 일으킬 수 있습니다.

인스타그램 상점과 쇼핑 기능을 활성화하려면 판매하는 제품이 '실체가 있는 물리적인 제품'이어야 합니다. 디지털 제품이나 서비스는 상점과 쇼핑 기능을 이용할 수 없습니다. 또한, 인스타그램 계정은 반드시 비즈니스 계정이어야 하며, 페이스북 페이지와 연결되어 있어야 합니다. 페이스북 상점을 설정하고 제품 카탈로그를 연결한 후 승인되면 활성화됩니다.

비즈니스 계정 전환하기

개인 계정을 사용 중이라면 비즈니스 계정으로 전환할 수 있습니다. 인스타그램 앱에서 프로필 화면으로 이동한 후 오른쪽 상단의 '메뉴(≡)' 아이콘을 클릭하고 설정에 들어갑니다. 계정 옵션을 선택한 후 [비즈니스 계정으로 전환]을 탭합니다. 필요한 정보를 입력한 후 계정을 비즈니스로 전환하면 됩니다.

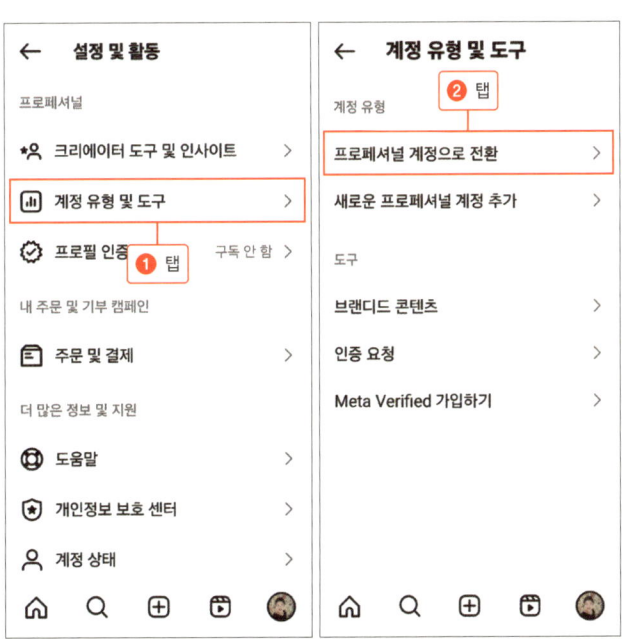

페이스북 연동 및 카탈로그 만들기

인스타그램 쇼핑을 위해서는 페이스북 페이지와 제품 카탈로그가 필요합니다. 인스타그램 계정 설정에서 페이스북 계정과 연동한 후 Meta Business Suite를 사용하여 제품 카탈로그를 생성합니다. 카탈로그는 제품을 직접 입력하거나 Shopify, WooCommerce와 같은 전자상거래 플랫폼을 연동해 자동으로 추가할 수 있습니다.

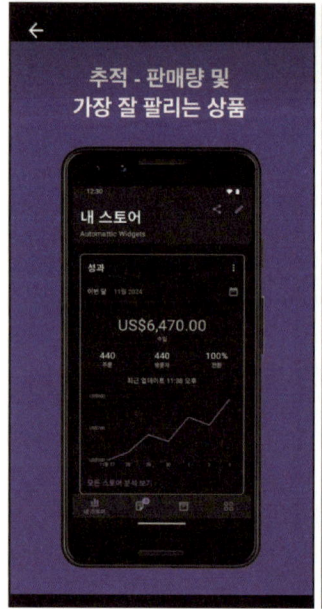
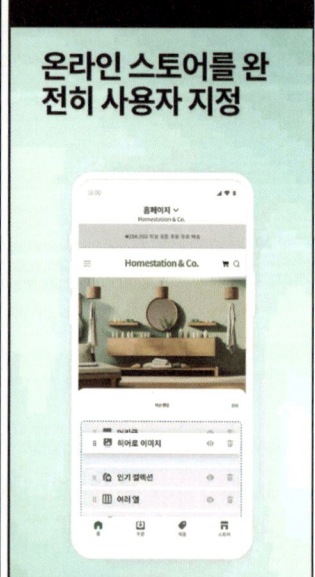

알아두기 | 인스타그램 쇼핑 기능을 연결하려면?

페이스북 카탈로그를 설정하려면 페이스북 비즈니스 관리자에 접속한 후, 카탈로그 관리자로 이동하여 새로운 카탈로그를 생성합니다. 전자상거래 플랫폼을 사용 중이라면 이를 통해 카탈로그를 자동으로 연결할 수 있습니다.

페이스북 제품 카탈로그를 연결한 후에는 인스타그램 쇼핑 기능을 신청할 수 있습니다. 계정 검토 과정이 필요하며, 승인까지 며칠이 걸릴 수 있습니다. 인스타그램 앱에서 설정 > 비즈니스 > 쇼핑으로 이동하여 쇼핑 옵션을 선택하고 신청을 완료합니다. 계정 검토 후 승인되면 쇼핑 기능이 활성화됩니다.

쇼핑 기능이 승인되면 게시물 작성 시 이미지에 제품을 태그할 수 있는 옵션이 생깁니다. 제품을 태그하면 사용자가 게시물을 클릭하여 상세 정보 확인 및 구매를 할 수 있습니다. 또한, 쇼핑 기능은 인스타그램 스토리에서도 활용할 수 있어 즉각적인 구매 유도를 할 수 있습니다.

인스타그램은 인사이트 기능을 통해 쇼핑 게시물의 성과를 분석할 수 있습니다. 도달률, 클릭률, 전환율 등 상세 데이터를 확인할 수 있어 비즈니스 계정에서 쇼핑 기능을 활용하면 효율적으로 제품을 홍보하고 판매할 수 있습니다.

인스타그램을 통한 비즈니스 확장 방법은?

인스타그램을 통해 비즈니스를 확장하는 방법은 플랫폼의 특성을 잘 활용하여 브랜드 인지도를 높이고, 고객과의 소통을 강화하며, 판매를 촉진하는 것입니다. 말처럼 쉽지는 않지만, 다행히도 조금만 노력하면 누구나 시도할 기회가 있습니다.

인스타그램을 통해 비즈니스를 확장하려면 다양한 전략을 종합적으로 활용하는 것이 중요합니다. 이를 통해 브랜드 인지도와 고객 충성도를 높이며, 판매 촉진 효과를 기대할 수 있습니다.

1 브랜드 인지도를 높이기 위한 콘텐츠 전략을 수립합니다. 매력적인 비주얼 콘텐츠 제작, 일관된 브랜드 이미지 유지, 유용한 정보 제공 등을 정기적으로 꾸준히 제공하는 것이 중요합니다.

2 타깃 고객과의 소통을 강화하고 적극적으로 대응합니다. 댓글 및 메시지 응대, 스토리 기능(설문조사, Q&A, 퀴즈) 활용, 고객 후기 및 사용자 생성 콘텐츠 공유로 신뢰를 쌓고 브랜드에 대한 관심을 유도합니다.

3 인스타그램 쇼핑 기능을 활용합니다. 게시물과 스토리에서 제품 태그 추가, 상점 기능 최적화, 인스타그램 쇼핑 광고로 제품을 홍보하고 직접 구매 링크로 연결할 수 있습니다. 카탈로그 판매 캠페인을 활용하여 고객 관심 제품을 자동으로 노출할 수 있습니다.

4 인플루언서 마케팅을 활용합니다. 관련성 있는 인플루언서와 협업하여 제품을 홍보하면 브랜드 인지도를 높일 수 있습니다. 인플루언서가 제품을 사용하고 리뷰하는 콘텐츠는 신뢰감을 주며, 구매 전환율을 높입니다.

5 인스타그램 광고 캠페인 운영합니다. 목표에 맞는 광고 캠페인을 설정해 쇼핑 광고나 다이내믹 광고를 활용합니다. 인스타그램 광고는 페이스북 광고 관리자와 연동되므로 매우 세밀한 타깃팅을 할 수 있습니다. 연령, 성별, 위치, 관심사 등을 바탕으로 잠재 고객을 타깃팅하여 광고 효율을 극대화할 수 있습니다. 인스타그램 인사이트와 광고 관리자에서 제공하는 데이터를 분석해 광고 성과를 평가하고, 지속적으로 캠페인을 최적화하세요. 클릭률(CTR), 전환율 등을 기준으로 어떤 광고가 효과적인지 파악할 수 있습니다.

6 인스타그램 이벤트 및 프로모션을 기획합니다. 팔로워에게 참여를 유도하는 이벤트 및 경품 행사나 할인 코드를 제공함으로써 충성 고객을 확보하고 팔로워의 구매 전환율을 높일 수 있습니다.

7 스토리 및 릴스(Reels)를 통한 바이럴 마케팅을 실행합니다. 인스타그램 스토리를 통해 일상적인 모습이나 제품 출시 전 미리 보기를 제공해 팔로워의 기대감을 높일 수 있습니다. 릴스로 짧고 재미있는 영상을 통해 제품이나 브랜드 가치를 전합니다. 특히 최신 트렌드를 반영한 릴스 콘텐츠는 더 많은 사람에게 노출될 가능성이 큽니다.

8 충성도 높은 팔로워와의 신뢰 관계를 구축합니다. 일시적으로 많은 팔로워를 얻는 것보다는 브랜드와 꾸준히 소통하며 신뢰를 쌓는 것이 중요합니다. 팔로워가 남긴 리뷰나 피드백을 적극적으로 수용하고 개선 사항을 공유하면 브랜드의 신뢰도를 높일 수 있습니다.

9 최신 트렌드 및 시즌 전략을 활용합니다. 연말, 블랙프라이데이, 크리스마스 등 특정 시즌에 맞춰 할인이나 특별 프로모션을 진행하고, 이에 맞는 콘텐츠를 제작합니다. 인스타그램에서 유행하는 챌린지나 밈(Meme)을 브랜드에 맞게 응용해 바이럴 효과를 노릴 수 있습니다.

10 성과 측정 및 분석을 반드시 합니다. 인사이트 기능을 통해 팔로워 증가, 게시물 도달률, 클릭 수, 상호 작용률 등의 데이터를 분석합니다. 어떤 콘텐츠가 효과적이었는지 파악하고, 향후 전략을 개선할 수 있습니다. 여유가 된다면 광고나 콘텐츠를 제작할 때 두 가지 버전을 만들어 테스트하고, 더 나은 성과를 낸 버전을 바탕으로 최적화된 콘텐츠를 제작합니다.

인스타그램 **비즈니스 계정**과 다른 소셜 미디어와의 **연계** 방법은?

SECTION 22

인스타그램 비즈니스 계정을 다른 소셜 미디어와 연계하면 브랜드의 일관된 온라인 존재감을 강화하고 더 넓은 고객층에 도달할 수 있습니다. 인스타그램은 Meta 그룹의 페이스북, 스레드, 왓츠앱 등과 연결되어 있어 다양한 SNS를 효과적으로 활용할 수 있습니다.

또한 트위터, 유튜브, 틱톡, 핀터레스트 등 다양한 SNS와 연계할 수 있습니다. 이런 소셜 미디어 플랫폼들과의 연계는 브랜드의 온라인 존재감을 확장하고 더 많은 잠재 고객에게 도달하는 데 효과적입니다. 각 플랫폼의 특성에 맞춰 콘텐츠를 조정하며 인스타그램과 다른 채널을 유기적으로 연결하는 것이 중요합니다.

페이스북

인스타그램은 페이스북과 연동되어 두 플랫폼을 함께 활용하면 강력한 마케팅 효과를 얻을 수 있습니다. 인스타그램 비즈니스 계정은 페이스북 비즈니스 페이지와 연결해야 하며, 이를 통해 게시물을 자동으로 공유하고 페이스북 광고 관리자를 통해 인스타그램 광고도 설정할 수 있습니다. 인스타그램 앱에서 설정 > 계정 > 연결된 계정으로 이동한 후 페이스북을 선택하고, 페이스북 비즈니스 페이지에 로그인해 계정을 연결합니다. 이후 페이스북 광고 관리자에서 인스타그램과 페이스북 광고를 함께 관리해 효율적인 캠페인을 운영할 수 있습니다.

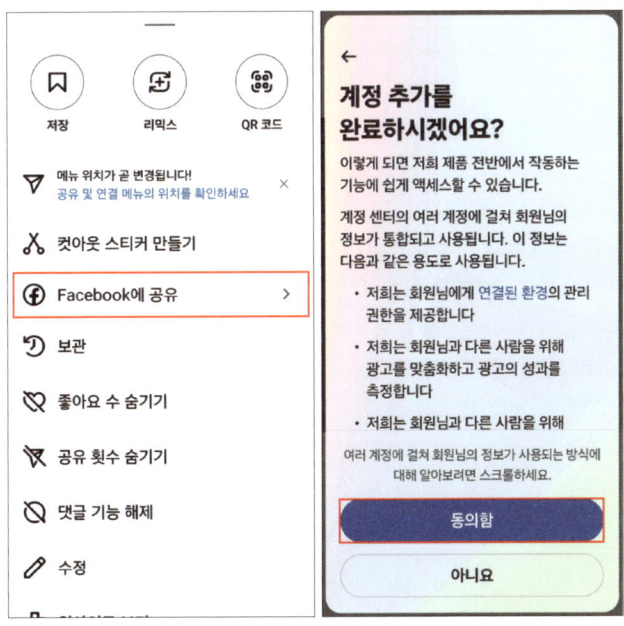

X(구 트위터)

인스타그램과 트위터를 연동하면 인스타그램 게시물을 트위터에 자동으로 공유해 짧은 메시지와 링크로 팔로워와 소통할 수 있습니다.

인스타그램 설정에서 계정 > 연결된 계정 > 트위터를 선택하고 트위터 계정에 로그인해 연결을 완료합니다. 이후 '더 자세한 정보는 인스타그램에서 확인하세요'와 같은 메시지와 링크를 함께 공유할 수 있습니다.

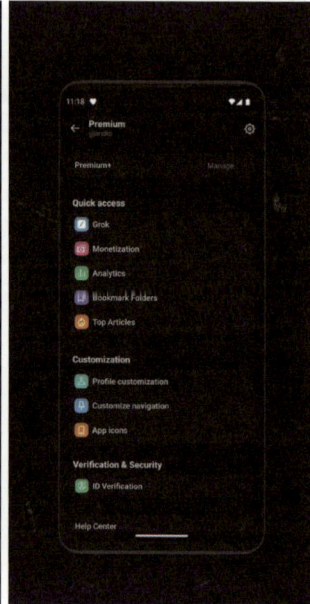

유튜브

유튜브와 인스타그램을 연동하면 긴 동영상과 짧은 티저 영상을 효과적으로 활용할 수 있습니다. 유튜브에 업로드한 영상을 인스타그램 스토리나 피드에 티저 형식으로 공유하고, '전체 영상은 유튜브에서 확인하세요'라는 메시지와 함께 유튜브 링크를 추가합니다. 또한, 유튜브 채널 프로필이나 동영상 설명란에 인스타그램 계정 링크를 포함시켜 시청자가 쉽게 인스타그램으로 이동할 수 있도록 합니다.

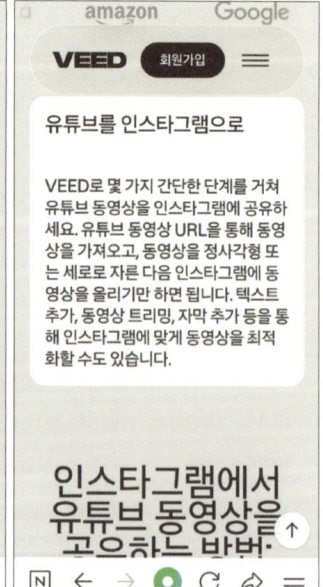

틱톡

틱톡은 짧고 재미있는 영상 콘텐츠로 빠르게 성장한 플랫폼으로, 인스타그램과 함께 활용하면 큰 효과를 얻을 수 있습니다. 틱톡 프로필에 인스타그램 계정 링크를 추가해 팔로워들이 쉽게 인스타그램으로 유입되도록 합니다. 또한, 틱톡에서 만든 짧은 동영상을 인스타그램 릴스(Reels)에 공유해 더 넓은 사용자층에 노출할 수 있습니다.

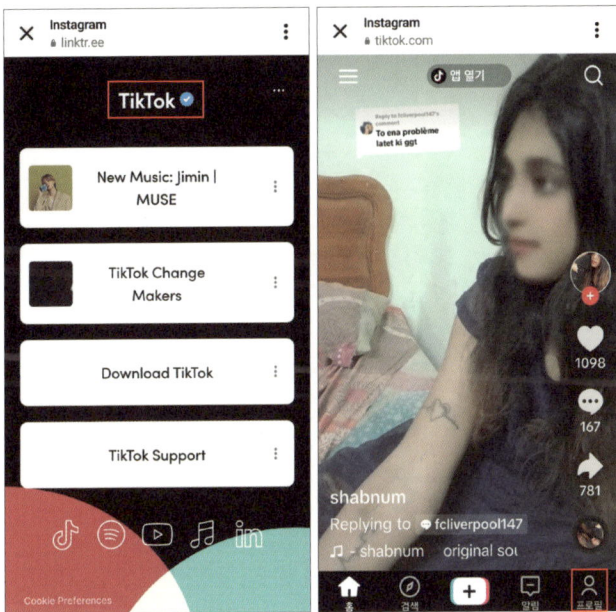

핀터레스트

핀터레스트는 비주얼 콘텐츠와 아이디어를 공유하는 플랫폼으로 인스타그램과 유사한 특성을 가집니다. 인스타그램에서 만든 고품질 이미지를 핀터레스트에 핀으로 저장하고, 해당 이미지에 인스타그램 계정 링크를 추가해 방문자를 유도할 수 있습니다. 또한, 핀터레스트 게시물 설명란에 인스타그램 링크를 포함시켜 팔로워가 더 많은 콘텐츠를 인스타그램에서 확인할 수 있도록 안내할 수도 있습니다.

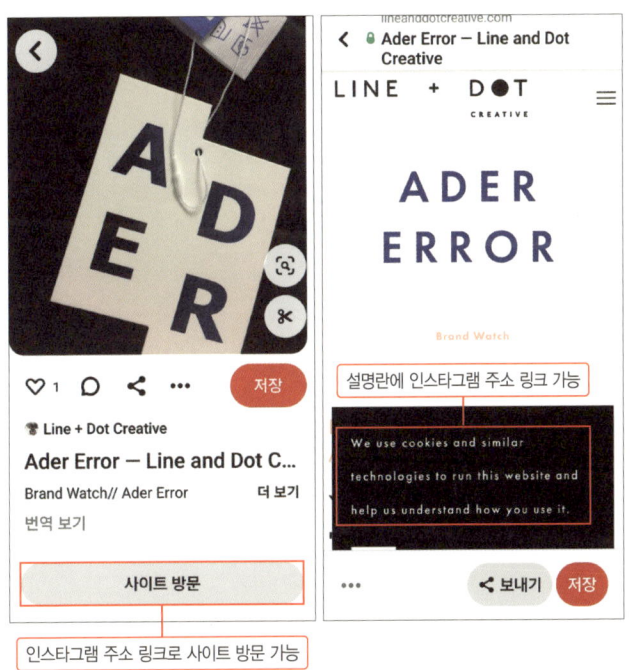

링크드인

링크드인은 B2B 비즈니스와 전문 네트워킹에 적합한 플랫폼으로, 인스타그램과는 다른 사용자 층을 타깃팅할 수 있습니다. 링크드인 회사 페이지나 개인 프로필에 인스타그램 계정 링크를 추가하여 방문자가 두 플랫폼에서 브랜드를 모두 팔로우할 수 있게 유도합니다.

웹사이트

브랜드의 공식 웹사이트나 블로그에 인스타그램 피드를 임베드하여 최신 게시물을 실시간으로 보여줄 수 있습니다. 이를 통해 웹사이트 방문자를 인스타그램으로 유도할 수 있습니다. 또한 블로그 포스트에 인스타그램 게시물 이미지를 삽입하고, '더 많은 콘텐츠는 인스타그램에서 확인하세요'라는 링크를 추가하여 블로그 독자들을 인스타그램으로 유도할 수 있습니다.

이메일

뉴스레터나 프로모션 이메일에 인스타그램 아이콘과 계정 링크를 삽입해 구독자들이 쉽게 팔로우할 수 있도록 유도합니다. 또한, 인스타그램 이벤트나 캠페인을 이메일로 홍보하고 참여 유도 링크를 추가해 구독자를 인스타그램으로 안내할 수 있습니다.

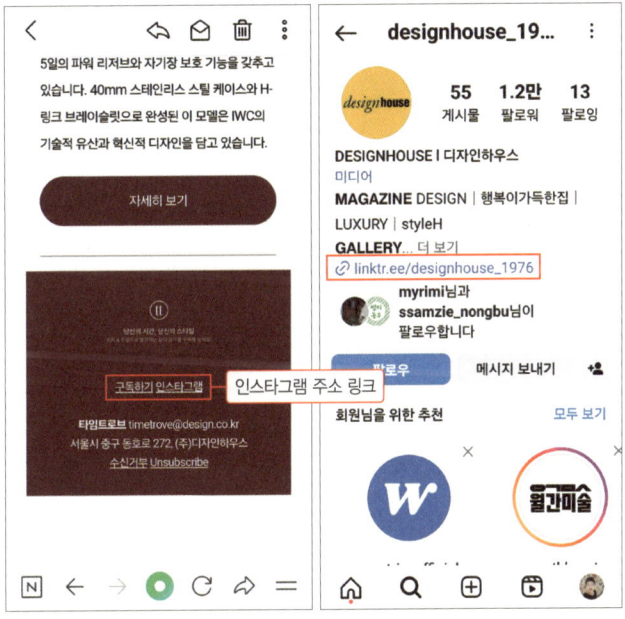

소셜 미디어 관리 도구 활용

여러 소셜 미디어 계정을 운영할 때 Buffer, Hootsuite, Later와 같은 관리 도구를 사용하면 인스타그램과 다른 플랫폼에서 콘텐츠를 동시에 관리하고 성과를 분석할 수 있습니다. 이를 통해 시간을 절약하고, 모든 플랫폼에서 일관된 메시지를 전달할 수 있습니다.

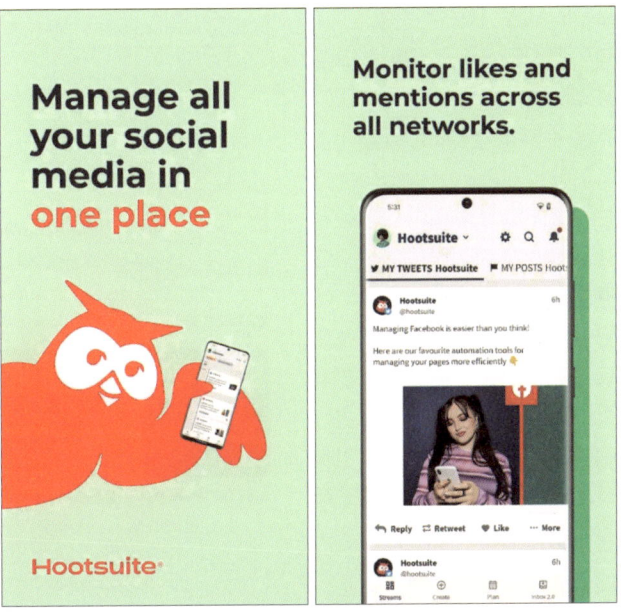

인스타그램 비즈니스 계정을 위한 추천 도구 및 리소스는?

SECTION 23

인스타그램 비즈니스 계정을 효율적으로 운영하려면 콘텐츠 제작, 성과 분석, 소통 관리 등을 지원하는 도구와 리소스가 필요합니다. 이를 통해 비즈니스를 더 효과적으로 운영할 수 있도록 추천 도구와 리소스를 적극 활용해 보세요.

다양한 도구와 리소스를 적절히 활용하면 인스타그램 비즈니스 계정을 더욱 효과적으로 운영하고, 팔로워와의 소통을 강화하며, 성과를 극대화할 수 있습니다.

콘텐츠 제작 도구

콘텐츠 제작 및 디자인 도구를 활용합니다. 캔바(Canva)는 초보자도 쉽게 사용할 수 있는 그래픽 디자인 도구로, 인스타그램용 템플릿을 제공해 고품질 이미지를 손쉽게 만들 수 있습니다. 어도비 스파크(Adobe Spark)는 인스타그램용 이미지와 동영상을 빠르게 제작할 수 있는 도구로, 직관적인 인터페이스와 다양한 템플릿을 제공하여 브랜드에 맞는 콘텐츠 제작에 유용합니다. 인샷(InShot)은 동영상 편집에 특화된 모바일 앱으로, 인스타그램 스토리나 릴스 콘텐츠 제작에 특히 효과적입니다.

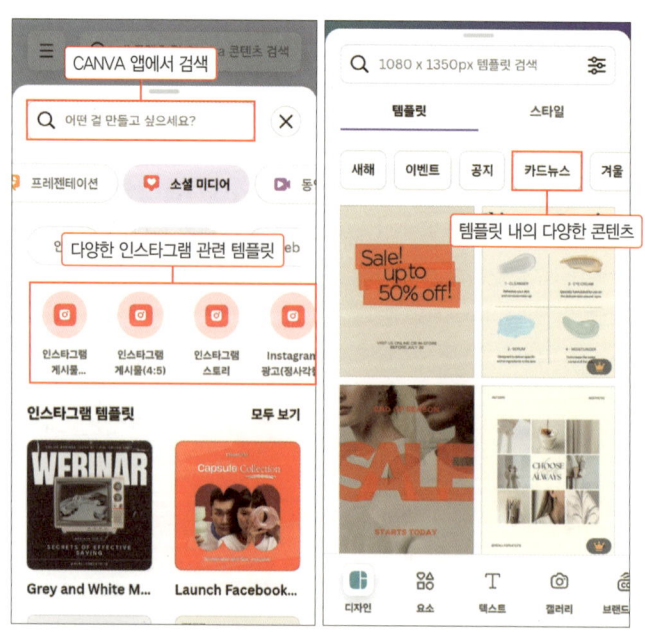

소셜 미디어 관리 도구

소셜 미디어 관리 및 예약 도구를 활용합니다. Hootsuite는 인스타그램, 페이스북, 트위터 등 다양한 플랫폼에서 콘텐츠 예약 및 관리할 수 있으며, 성과 분석 기능도 제공합니다. Later는 인스타그램에 최적화된 예약 도구로, 비주얼 캘린더, 해시태그 추천, 팔로워 성장 분석 기능이 강력합니다. Buffer는 여러 소셜 미디어에 동시에 게시물을 예약하고 관리하며, 직관적인 성과 분석 기능을 제공합니다.

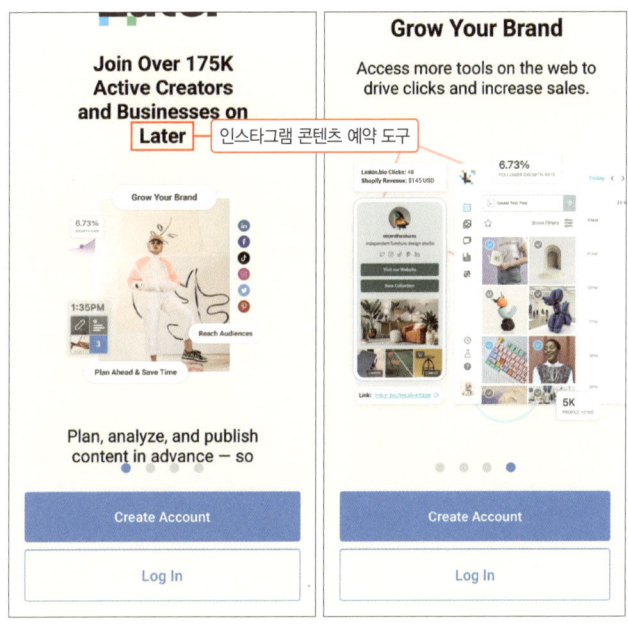

인스타그램 콘텐츠 예약 도구

해시태그 도구

해시태그 연구 도구를 활용합니다. 적절한 해시태그는 도달률을 높이고, 잠재 고객을 끌어들이는 데 중요한 역할을 합니다. Hashtagify, Rite Tag, Display Purposes, All Hashtag와 같은 도구를 이용해 특정 주제에 맞는 인기 해시태그를 쉽게 찾을 수 있습니다.

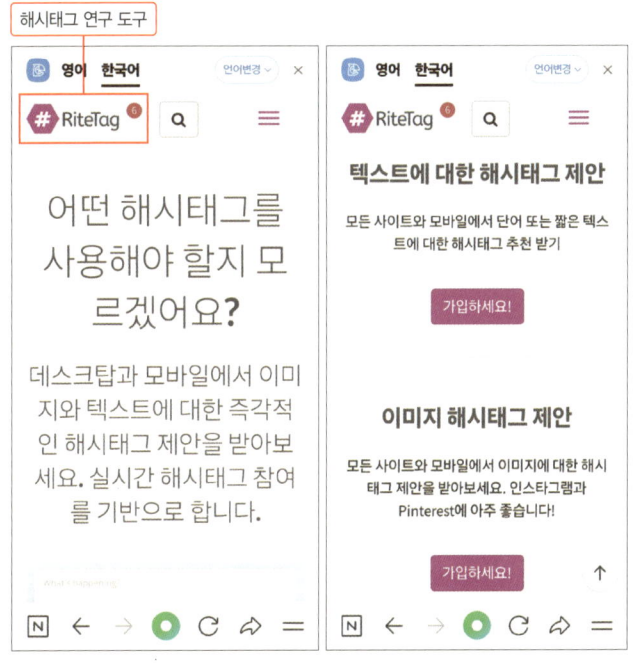

해시태그 연구 도구

분석 도구

인스타그램 분석 도구를 활용하여 개선합니다. Instagram Insights는 팔로워 성장, 게시물 도달률, 상호 작용률 등 기본적인 성과 분석을 제공합니다. 비즈니스 계정 운영에 필수적인 데이터도 쉽게 확인할 수 있습니다. Iconosquare와 Sprout Social은 소셜 미디어 관리와 함께 강력한 분석 기능도 제공합니다.

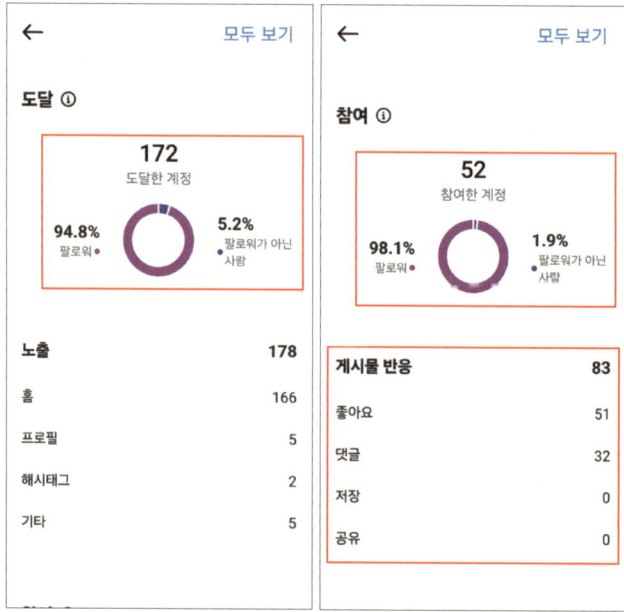

팔로워 관리 도구

팔로워 관리 및 성장 도구로 Crowdfire를 사용해 보세요. 이 도구는 팔로워 관리와 콘텐츠 큐레이션에 도움을 주며, 인스타그램을 포함한 여러 소셜 미디어 계정을 동시에 관리할 수 있습니다.

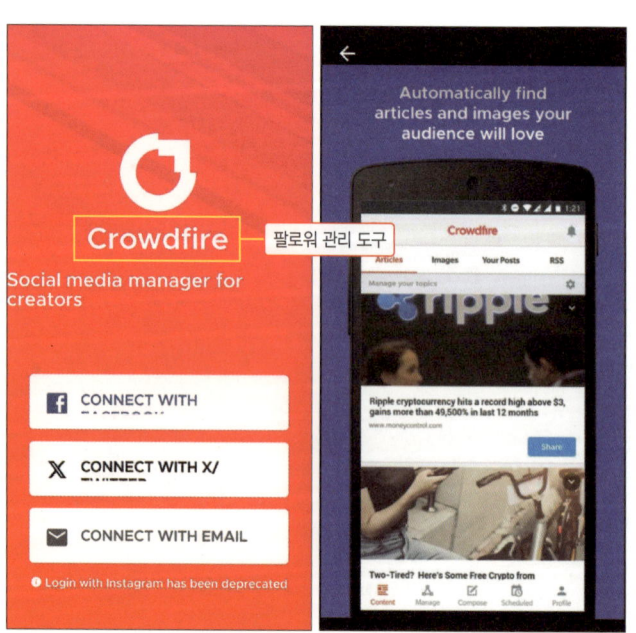

광고 도구

인스타그램 광고 도구는 비즈니스 확장에 매우 유용합니다. Meta 광고 관리자는 인스타그램 광고 설정의 기본 도구로, 페이스북과 인스타그램이 연동되어 있어 광고 설정과 성과 모니터링을 할 수 있습니다. 타깃팅, 입찰 전략, 광고 성과 분석 등을 손쉽게 관리할 수 있습니다.

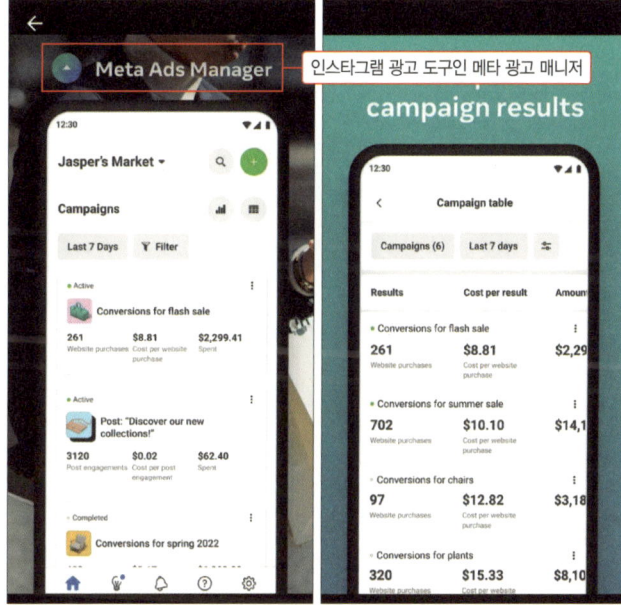

교육 자료

인스타그램 운영에 대한 지식을 늘릴 수 있는 리소스와 교육 자료도 다양하게 제공됩니다. Meta Business Suite는 페이스북과 인스타그램 광고를 포함한 여러 소셜 미디어 마케팅 서비스를 제공합니다.

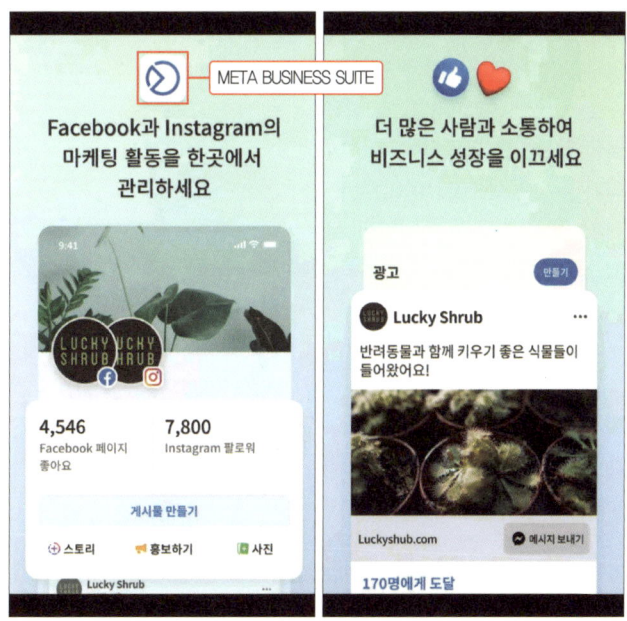

비즈니스 계정을 위한
사진 및 동영상 편집 도구는?

SECTION 24

인스타그램 비즈니스 계정을 운영할 때 시각적으로 매력적인 사진과 동영상을 만드는 것이 중요합니다. 다양한 편집 도구를 활용하면 콘텐츠 퀄리티를 높이고 팔로워의 참여를 증대시킬 수 있습니다.

 이러한 도구들은 인스타그램 비즈니스 계정 운영에 필수적인 콘텐츠 제작과 관리 과정을 더 효율적이고 효과적으로 만듭니다. 각 도구의 기능을 적절히 활용하면 비즈니스에 맞는 매력적이고 양질의 콘텐츠를 꾸준히 제작할 수 있습니다.

캔바(Canva)

간단한 클릭 몇 번으로 고품질 이미지를 제작할 수 있는 편집 도구입니다. 인스타그램 포스트, 스토리, 릴스(Reels) 등에 최적화된 템플릿을 제공하며, 다양한 디자인 요소(텍스트, 아이콘, 스티커 등)를 자유롭게 사용할 수 있습니다.

CANVA에서 인스타그램 스토리 템플릿 검색

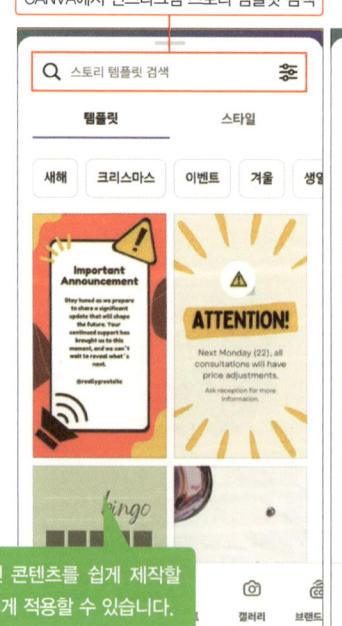

전문적인 디자인 경험 없이도 매력적인 콘텐츠를 쉽게 제작할 수 있으며, 브랜드 로고와 색상을 일관되게 적용할 수 있습니다.

어도비 익스프레스(Adobe Express)

AI를 활용한 손쉬운 콘텐츠를 제작할 수 있습니다. 그래픽 디자인, 로고 디자인, 전단지 제작, 비디오 제작 도구를 무료와 유료 서비스로 제공합니다.

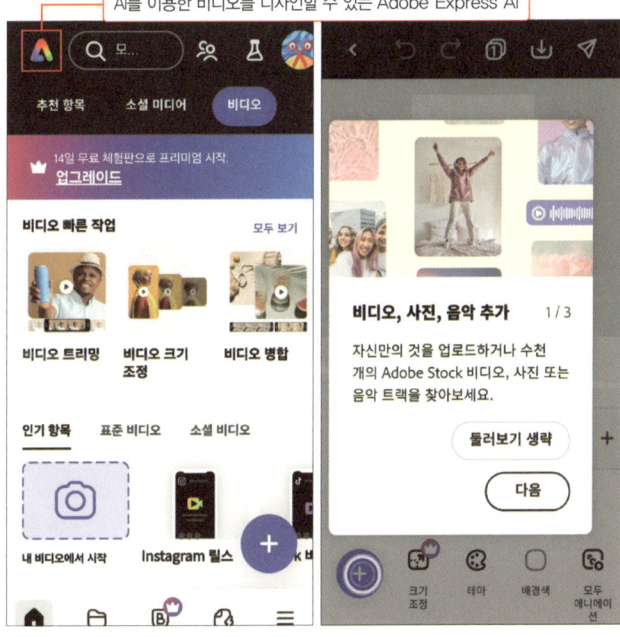

AI를 이용한 비디오를 디자인할 수 있는 Adobe Express AI

> **알아두기** 포토샵 익스프레스(Photoshop Express)의 고급 편집 기능

포토샵 익스프레스(Photoshop Express)는 고급 편집 기능을 제공하면서도 사용하기 쉬운 사진 편집 도구입니다. 노출 조정, 색상 보정, 필터 적용 등 인스타그램에 최적화된 편집 기능을 갖추고 있어 브랜드 이미지나 제품 사진을 세밀하게 조정하여 더욱 고퀄리티의 비주얼 콘텐츠를 만들 수 있습니다.

인샷(InShot)

간편하게 동영상을 편집할 수 있는 모바일 앱으로, 다양한 필터, 자르기, 비율 조정, 음악 추가 기능을 제공합니다. 인스타그램 스토리와 릴스에 적합한 크기 조정도 자동으로 할 수 있어 빠르고 쉽게 비디오 콘텐츠를 편집할 수 있습니다. 특히 인스타그램 비디오 포맷에 맞춘 비율 조정 기능이 뛰어납니다.

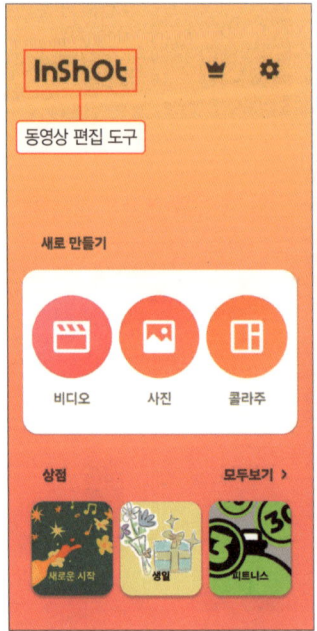
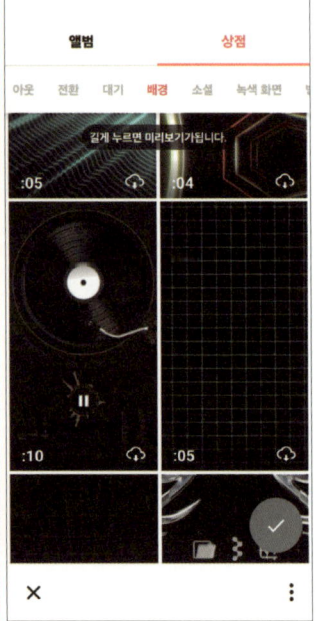

> **알아두기** 키네마스터(KineMaster)의 고급 모바일 동영상 편집 기능
>
> 키네마스터(KineMaster)는 다양한 고급 기능을 제공하는 모바일 동영상 편집 도구로, 다중 레이어 편집, 크로마 키, 트랜지션, 특수 효과 등을 활용할 수 있습니다. 기본 편집부터 고급 편집까지 모두 지원하며, 브랜드 홍보 영상이나 제품 소개 영상을 더욱 화려하게 편집할 때 유용합니다.

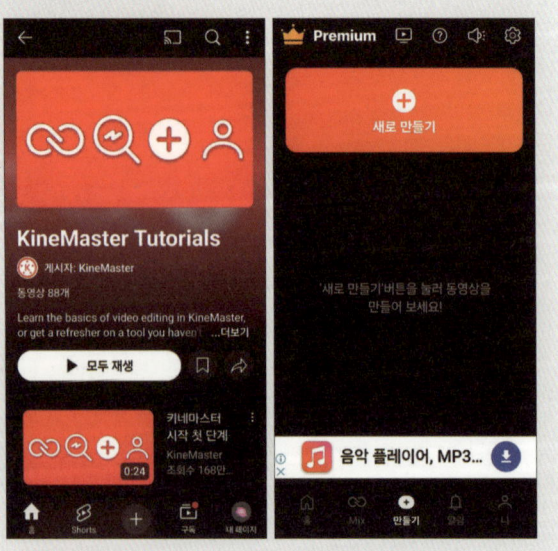

지피(GIPHY)

간단한 GIF와 스티커를 제작하고 공유할 수 있는 플랫폼으로, 인스타그램 스토리에서 사용할 맞춤형 GIF를 쉽게 만들 수 있습니다. 브랜드 관련 GIF를 직접 제작하여 스토리나 릴스에 활용하거나, 팔로워와의 상호 작용을 유도할 수 있습니다.

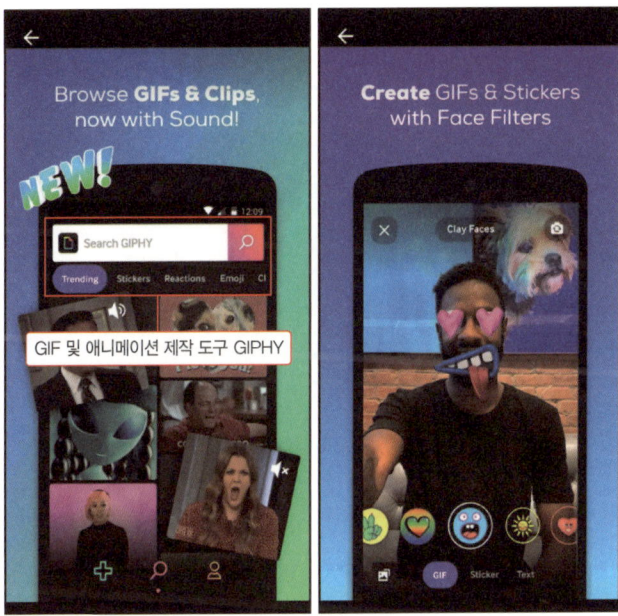

GIF 및 애니메이션 제작 도구 GIPHY

레이터(Later)

인스타그램 피드와 스토리를 시각적으로 계획하고 예약할 수 있는 도구입니다. 비주얼 캘린더를 통해 콘텐츠 일정을 쉽게 관리하고, 미리 보기 기능으로 피드의 전체적인 느낌을 조정할 수 있습니다.

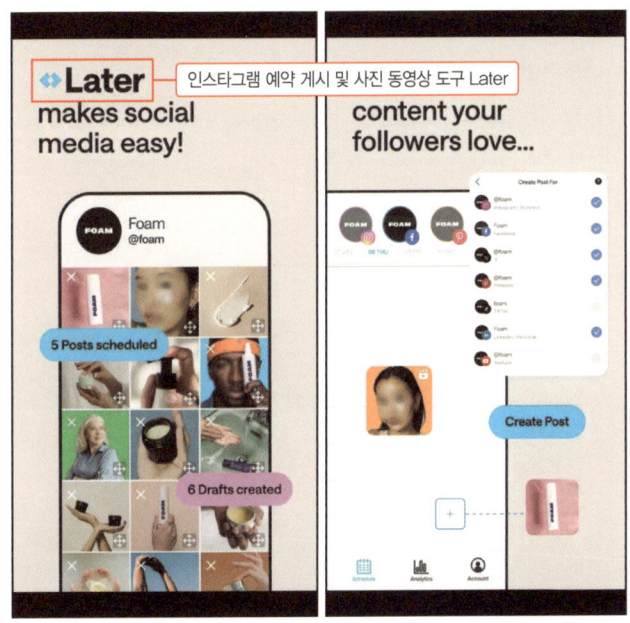

인스타그램 예약 게시 및 사진 동영상 도구 Later

인스타그램 **비즈니스 계정**을 위한 **분석 툴**은?

SECTION 25

인스타그램 비즈니스 계정을 효과적으로 운영하려면 성과를 분석하고 데이터를 바탕으로 전략을 최적화하는 것이 중요합니다. 이를 위해 다양한 인스타그램 분석 도구를 활용할 수 있으며, 이 도구들은 팔로워의 행동, 게시물 성과, 트래픽, 참여율 등을 세부적으로 분석해 더 나은 의사 결정을 돕습니다.

이 분석 도구들은 인스타그램 비즈니스 계정의 성과를 객관적으로 평가하고, 더 효과적인 마케팅 전략을 수립하는 데 큰 도움이 됩니다. 비즈니스 규모와 목표에 맞는 도구를 선택하여 데이터를 바탕으로 성과를 최적화해 보세요.

Instagram Insights

인스타그램에서 제공하는 분석 도구로, 비즈니스 계정에서 바로 활용할 수 있습니다. 팔로워 분석, 게시물 성과, 스토리 및 릴스 성과 등을 확인해 어떤 콘텐츠가 가장 효과적인지 파악할 수 있습니다.

> 기본적으로 인스타그램 비즈니스 계정에 내장되어 있어 추가 설치 없이 데이터를 손쉽게 확인할 수 있습니다.

Iconosquare

인스타그램과 페이스북의 성과를 상세하게 분석할 수 있는 고급 소셜 미디어 분석 도구입니다. 팔로워 성과와 게시물 성과를 세부적으로 분석하고, 경쟁사와의 비교 분석 기능도 제공합니다. 팔로워 성장, 게시물 성과, 경쟁사 분석을 통해 계정의 성과를 파악할 수 있으며, 고급 데이터 분석과 경쟁사 벤치마킹을 통해 비즈니스 전략을 개선하는 데 유용합니다.

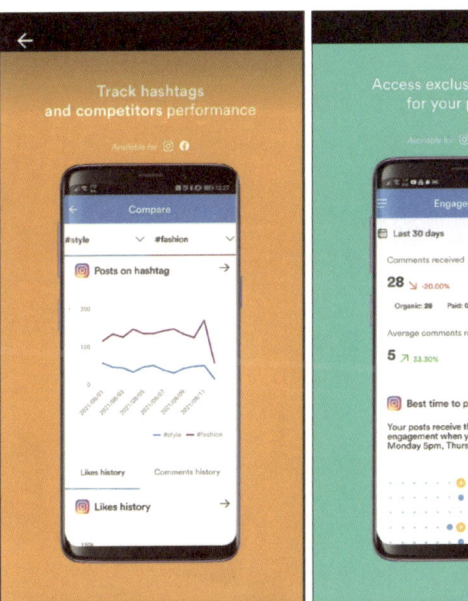

Sprout Social

인스타그램을 포함한 여러 소셜 미디어 플랫폼을 통합 관리할 수 있는 도구로, 강력한 분석 기능을 제공합니다. 비즈니스 목표에 맞춘 성과 분석과 팔로워의 행동 패턴을 파악할 수 있으며, 게시물 성과 분석, 맞춤형 보고서 생성, 상호 작용 분석을 통하여 고객 서비스 성과를 측정할 수 있습니다.

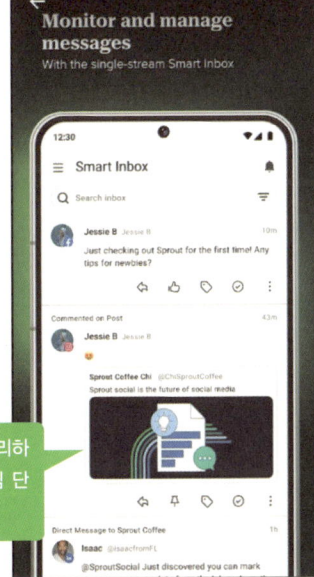 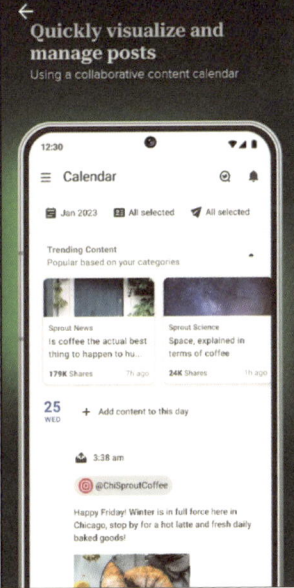

> 여러 소셜 미디어 채널을 한 곳에서 관리하고 성과를 비교 분석할 수 있어, 특히 팀 단위로 운영하는 비즈니스에 유용합니다.

Hootsuite

소셜 미디어 관리 및 분석 도구로, 인스타그램 성과 분석에 강력한 기능을 제공합니다. 여러 계정을 통합적으로 관리하며 성과를 추적하고, 다양한 데이터를 바탕으로 인사이트를 얻을 수 있습니다. 게시물 및 스토리 분석, 경쟁사 분석, 자동 보고서 생성 기능을 통해 팀 내 공유가 용이합니다.

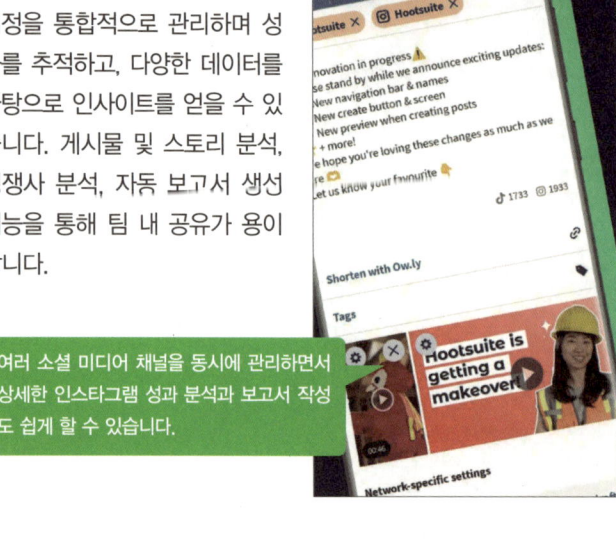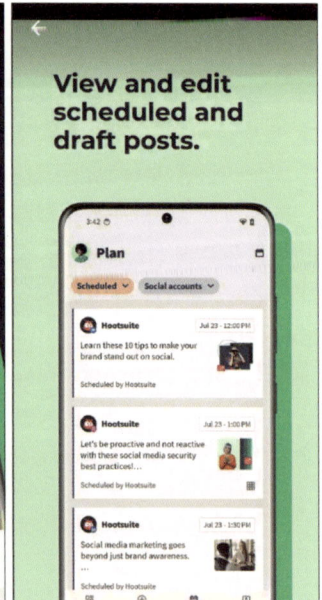

> 여러 소셜 미디어 채널을 동시에 관리하면서 상세한 인스타그램 성과 분석과 보고서 작성도 쉽게 할 수 있습니다.

Buffer

인스타그램 게시물 예약 관리뿐만 아니라 직관적인 대시보드를 통해 팔로워 증가와 게시물 참여도를 쉽게 분석할 수 있습니다. 게시물 성과 분석, 팔로워 통계, 보고서 자동 생성 기능으로 성과를 간편하게 관리할 수 있습니다. 인스타그램 콘텐츠 예약과 성과 분석을 한 번에 관리할 수 있어, 소규모 비즈니스나 개인 브랜드 운영자에게 적합합니다.

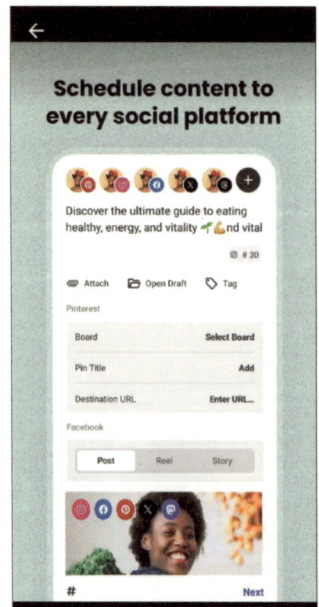

Later

인스타그램 콘텐츠 예약과 성과 분석을 지원하는 도구로, 시각적인 캘린더를 통해 콘텐츠 일정을 계획하고 팔로워 반응을 분석할 수 있습니다. 인스타그램 피드의 시각적 일관성을 유지하면서 성과도 분석할 수 있어 소규모 비즈니스나 개인 브랜드에 적합합니다.

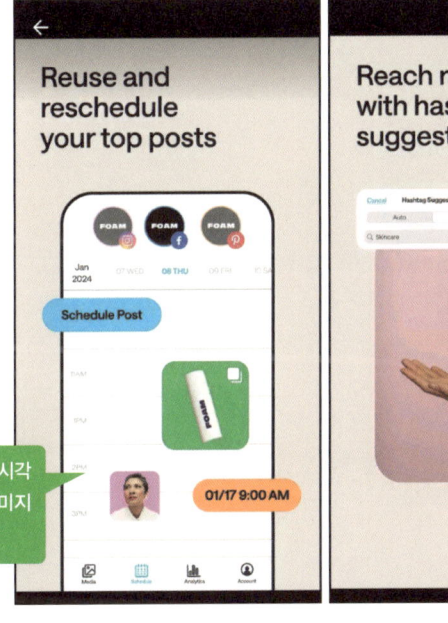
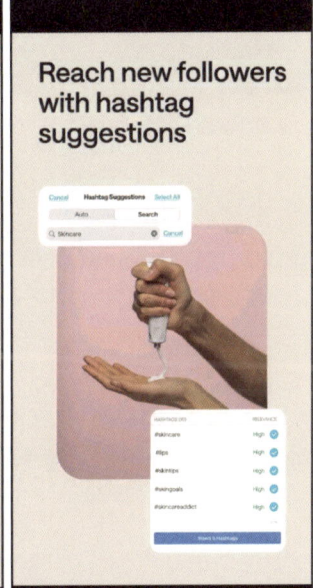

> 게시물 성과 분석, 베스트 타임 포스팅, 시각적 피드 계획을 통해 일관된 브랜드 이미지를 유지할 수 있습니다.

Crowdfire

소셜 미디어 콘텐츠 관리 및 분석 도구로, 인스타그램을 포함한 다양한 플랫폼에서 콘텐츠를 관리하고 성과를 분석할 수 있습니다. 팔로워 행동 분석, 경쟁사 성과 비교 등도 가능합니다. 콘텐츠 성과 분석, 경쟁사 분석, 팔로워 분석을 통해 타깃 고객층에 맞춘 콘텐츠를 제작할 수 있습니다. 인스타그램 계정의 전반적인 성과를 분석하고, 경쟁사와 비교하여 전략을 개선할 수 있습니다.

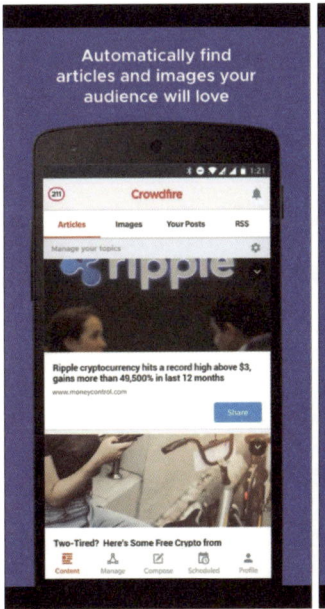
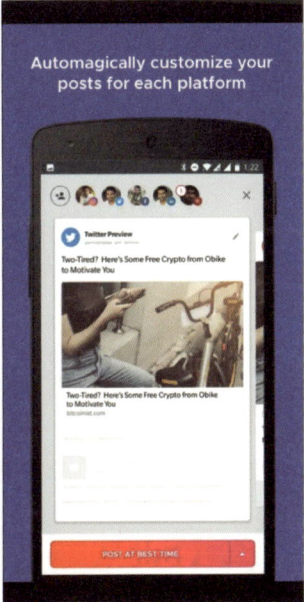

비즈니스 계정을 위한 **사진**을 **잘 찍고 보정**하는 방법은?

SECTION 26

비즈니스 계정에서 게시물 사진을 잘 찍고 보정하는 것은 매우 중요합니다. 사진의 품질이 브랜드 이미지를 결정하고, 팔로워들과의 상호작용을 촉진하는 데 큰 역할을 하기 때문입니다.

사진 촬영 및 보정 팁을 활용하면 인스타그램 비즈니스 계정의 콘텐츠 품질을 향상하고, 팔로워들의 참여를 높일 수 있습니다.

브랜드 이미지 일관성 유지하기

브랜드의 색상, 스타일, 감성을 잘 전달하는 사진을 기획합니다. 브랜드 정체성에 맞는 색상과 구도를 일관되게 유지하는 것이 중요합니다. 잘 찍힌 브랜드 사진을 참고하며 많이 연습하는 것을 추천합니다.

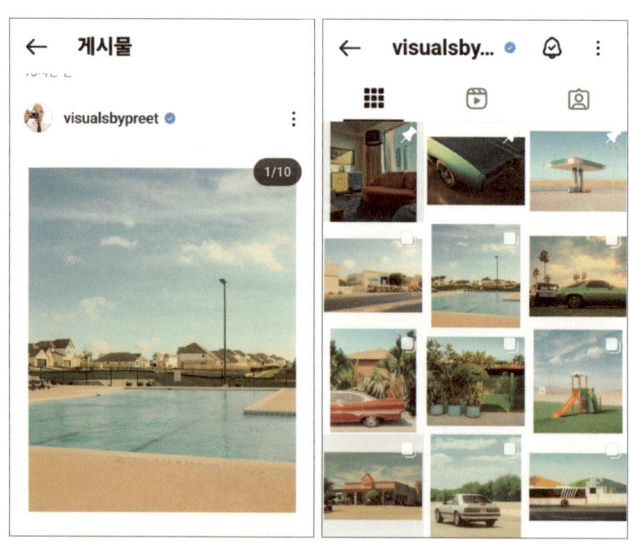

> **알아두기** 비즈니스 계정 vs 일반 계정의 사진 게시 후 성과 분석
>
> 비즈니스 계정은 인사이트 기능을 통해 사진의 성과를 분석할 수 있습니다. 게시한 사진의 도달 범위, 상호 작용 수(좋아요, 댓글, 공유), 클릭률 등을 확인하여 어떤 콘텐츠가 팔로워들에게 효과적인지 파악할 수 있습니다. 반면, 일반 계정은 성과 분석 기능이 제한적이며, 게시물에 대한 기본적인 피드백(좋아요, 댓글 등)만 확인할 수 있고, 상세한 분석은 불가능합니다.

사진 목적 명확화하기

사진의 목적을 분명히 합니다. 제품 홍보, 이벤트 알림, 브랜드 스토리 전달 등 사진이 전달할 메시지를 명확히 하여 사진 촬영 방향을 설정합니다.

HDR로 디테일 살리기

스마트폰을 주로 사용한다면 카메라 설정에서 해상도와 노출을 최대로 설정하고 촬영하세요. HDR(High Dynamic Range) 기능을 활용하면 밝은 곳과 어두운 곳의 디테일을 모두 잘 살릴 수 있습니다.

해상도 설정하기

고화질 사진을 촬영해 인스타그램에서 픽셀이 깨지지 않도록 합니다. 인스타그램은 1080×1080 픽셀을 권장하며, 스토리용 사진은 9:16 비율, 피드용 사진은 1:1 또는 4:5 비율이 적합합니다.

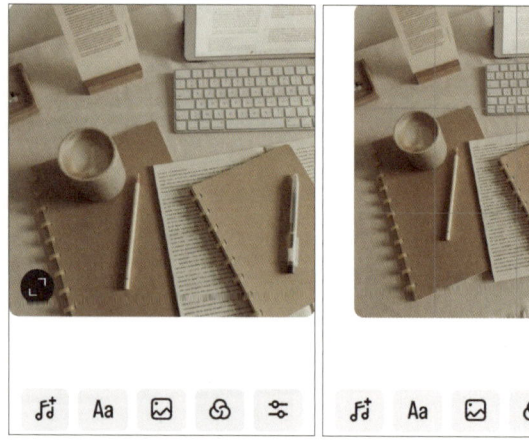

자연광을 활용해 촬영하기

자연광을 최대한 활용하세요. 특히 오전과 오후의 부드러운 빛이 가장 이상적입니다. 이 시간대에는 그림자와 하이라이트가 부드럽게 표현됩니다. 실내 촬영 시에는 부드러운 조명이나 링 라이트를 사용해 제품을 돋보이게 합니다.

역광은 피하고, 정면에서 오는 빛으로 피사체를 고르게 밝히세요.

 인스타그램에서 사용하는 대표적인 사진 비율

❶ **정사각형(Square)**: 1:1 비율의 가장 기본적인 형태로, 과거 인스타그램의 기본 비율이었던 정사각형입니다.
❷ **세로(Portrait)**: 4:5 비율의 세로형 사진으로, 화면을 더 많이 차지하여 팔로워들의 눈길을 끌기 좋습니다. 스토리나 게시물에서 가장 많이 사용됩니다.

이 외에도 인스타그램 스토리는 9:16 비율로, 화면을 꽉 채우는 세로형 사진과 영상이 가장 적합합니다.

삼분할 법칙 활용하기

구도와 프레이밍을 고려하세요. 삼분할 법칙(Rule of Thirds)을 활용하면 자연스러운 구도를 만들 수 있습니다. 제품의 주요 부분을 화면 중앙이나 살짝 옆에 배치해 시선이 자연스럽게 이동하도록 합니다.

다양한 각도로 촬영하기

제품의 특징을 잘 보여줄 수 있는 다양한 각도에서 촬영하세요. 정면뿐만 아니라 측면이나 탑뷰(Top View)도 시도합니다.

특히 음식이나 패션 제품은 평면도(Flat Lay) 구도가 효과적입니다.

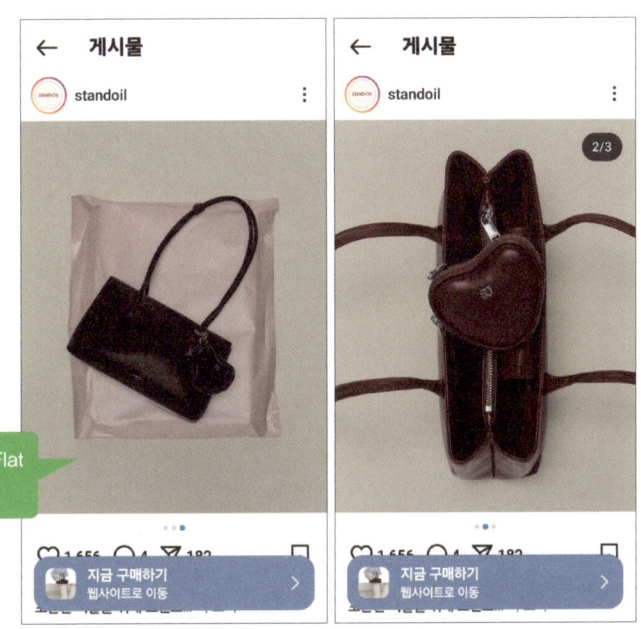

브랜드에 맞는 배경 선택하기

제품과 잘 어울리는 배경을 선택하세요. 주로 심플한 배경을 사용하지만, 브랜드 메시지에 맞는 소품을 적절히 추가하는 것도 좋습니다.

브랜드의 정체성을 강조할 수 있는 소품을 활용해 이야기를 담은 사진을 연출하세요.

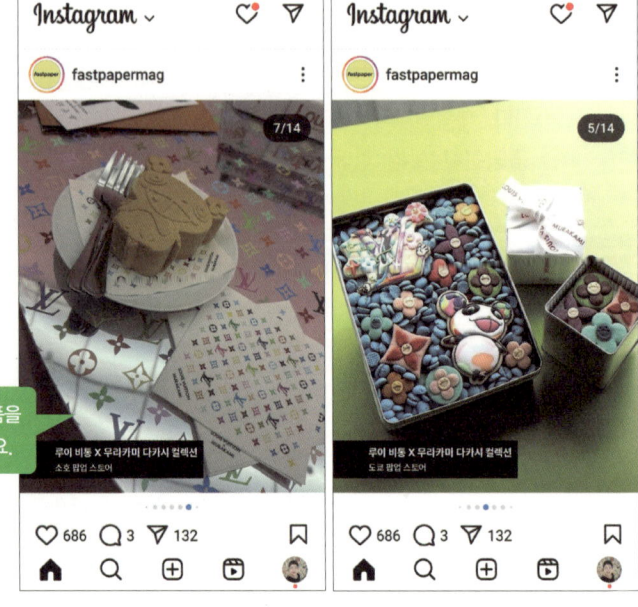

색상 대비 조절하기

제품의 색상이 배경과 잘 구분되도록 색상 대비를 조절하세요. 예를 들어, 어두운 제품은 밝은 배경, 밝은 제품은 어두운 배경을 사용하면 효과적입니다.

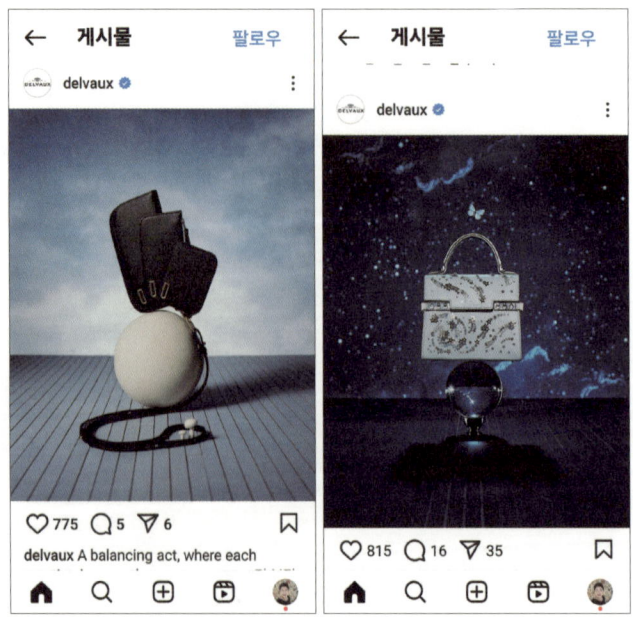

불필요한 요소 배제하기

제품 사진이나 브랜드 이미지에 집중할 수 있도록 불필요한 소품이나 요소는 배제하는 것이 중요합니다.

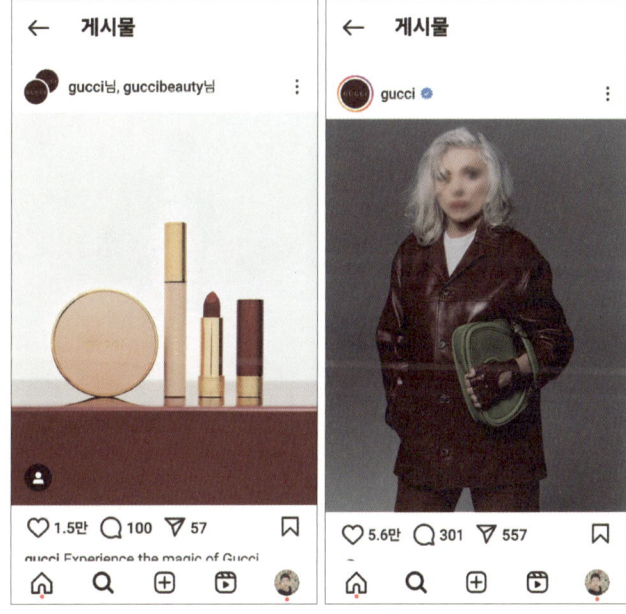

적당한 보정 조절하기

밝기, 대비, 채도를 적절히 조절하세요. 지나치게 보정하면 자연스러움이 떨어질 수 있으므로 과하지 않게 수정하는 것이 중요합니다.

하이라이트와 그림자를 조정해 더 풍부한 디테일을 표현할 수 있습니다.

자연스러운 색감 유지하기

과한 필터는 피하고 자연스러운 느낌을 유지하는 것이 좋습니다. 화이트 밸런스를 조절해 사진의 색감이 너무 따뜻하거나 차갑지 않게 맞추세요.

비주얼 스타일 일관성 갖기

브랜드 계정의 비주얼 스타일을 일관되게 유지하는 것이 중요합니다. 동일한 필터와 보정 스타일을 사용하여 계정 전체의 통일성을 유지하세요. 색상, 톤, 보정 방법을 일관되게 관리하면 브랜드 정체성이 강화되고, 팔로워들에게 익숙한 느낌을 줄 수 있습니다.

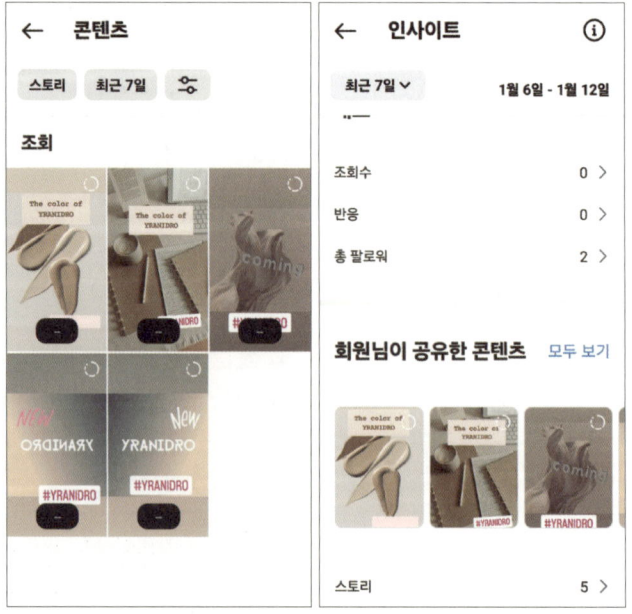

불필요한 부분 제거하기

이미지의 필요 없는 부분을 크롭하거나, 비뚤어진 사진을 바로잡아 정돈된 느낌을 주는 것이 중요합니다. 또한, 잡티 제거 기능을 사용해 불필요한 작은 요소들을 없애고 제품에 더 집중할 수 있습니다.

사진 보정 앱 활용하기

앱과 툴을 사용해 보세요. 어도비 라이트룸(Adobe Lightroom)은 전문가 수준의 사진 보정과 세밀한 색상 조정이 가능합니다. VSCO는 다양한 필터와 간편한 보정 도구로 사진에 통일감을 줄 수 있습니다. 스냅시드(Snapseed)는 세부적인 보정과 선택적 편집이 가능한 무료 앱입니다. 캔바(Canva)는 텍스트와 그래픽 요소를 쉽게 추가할 수 있어 인스타그램 콘텐츠 제작에 유용합니다.

해시태그와 설명 최적화하기

제품 관련 해시태그와 설명을 추가해 더 많은 사람에게 도달할 수 있도록 최적화하세요. 사진의 메시지는 짧고 간결하게 설명하는 것이 좋습니다.

알아두기 | 광고 사진을 촬영할 때 효과적인 조명 사용법

인스타그램 비즈니스 계정에서 광고 사진을 촬영할 때, 효과적인 조명 사용은 사진의 품질을 높이고 브랜드 이미지에 긍정적인 영향을 줄 수 있습니다. 다음은 광고 사진 촬영 시 효과적인 조명 사용법입니다.

❶ 자연광 활용
자연광은 부드럽고 균일한 조명을 제공합니다. 창문 근처에서 촬영하면 자연스럽고 따뜻한 느낌을 줄 수 있습니다. 오전 10시부터 오후 4시 사이의 햇빛을 활용하면 자연스러운 색감과 질감을 얻을 수 있습니다. 다만, 직사광선은 강한 그림자를 만들 수 있으므로 커튼을 이용하여 부드러운 빛을 활용하는 것이 좋습니다.

❷ 소프트박스(SOFTBOX)
소프트박스는 빛을 확산시켜 부드러운 조명을 제공합니다. 강한 직사광선 없이 인물이나 제품을 부드럽게 비추는 데 적합하며, 특히 피부나 제품의 디테일을 강조할 때 유리합니다. 제품 촬영이나 인물 촬영 시 정면에서 소프트박스를 사용하여 자연스러운 음영을 만듭니다.

❸ 링라이트(Ring Light)
링라이트는 특히 셀카나 제품 촬영에 많이 사용됩니다. 빛이 고르게 퍼져 자연스러운 하이라이트를 만들고, 그림자를 최소화해 깔끔한 이미지를 연출합니다. 인물 촬영이나 뷰티 관련 제품 광고 시 링라이트를 정면에 두고 촬영하면 더욱 선명하고 깨끗한 이미지를 얻을 수 있습니다.

❹ 백라이트(Backlighting)
백라이트는 주로 실루엣 효과를 주거나 제품을 강조할 때 사용됩니다. 배경에서 빛을 비춰 사진의 입체감을 강조할 수 있습니다. 제품이나 인물이 빛을 맞고 실루엣처럼 보이게 할 때 후광 효과로 스타일리시한 느낌을 줄 수 있습니다.

조명은 인스타그램 비즈니스 계정에서 광고 사진 촬영에 중요한 역할을 합니다. 자연광, 소프트박스, 링라이트, 백라이트 등을 상황에 맞게 조합하여 효과적인 이미지를 만들어내는 것이 중요합니다. 또한, 촬영 전에 조명의 각도와 세기를 적절히 조절하여 브랜드 이미지에 맞는 최적의 비주얼을 연출하는 것이 성공적인 광고 콘텐츠 제작의 핵심입니다.

비즈니스 계정을 위한 **동영상**을 잘 찍고 편집하는 방법은?

비즈니스 계정을 위한 동영상을 잘 찍고 편집하는 것은 브랜드의 이미지와 메시지를 전달하는 데 매우 중요합니다. 효과적인 동영상을 제작하려면 몇 가지 기본적인 원칙을 따르는 게 도움이 됩니다.

비즈니스 계정에서 동영상의 성공은 시청자의 관심을 끌고 메시지를 효과적으로 전달하며, 궁극적으로 브랜드 가치를 높이는 데 달려 있습니다.

목적 설정 및 계획하기

동영상의 목적을 명확히 설정해야 합니다. 브랜드 홍보, 제품 소개, 고객 후기, 튜토리얼 등 어떤 목적이 있는지 정리합니다. 타깃 고객을 이해하고, 그들이 원하는 정보와 선호하는 콘텐츠 형식을 고려하세요. 촬영 전에 스토리보드로 동영상의 흐름을 정리하면 제작이 훨씬 수월해집니다.

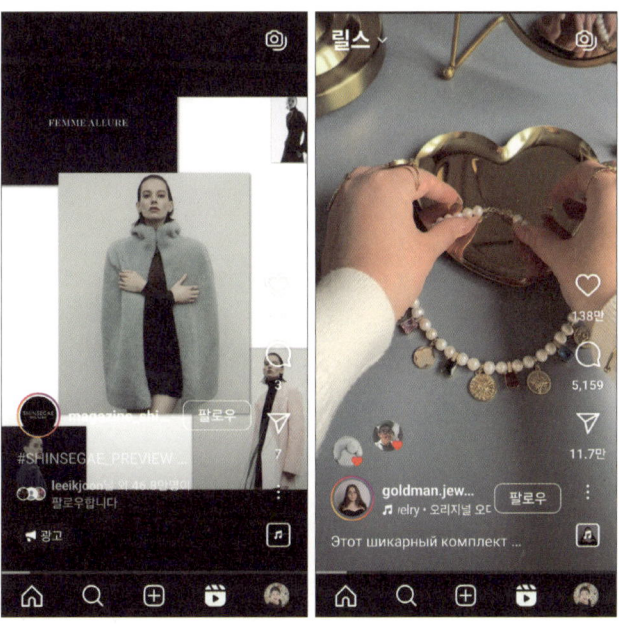

스마트폰으로 고퀄리티 영상 촬영하기

스마트폰으로도 충분히 고퀄리티 영상을 촬영할 수 있습니다. 최신 스마트폰 카메라는 4K 해상도를 지원하며, 더 높은 화질이 필요할 경우 DSLR이나 미러리스 카메라가 유용합니다.

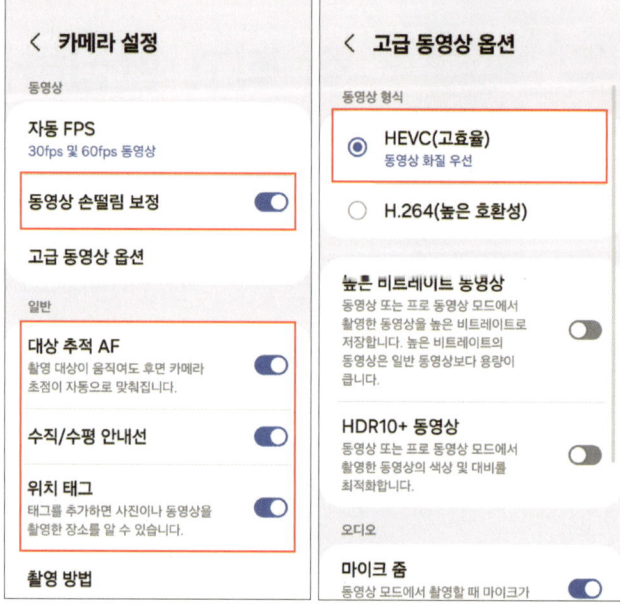

짧고 명확한 영상 만들기

인스타그램에서는 짧고 명확한 영상이 효과적입니다. 릴스(Reels)는 30초에서 60초가 적당하며, 피드용 영상은 1분 내외가 이상적입니다.

선명한 조명 활용하기

충분한 자연광이나 인공 조명을 사용해 피사체가 선명하게 보이도록 합니다. 실내에서는 부드러운 조명이 필요하며, 얼굴과 제품이 잘 드러나도록 조명을 배치합니다.

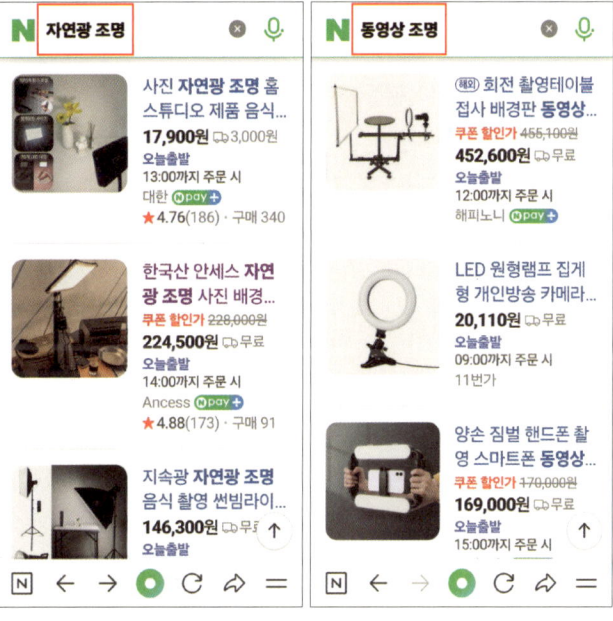

흔들림 최소화하기

삼각대나 짐벌을 사용해 흔들림을 최소화합니다. 스마트폰 촬영 시에는 안정화 기능이 있는 앱이나 장비를 사용하는 것도 좋은 방법입니다.

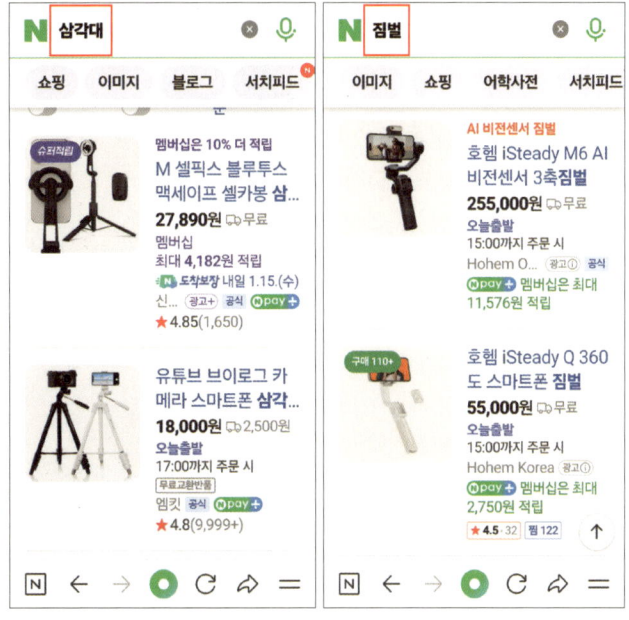

핵심 메시지 강조하기

편집 시 불필요한 부분은 과감하게 잘라내고, 핵심 메시지만 남깁니다. 짧고 깔끔한 편집이 시청자의 집중도를 높입니다.

일관된 비주얼 유지하기

브랜드 로고, 색상, 폰트를 활용해 일관된 비주얼 스타일을 유지합니다. 음성이 들리지 않는 상황을 대비해 자막을 추가하거나 중요한 내용을 강조하는 그래픽 요소를 삽입합니다.

 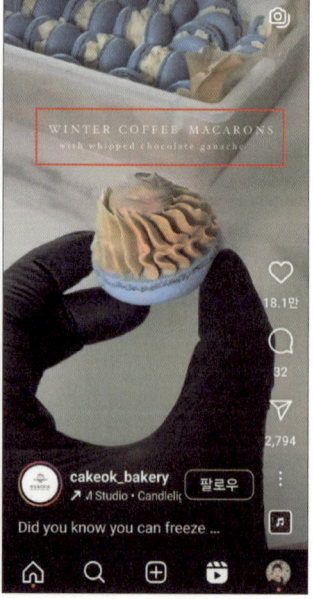

자연스러운 전환 효과 사용하기

클립 간 전환은 과하지 않게 자연스러운 효과를 사용합니다. 페이드 인/아웃이나 컷 전환을 활용하는 것이 좋습니다.

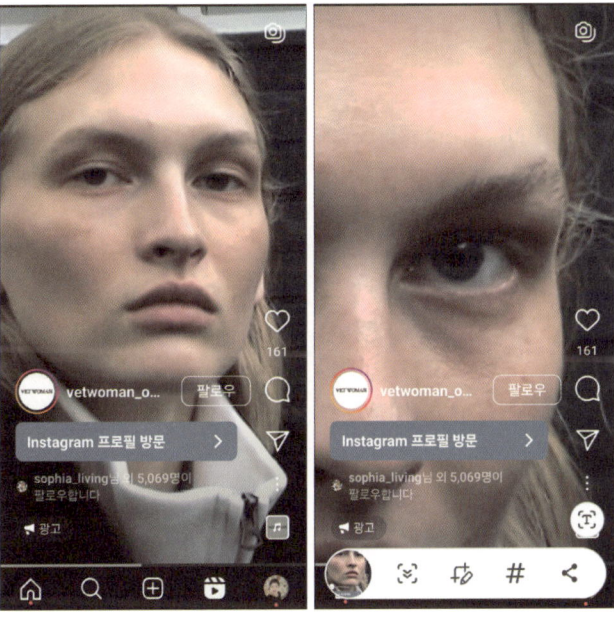

트렌드 음악 활용하기

인스타그램에서 유행하는 음악이나 트렌드를 활용하면 더 많은 노출을 얻을 수 있습니다. 인기 있는 음악을 배경으로 설정하면 영상의 도달 범위가 확대됩니다.

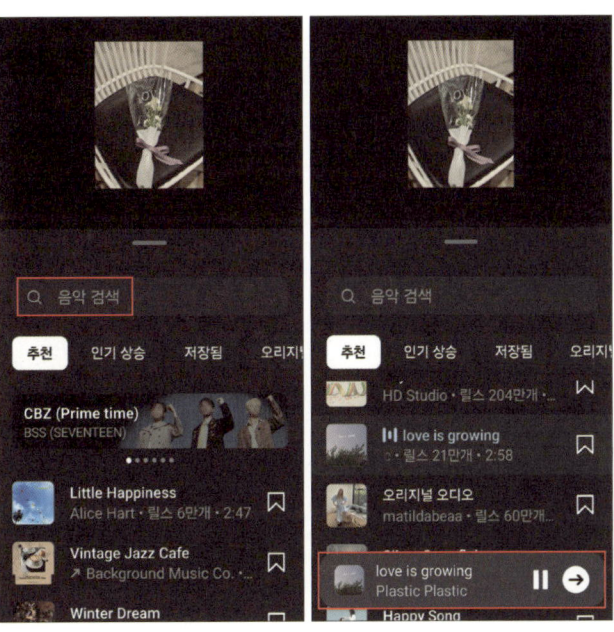

편집 도구 활용하기

편집 도구 어도비 프리미어 러쉬(Adobe Premiere Rush)는 PC와 모바일 모두에서 사용할 수 있으며, 비즈니스 계정에 더 전문적인 편집을 원할 때 적합합니다. InShot은 모바일에서 사용하기 좋은 직관적인 편집 앱으로, 다양한 필터, 자막, 스티커를 쉽게 추가할 수 있어 인스타그램용 영상에 적합합니다. 캡컷(CapCut)은 릴스(Reels)와 같은 짧은 영상을 편집할 때 유용하며, 빠르고 손쉽게 트렌디한 영상 편집을 할 수 있습니다.

해시태그 최적화하기

적절한 해시태그와 설명을 통해 영상이 더 많은 사람에게 노출되도록 최적화합니다. 제품명, 카테고리, 트렌드 관련 해시태그를 추가하는 것이 좋습니다.

눈에 띄는 섬네일 만들기

섬네일(Thumbnail)은 일종의 대표 이미지로써 색인(Index)의 역할을 합니다. 섬네일은 사용자의 클릭을 유도하는 데 있어 아주 중요합니다. 영상의 주요 포인트를 보여주는 이미지로 설정하고, 텍스트를 추가해 눈에 띄게 만듭니다.

> **알아두기** 어도비 프리미어 러쉬(Adobe Premiere Rush)
>
> 어도비 프리미어 프로의 간소화된 버전으로, 모바일과 데스크탑에서 모두 사용 가능한 영상 편집 소프트웨어입니다. 직관적인 인터페이스와 기본적인 편집 기능을 제공하여 전문적인 지식 없이도 쉽게 사용할 수 있습니다. 특히, 소셜 미디어 콘텐츠 제작에 유용하며, 빠르고 간편하게 영상을 편집하고 공유할 수 있습니다.
>
> ❶ **다양한 플랫폼 지원**
> 모바일(Android, iOS)과 데스크탑(Windows, macOS)에서 모두 사용할 수 있어 언제 어디서나 영상 편집이 가능합니다. 특히 스마트폰으로 촬영한 영상을 바로 편집하고 빠르게 공유할 수 있는 점이 장점입니다.
>
> ❷ **편리한 멀티 트랙 편집**
> 여러 트랙을 사용하여 영상과 오디오를 동시에 편집할 수 있습니다. 기본 비디오 트랙과 오디오 트랙을 활용하여 여러 영상 소스를 한 번에 다룰 수 있습니다.
>
> ❸ **강력한 필터 및 효과**
> 다양한 필터, 전환 효과, 애니메이션 텍스트 등을 제공해 영상에 특별한 스타일을 추가할 수 있습니다. 또한, 색상 조정, 밝기, 대비 등을 편리하게 수정할 수 있는 기능도 포함되어 있습니다.
>
> ❹ **오디오 편집 기능**
> 영상의 오디오를 쉽게 조절할 수 있으며, 내장된 오디오 믹서와 사운드 라이브러리를 활용해 음악이나 효과음을 추가할 수 있습니다. 또한, 오디오 볼륨을 조정하거나 배경음악을 삽입하여 영상의 분위기를 완성할 수 있습니다.
>
> ❺ **간편한 소셜 미디어 공유**
> 영상 편집이 완료되면 인스타그램, 페이스북, 유튜브 등 다양한 소셜 미디어 플랫폼에 바로 업로드할 수 있는 기능을 제공합니다. 또한, 업로드 전에 미리 보기 및 해상도 조정도 할 수 있습니다.
>
> 어도비 프리미어 러쉬는 간편하고 직관적인 편집 도구로, 전문적인 편집이 필요 없는 소셜 미디어 콘텐츠 제작자나 초보자에게 이상적입니다. 여러 플랫폼에서 동시에 작업할 수 있는 유연성, 다양한 효과와 필터, 그리고 소셜 미디어로의 손쉬운 공유 기능 덕분에 빠르고 효과적인 영상 콘텐츠 제작을 할 수 있습니다.

Meta business suite를 사용하려면?

SECTION 28

Meta Business Suite는 비즈니스의 다양한 관리 작업을 효율적으로 처리할 수 있도록 돕는 소프트웨어 및 도구 모음입니다. 이를 통해 미게팅, 소셜 미디어 관리, 고객 관계 관리(CRM), 프로젝트 관리 등 여러 기능을 하나의 플랫폼에서 이용할 수 있습니다.

Mega Business Suite는 비즈니스 관리의 여러 요소를 통합하여 효율성을 극대화하는 도구입니다. 각 기능을 최대한 활용하려면 처음에는 소셜 미디어나 마케팅 관리 등 필요한 기능부터 시작해 점차 다른 기능들을 익히는 것이 좋습니다.

01 | Meta Business Suite 웹사이트나 앱에 접속해 계정을 생성합니다. 이미 계정이 있다면 로그인 후 비즈니스 계정을 설정하거나 필요에 따라 개인 계정을 사용할 수 있습니다.

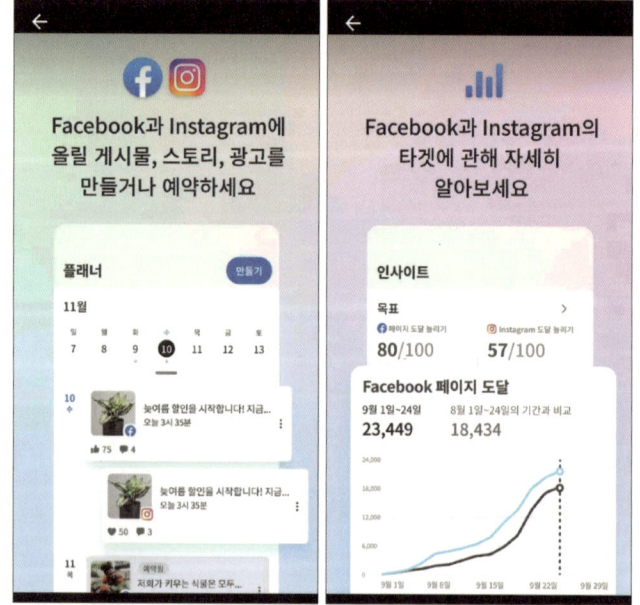

02 로그인 후 첫 화면인 대시보드에 접속합니다. 대시보드는 중요한 지표(판매, 트래픽, 마케팅 활동 등)를 한눈에 보여주며, 사용자는 이를 통해 현재 진행 중인 업무나 성과를 쉽게 파악할 수 있습니다.

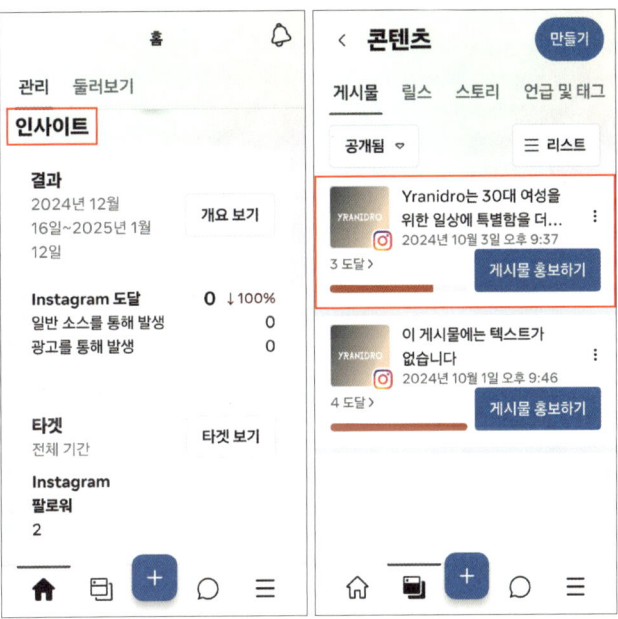

알아두기 | Meta Business Suite의 특별한 기능

❶ 소셜 미디어 관리(Social Media Management)
Facebook, Instagram, LinkedIn 등 여러 소셜 미디어 계정을 연결하여 한번에 관리할 수 있으며, 콘텐츠 예약 게시, 댓글 관리, 성과 분석 기능을 제공합니다. 또한, 콘텐츠 캘린더를 사용하여 포스트를 예약하고 스케줄링할 수 있습니다.

❷ 마케팅 캠페인(Marketing Campaigns)
이메일 마케팅, 광고 캠페인 관리, 다양한 마케팅 템플릿을 선택하여 손쉽게 이메일이나 광고를 작성, 캠페인의 성과(오픈율, 클릭률 등)를 분석하는 도구도 제공됩니다.

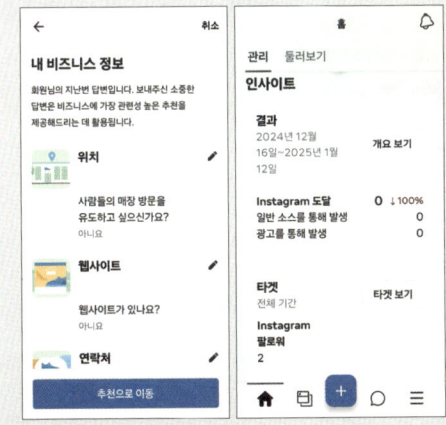

❸ 고객 관계 관리(CRM)
고객 정보를 관리하고 추적할 수 있는 CRM 시스템이 포함되어 있습니다. 고객의 구매 이력과 문의 사항 등을 기록해 맞춤형 서비스를 제공하고, 고객 데이터를 분석하여 잠재 고객을 식별하고 관리하는 데 유용합니다.

❹ 프로젝트 관리(Project Management)
프로젝트나 업무를 생성하고 팀원들과 협업할 수 있는 기능을 제공합니다. 작업을 할당하고 마감일을 설정하며, 진행 상황을 모니터링할 수 있습니다.

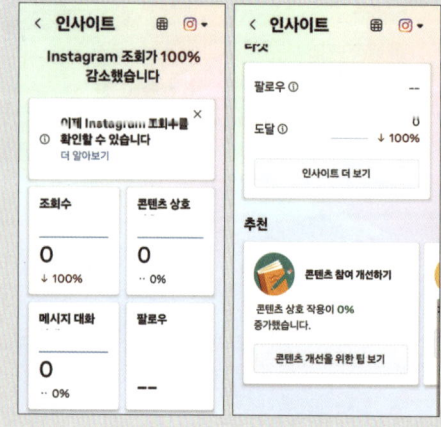
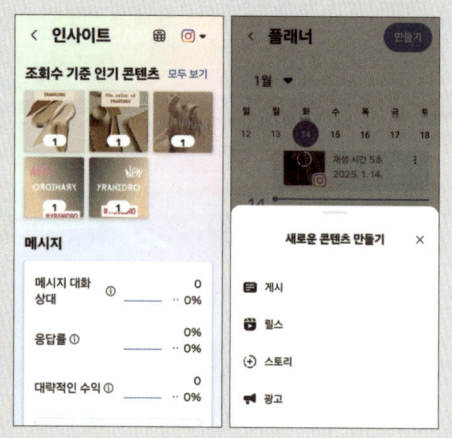

각 기능에서의 성과를 분석하고 보고서를 생성할 수 있습니다. 소셜 미디어 참여도, 마케팅 캠페인 성과, 고객 관리 지표 등을 종합적으로 분석하여 비즈니스 전략을 조정할 수 있습니다.

Meta Business Suite는 ERP(Enterprise Resource Planning)와 유사하게 여러 비즈니스 기능을 통합 관리할 수 있습니다. 판매, 재고, 결제 처리 등을 하나의 플랫폼에서 연결하여 비즈니스 운영을 더 효율적으로 할 수 있습니다.

모바일 앱을 설치하면 언제 어디서나 비즈니스를 관리할 수 있으며, 고객 지원을 통해 궁금한 점이나 기술적 문제를 해결할 수 있습니다.

스페셜 페이지_04

성공적인 비즈니스 계정 운영을 위한 체크 사항

　성공적인 인스타그램 비즈니스 계정을 운영하려면 몇 가지 주요 실수를 피하는 것이 중요합니다. 아래는 인스타그램 비즈니스 계정을 운영하면서 흔히 저지르는 실수와 그 해결 방법을 자세히 소개하겠습니다.

1. 목표 설정 없이 계정 운영하기

실수 명확한 목표 없이 계정을 운영하면 콘텐츠가 일관성 없고 브랜드 이미지가 흐릿해질 수 있습니다. 무엇을 성취하고 싶은지 모르고 게시물을 올리면 오히려 팔로워들이 혼란을 느낄 수 있습니다.
해결 방법 계정 운영 전에 구체적인 목표를 설정하세요. 예를 들어, 브랜드 인지도 향상, 제품 판매 증가, 고객과의 소통 강화 등 목표를 세우고 그에 맞는 콘텐츠를 계획합니다. 목표에 맞는 키 성과 지표(KPI)를 설정하고 주기적으로 성과를 체크하세요.

2. 너무 많은 광고성 콘텐츠 게시

실수 광고성 콘텐츠만 지속적으로 게시하면 팔로워들이 지루해하고 피드에서 빠져나가게 됩니다. 사용자들은 정보를 얻거나 영감을 주는 콘텐츠를 선호하기 때문에, 지나치게 직설적인 광고는 부정적인 반응을 초래할 수 있습니다.
해결 방법 팔로워들에게 유용하고 가치 있는 콘텐츠를 제공하세요. 광고성 콘텐츠와 유용한 정보, 흥미로운 비하인드 스토리, 고객 후기 등을 조화롭게 섞어 게시합니다. 예를 들어, 제품 사용 방법, 팁, 관련 산업 뉴스 등을 공유하여 팔로워들과의 신뢰를 쌓아가세요.

3. 콘텐츠의 질보다 양에 집중하기

실수 너무 많은 게시물을 올리려고 하다 보면 콘텐츠의 질이 떨어질 수 있습니다. 지나치게 자주 게시물을 올리면 팔로워들이 피로감을 느낄 수 있습니다.
해결 방법 품질이 중요한 만큼 일정한 주기로 콘텐츠를 게시하는 것이 중요합니다. 주기적인 게시물 업로드는 좋지만, 내용이 퀄리티 높고 팔로워들에게 가치를 줄 수 있는 콘텐츠를 선택하세요. 예를 들어, 1주일에 3번이라도 진지하고 생각을 담은 포스트를 올리는 것이 중요합니다.

4. 팔로워와의 소통 부족

실수 팔로워와 소통을 하지 않거나 댓글, 메시지에 답하지 않으면 팔로워들이 무시당했다고 느낄 수 있습니다. 이는 브랜드와의 연결감을 떨어뜨리고 팔로워의 충성도를 저하시킬 수 있습니다.

`해결 방법` 팔로워와 활발하게 소통하세요. 댓글에 답변을 달고, DM을 통해 질문에 답하며, 팔로워들이 남긴 피드백을 적극 반영합니다. 사용자 생성 콘텐츠(UGC)를 활용해 팔로워들과 상호작용을 늘리세요. 예를 들어, 팔로워들이 자신의 제품 사용 모습을 태그하면 이를 리그램(재게시)하는 방식으로 소통을 강화할 수 있습니다.

5. 브랜드 이미지와 맞지 않는 해시태그 사용

`실수` 무분별하게 인기 있는 해시태그를 사용하면, 타겟층과 관련 없는 사용자들이 콘텐츠를 볼 수 있게 됩니다. 이는 브랜드 이미지에 도움이 되지 않으며, 팔로워들이 부적절한 콘텐츠와 연결될 수 있습니다.

`해결 방법` 타겟 audience와 관련된 해시태그를 사용하세요. 브랜드와 관련된 특정 해시태그를 만들고, 이를 꾸준히 사용해 팔로워들이 쉽게 브랜드를 찾을 수 있게 합니다. 또한, 해시태그는 너무 많지 않게 5~15개 정도로 적절히 사용해야 효과적입니다.

6. 인스타그램 스토리 활용 부족

`실수` 스토리를 잘 활용하지 않으면, 팔로워들이 콘텐츠를 놓칠 수 있습니다. 스토리는 24시간 동안만 존재하지만, 팔로워들에게 실시간으로 소통하고 참여할 수 있는 기회를 제공합니다.

`해결 방법` 스토리를 적극적으로 활용하세요. 특히 리엘스는 현재 인스타그램에서 가장 많이 사용되는 기능 중 하나로, 빠르게 성장할 수 있는 기회를 제공합니다. 예를 들어, 신제품 출시, 이벤트, Q&A, 브랜드 활동 등을 스토리를 통해 팔로워들과 실시간으로 소통할 수 있습니다.

7. 데이터 분석 및 성과 측정 부족

`실수` 게시물의 성과를 분석하지 않으면 무엇이 효과적인지 알 수 없고, 마케팅 전략을 개선할 수 없습니다. 이로 인해 비효율적인 콘텐츠를 계속 생산할 위험이 있습니다.

`해결 방법` 인스타그램의 분석 도구(Instagram Insights)를 활용해 각 게시물, 스토리, 광고의 성과를 체크하고, 팔로워들의 반응을 분석합니다. 이를 통해 어떤 콘텐츠가 가장 잘 반응하는지, 최적의 게시 시간을 파악할 수 있습니다. 그 정보를 기반으로 전략을 조정하여 더 나은 성과를 거둘 수 있습니다.

8. 일관성 없는 브랜드 톤과 스타일

`실수` 브랜드의 톤과 스타일이 일관되지 않으면 팔로워들이 혼란스러워 할 수 있습니다. 다양한 스타일로 콘텐츠를 게시하면 브랜드 정체성이 흐릿해집니다.

`해결 방법` 브랜드의 톤, 스타일, 색상, 폰트 등을 정리하고 일관성 있게 유지하세요. 예를 들어, 귀

여운 이미지나 유머를 강조할지, 프로페셔널한 톤을 유지할지 등 브랜드의 목소리를 일정하게 유지하는 것이 중요합니다.

9. 팔로워의 피드백을 무시

실수 팔로워들이 남긴 댓글이나 메시지에 답하지 않거나, 그들의 피드백을 무시하는 경우가 많습니다. 이런 태도는 팔로워들과의 관계를 악화시키고 브랜드에 대한 신뢰를 떨어뜨릴 수 있습니다.
해결 방법 팔로워들의 의견을 적극적으로 수렴하고 반영하는 것이 중요합니다. 댓글에 답변을 달고, 그들의 질문이나 의견을 개선 방향에 반영하세요. 또한, 팔로워들이 남긴 리뷰나 피드백에 대해 감사의 말을 전하는 것만으로도 긍정적인 관계를 유지할 수 있습니다.

10. 계속해서 같은 콘텐츠를 반복

실수 비슷한 형태의 콘텐츠만 지속적으로 올리면 팔로워들이 지루해 할 수 있습니다. 예를 들어, 같은 스타일의 사진이나 동일한 제품을 반복해서 홍보하면 팔로워들의 흥미를 끌기 어렵습니다.
해결 방법 다양한 형태의 콘텐츠를 계획하고 게시하세요. 예를 들어, 사진, 동영상, 인포그래픽, 라이브 방송 등 다양한 형식의 콘텐츠를 혼합하여 팔로워들의 관심을 끌어야 합니다. 또한, 사용자 생성 콘텐츠(UGC)나 고객의 후기 등을 활용하여 신선한 콘텐츠를 추가하는 것도 좋은 방법입니다.

11. 타겟 오디언스를 잘못 설정

실수 비즈니스 계정에서 타겟 오디언스를 잘못 설정하거나 너무 넓게 설정하는 경우가 많습니다. 타겟이 명확하지 않으면 그에 맞는 맞춤형 콘텐츠를 제공하기 어려워집니다.
해결 방법 브랜드의 타겟 오디언스를 명확히 정의하고, 그들의 관심사와 행동 패턴에 맞는 콘텐츠를 제작해야 합니다. 예를 들어, 연령대, 성별, 지역, 관심사 등을 고려하여 세분화된 타겟층을 설정하고, 각 타겟에 맞는 맞춤형 메시지를 전달하는 것이 중요합니다.

12. 소셜 미디어 마케팅 예산을 잘못 배분

실수 광고 캠페인에 예산을 과도하게 투자하거나, 반대로 너무 적은 예산을 배정해 효과적인 캠페인을 운영하지 못하는 경우가 많습니다. 또한, 예산 배분에 대한 전략이 부족하면 광고 효과가 떨어질 수 있습니다.
해결 방법 광고 캠페인을 진행하기 전에 목표와 예산을 정확히 설정해야 합니다. 광고를 통해 어떤 성과를 얻고 싶은지(예: 팔로워 증가, 제품 판매 증대 등)를 명확히 한 후, 그에 맞는 예산을 배정하고 테스트를 통해 최적화합니다. 또한, 광고를 진행하면서 지속적으로 성과를 분석하고 조정해야 합니다.

찾아보기

A

Adobe Express	295
Adobe Spark	290
AF	161
Algorithm	25
All Hashtag	291
Amaro	70
AWB	162

B - D

Brand Identity	24
Brand Name	44
Buffer	300
Canva	145, 294
CPM	279
Crowdfire	292, 301
CTA	200
D-ID AI	154
Display Purposes	291
DM	28
DSLR 카메라	160

F - I

Feed	24
GIPHY	297
Hashtag	25
Hashtagify	291
Hootsuite	291, 300
Iconosquare	292, 299
Influencer	27
InShot	290, 296
Instagram	24
Instagram Insights	298
Instagram Reels	147
Internet Celebrity	27

L - P

Landing Page	51
Later	297, 301
Live	28
Macro influencer	268
Mega Influencer	268
Message 화면	135
Meta Business Suite	21, 293
MF	161
Micro influencer	268
Pan	170
Professional Dashboard	29

R - V

Reels	24
Rite Tag	291
Roll	172
Soft light	74
Sprout Social	292, 299
Story	24
Targeting	25
Telegram	45
Tilt	171
User Name	38
Voice	155

ㄱ

개인정보	61
건축 사진	106
게시물 공유	99
게시물 관리	31
게시물 삭제	77
게시물 예약	21
게시 설정	69
게시 시간	201
계정	16
계정 공개 범위	82
계정 유형	18
계정 전환 가능성	23
고객 응대	31
고객 충성도	29
고객층	21
공유	70
관심사	16
광고 기능	21
광고 도구	17, 293
광고 예산	191
광고 캠페인	17, 21
광고 홍보 화면	23
광고 효과	21
교육 자료	293
구매 링크	87
구조 기능	106
구조 슬라이더	107
기술 뉴스	36

ㄴ

내 활동	78
네이버 블로그	98
네임릭스	47
노출당 비용	279
노출 전략	214
노출 제어	161

ㄷ

다이렉트 메시지	28, 94, 97
단어 추가	41
대칭 구도	165
댓글	28
댓글 기능 설정	80
도달 범위	17
도메인 가능	47
드로잉	113
등록	48
등록 여부	48

ㄹ

라이브	28
라이브러리	63
라이브 방송	24
레이터	297
롤	172
리소스	31
리조트 브랜드	34
리포스트	257
릴스 영상	136

링크드인	288
링크바이오	119
링크 수정	124
링크 추가	65
링크트리	119

ㅁ

마이크로 인플루언서	268
마케팅 일정	21
마케팅 전략	23
마케팅 효과	19
매크로 인플루언서	268
멀티 트랙 편집	317
메가 인플루언서	268
메시지	112
메시지 관리	18
멘션	66
문법 오류	71

ㅂ

배경 음악	139
법적 검토	49
법적 확인	48
보정 슬라이더	103
분석	29
분석 기능	17, 20
분석 도구	292
뷰티 브랜드	32
브랜드 목표	44
브랜드 스토리	46

브랜드 신뢰도	19
브랜드 아이덴티티	24
브랜드 인지도	17
브랜드 컬러	193
브랜드 콘셉트	51
블로그	98
블록 리스트	123
비공개 계정	83
비공개로 전환	83
비디오	24
비밀번호	59
비율	105
비즈니스 계정	16, 178
비하인드 스토리	248
빠른 댓글	257

ㅅ

사람 태그	84
사용자 이름	38
삼각대	169
상표권자	39
상표 등록 절차	49
상표 출원	50
상품 서비스	17
상호 작용	17
새 게시물	69
새 계정 만들기	59
색조	162
생성 도구	47
생성 콘텐츠	249
서브 계정	261

선명한 사진	102	
선출원주의	39	
성과 분석	189	
세로 사진	105	
소비자 리뷰	248	
소셜 네트워크	133	
소셜 미디어 관리 도구	291	
소통 플랫폼	26	
쇼핑 기능	22	
쇼핑 화면	22	
수동 모드	160	
수동 입찰	279	
수동 초점	161	
숫자 추가	41	
스케줄링	31	
스토리	22, 24	
스토리 기능	112	
스티커	113, 206	
스팸성 해시태그	240	
스폰서십	18	
슬라이더	113	
식별 요소	48	
식음료 브랜드	33	
신고 사유	77	

ㅇ

아바타 수정	62	
알고리즘	25	
애니메이션	206	
앱스토어	58	
양방향 소통	28	

어도비 스파트	290	
어도비 익스프레스	295	
언어 변형	42	
역광	166	
엽락처 정보	19	
예산 책정	273	
예술	35	
온라인 쇼핑몰	22	
온라인 플랫폼	48	
외부 링크	234	
우선 심사	50	
웹사이트 링크	19	
위치 삭제	93	
위치 추가	91	
이니셜	42	
이메일 주소	19	
이모티콘	72	
이미지	24	
이의제기	77	
인사이트	20, 253	
인샷	290, 296	
인스타그램	16, 129	
인증 코드 입력	59	
인터랙티브 요소	113	
인테리어 브랜드	35	
인포크링크	119	
인플루언서	18, 27	
인플루언서 협업	263	
일반 계정	16	
임시 저장	125	

ㅈ

자동 예약	253	
자동 입찰	279	
자동 초점	161	
저작권	81	
전자 제품 브랜드	36	
정밀 타깃	278	
제품 리뷰	36	
제품 상세 페이지	22	
중복 글자	43	
중앙 구도	164	
지급 방식	275	
지적 재산권	81	
지피	297	
직접 해보기	108	
질문	113	
짐벌	169	

ㅊ

차별 금지	81	
참여율	269	
창작 브랜드	35	
책갈피	108	
철자 변형	42	
초점 제어	161	
촬영 기법	170	
최근에 삭제한 콘텐츠	79	
출원주의	39	
충성도	32	

ㅋ

캔바	145, 294
캡션	71
커뮤니티 가이드라인	81
컬렉션	108
콘텐츠 공유	23
콘텐츠 예약 기능	21
콘텐츠 전달	24
콘텐츠 제작 도구	290
콘텐츠 캘린더	252
퀴즈	113
크리에이터 계정	16
클릭 수	17
클립 추가	138
키워드 추가	41
키워드 추출	52
키프리스	48

ㅌ

타깃 고객 분석	44
타깃 광고	266
타깃 마케팅	25
타깃 마케팅 최적화	25
타깃팅	25
탭바이오	119
텍스트 추가	113
텔레그램	45
템플릿	148
통계 자료	29
투표	113
튜토리얼	36
트렌드 분석	136
트위터	286
특수 문자	40
특허청	38
특허청 상표 등록	39
틱톡	287
틸트	171

ㅍ

파노라마 모드	167
팔로워 관리 도구	292
팔로워 분석	18
팬	170
퍼스널 브랜드	37
퍼스널 브랜딩	109
페이스북	17, 285
편집 도구	113
포스팅 주기	251
품목 결정	53
풍경 사진	106
프로모션	17
프로페셔널 대시보드	29
프로페셔널 도구	184
프로필	19, 181
프로필 변경	62
프로필 사진 추가	60
프로필 페이지	22
프로필 편집 화면	23
플레이 스토어	58
피드	24
피드백 수집	48
피트니스 브랜드	34
핀터레스트	287
필터	113
필터링	229
필터 적용	69
필터 화면	74

ㅎ

하이라이트	24, 117, 249
학습 브랜드	36
해시태그	25, 196
해시태그 도구	291
혐오 발언	81
홍보	17
화이트 밸런스	162
환율 변동	280

Foreign Copyright:
Joonwon Lee   Mobile: 82-10-4624-6629
Address: 3F, 127, Yanghwa-ro, Mapo-gu, Seoul, Republic of Korea
         3rd Floor
Telephone: 82-2-3142-4151
E-mail: jwlee@cyber.co.kr

인스타그램 마케팅으로 돈 벌기

2025. 3. 28. 1판 1쇄 인쇄
2025. 4. 9. 1판 1쇄 발행

지은이 | 최영인
펴낸이 | 이종춘
펴낸곳 | BM (주)도서출판 성안당

주소 | 04032 서울시 마포구 양화로 127 첨단빌딩 3층(출판기획 R&D 센터)
     | 10881 경기도 파주시 문발로 112 파주 출판 문화도시(제작 및 물류)
전화 | 02) 3142-0036
     | 031) 950-6300
팩스 | 031) 955-0510
등록 | 1973. 2. 1. 제406-2005-000046호
출판사 홈페이지 | www.cyber.co.kr
ISBN | 978-89-315-8390-8 (13000)
정가 | 25,000원

이 책을 만든 사람들

책임 | 최옥현
진행 | 오영미
기획·진행 | 앤미디어
교정·교열 | 앤미디어
본문·표지 디자인 | 앤미디어
홍보 | 김계향, 임진성, 김주승, 최정민
국제부 | 이선민, 조혜란
마케팅 | 구본철, 차정욱, 오영일, 나진호, 강호묵
마케팅 지원 | 장상범
제작 | 김유석

이 책의 어느 부분도 저작권자나 BM (주)도서출판 성안당 발행인의 승인 문서 없이 일부 또는 전부를 사진 복사나 디스크 복사 및 기타 정보 재생 시스템을 비롯하여 현재 알려지거나 향후 발명될 어떤 전기적, 기계적 또는 다른 수단을 통해 복사하거나 재생하거나 이용할 수 없음.

■ 도서 A/S 안내

성안당에서 발행하는 모든 도서는 저자와 출판사, 그리고 독자가 함께 만들어 나갑니다.
좋은 책을 펴내기 위해 많은 노력을 기울이고 있습니다. 혹시라도 내용상의 오류나 오탈자 등이 발견되면 **"좋은 책은 나라의 보배"**로서 우리 모두가 함께 만들어 간다는 마음으로 연락주시기 바랍니다. 수정 보완하여 더 나은 책이 되도록 최선을 다하겠습니다.
성안당은 늘 독자 여러분들의 소중한 의견을 기다리고 있습니다. 좋은 의견을 보내주시는 분께는 성안당 쇼핑몰의 포인트(3,000포인트)를 적립해 드립니다.
잘못 만들어진 책이나 부록 등이 파손된 경우에는 교환해 드립니다.